第**4**版

国語
文章理解

Japanese language & Literal realization

TAC出版編集部編

テキスト 📖

TAC出版

TAC PUBLISHING Group

はじめに

　地方初級・国家一般職（高卒者）試験は，各試験によって多少の違いはあるものの，おおむね高校卒業〜20代前半の人を対象として行われ，難易度は高校卒業程度とされています。近年は少子化や「全入時代」ともいわれる大学進学率の増加によって受験者数は減少していますが，公務員制度改革や財政難などの理由で採用予定者数も減少しており，国家系の試験で最終合格率は10％程度，地方系だとそれ以下という難関試験であることにかわりはありません。

　この試験は，主要５科目＋公務員試験独特の科目が出題されるため，付け焼き刃の勉強で太刀打ちできるものではありません。その一方で，「何から手をつければよいのか分からない」，「問題集を購入したが最初からつまずいてしまい，勉強するのが嫌になった」などの声もよく聞きます。

　公務員試験に限ったことではありませんが，勉強において最も重要なのは，「基礎力を身につける」ことです。基礎を理解せずに勉強を進めても高い学力は身に付きませんし，分からない部分が出てきたときに「どこでつまずいているのか？」を自分自身で判別することができません。

　本シリーズは，基礎学力の向上を目的として，地方初級・国家一般職（高卒者）試験に挑む方々のために作られました。まず，各科目を分野別に分け，そこで覚えてほしいことや基本的な解き方を示すことで基礎的な知識を身につけ，代表的な問題を解くことで理解を深めていくという形で構成されています。迷ったときや分からなくなってしまったときは，解説部分をもう一度見直してみてください。何らかの道しるべとなるはずです。

　皆さんと私たちの望みは１つです。

　「憧れの公務員になること」

　この本を手にした皆さんが，念願の職に就けることを心から願っております。

2024年１月　ＴＡＣ出版編集部

① 科目別の6分冊

地方初級・国家一般職（高卒者）の教養試験で問われる学習範囲を，分野ごとに編集し，「数学・数的推理」「判断推理・資料解釈」「国語・文章理解」「社会科学」「人文科学」「自然科学」の6冊にまとめました。

※国家公務員試験は，平成24年度から新試験制度により実施されています。新試験制度では，「数的推理」は「数的処理」に，「判断推理」「空間把握」は「課題処理」に，それぞれ名称が変更されています。しかしながら，これはあくまで名称上の変更にすぎず（名称は変更となっていますが，試験内容には変更はありません），本シリーズでは受験生の方が理解しやすいように，これまでどおりの科目名で取り扱っています。

② 基礎的な分野から段階を追った学習が可能。

各テーマの記述は，まず，基礎的な解説，ぜひ覚えたい事項の整理からスタートします。ここでしっかり解き方や知識のインプットを行いましょう。続いて，演習問題を掲載しています。学んだ解き方や知識のアウトプットを行いましょう。演習問題は，比較的やさしい問題から少し応用的な問題までが含まれていますので，本試験へ向けた問題演習をしっかり行うことができます。

●ＴＡＣ出版では，国家一般職（高卒者）試験の対策として，以下の書籍を刊行しております。本シリーズとあわせてご活用いただければ，より合格が確実なものとなることでしょう。
『ポイントマスター』（全6冊）
　～本試験問題も含め，もっと多くの問題を解いて学習を進めたい方に
『適性試験のトレーニング』
　～適性試験対策にも力を入れたいという方に

◈ **解法のポイント**

ただ文章を読んでいってもなかなか重要なことを読み取れません。文章を読み始める前に，身に付けておくと便利な文章読解のポイントを明示しています。

❶ **注意点**

問題を解く際に注意すべき点を説明しています。ここを押さえれば，自信を持って例題にチャレンジできるはずです。

⁇ **ヒント**

各例題の文章を正しく読み取るためのポイント，文法や言葉の言い回し等を整理しています。また出典も明示していますので，気になった作家の他の作品を読んでみるのもよいでしょう。

◈ **参考**

例題としてとりあげた問題について，参考となる情報を補足として付しています。

国語の出題状況

■国家一般職（高卒者）
例年 2 題出題。漢字，四字熟語，慣用句，ことわざから 2 題出題されることが多い。

■地方初級

| 全 国 型 | 1 〜 2 題出題。一般常識程度だが，尊敬語と謙譲語や文法問題なども出題される。 |

| 東京23区 | 選択問題で 2 題出題。漢字，四字熟語，慣用句，ことわざから 2 題。 |

＜対策について＞
まれに少々凝った出題があるが，基本的には一般常識の範囲内である。難易度は高くないので，ケアレスミスに気をつけ，ことわざ，四字熟語，慣用句は意味まで含めてしっかりと覚えておく。

文章理解（国語）の出題状況

■国家一般職（高卒者）
長文読解 3 題，空欄補充・文章整序のうちどちらか 1 題の計 4 題出題。（他の国家公務員試験では長文 2 題，空欄・整序各 1 題の時もある。）内容は，随筆やエッセーが多い。

■地方初級

| 全 国 型 | 計 4 〜 6 題出題。長文数問と空欄・整序が 1 題ずつ，もしくは空欄・整序のどちらか 1 題のパターンが多い。 |

| 東京23区 | 例年長文読解 2 題，空欄補充 2 題，文章整序 2 題の計 6 題。 |

＜対策について＞
問題文は近年に書かれているものが多く，ひねった言い回しや難しい言葉などは少ない。比較的素直な文章が多いため，難易度そのものは高くない。しかし，試験時間内で解答を導くためには，一読でおおよその内容が把握できるだけの読解力が求められる。普段から文章に親しむ姿勢を身につけておきたい。

文章理解（古文・漢文）の出題状況

■国家一般職（高卒者）
古文・漢文のうちいずれか 1 題。古文は10行程度の内容把握。漢文は訓読して内容把握の問題が多い。

■地方初級

| 全 国 型 | 出題されるところで 1 題出題。出題がないところもある。 |

| 東京23区 | 選択問題で 1 題。文中の下線部の現代語訳を問う問題が多い。漢文が出題されたこともあるが，数は少ない。 |

<対策について＞

　出典は有名な書物が多い。古文は現代語訳が，漢文は訓読して書き下し文にすることができなければ，解答することは難しい。文法的には容易な問題が多いので，基本的な単語の意味や文法は，必ず学習しておく。

文章理解（英文）の出題状況

■国家一般職（高卒者）

　長文読解が２題，単文の問題が２題の計４題出題。長文読解は内容把握，単文問題はカッコ抜きが多く，和訳問題，文法問題も出題される。

■地方初級

| 全 国 型 | 基本は長文読解問題で３〜４題。単文問題の出題もあるが，その場合は長文読解が１題少ないので，全体数は変わらない。 |
| 東京23区 | 全部で３題。内容は長文読解１〜２題と，カッコ抜き，英文整序，和訳問題と様々な形態で出題される。 |

＜対策について＞

　難易度は決して高くなく，高校１〜２年生程度の英語力があれば，十分に対応できる。最低限必要な単・熟語，文法を覚え，大まかな和訳ができるように学習しておく。

「国語・文章理解」 目次

第 1 編

国　語

概説

1 漢字

漢字の問題は

①読み

②書き

③対義語

④類義語

⑤同訓異字

⑥同音異義語

といったものが出題されている。まずは基本からおさえて，実際の問題に対応できるまでにしておこう。

2 四字熟語

□抜き，意味の組合わせの正誤といったものの出題が多い。まずは意味と読みをしっかりとおさえておこう。

3 ことわざ・故事

これも四字熟語と同様の出題傾向にある。意味をしっかりおさえておこう。

◉ まとめ

国語分野については，テキストの練習問題を解くことも重要だが，普段から新聞，雑誌，小説など文章にふれる機会を増やし，そのなかで，わからないものについては辞書を引くという習慣を身につけよう。これは同時に，内容把握や作文の訓練にもなる。

いずれにせよ，今から少しずつでもいいので，文章にふれる機会をふやしていこう。そこで使用されている語句，言い回しや表現法など，参考となるものは多い。また，文を読み理解するスピードもあがってくるはずである。こうした訓練が，文を読み，また書く時に役に立つことを頭に置いてもらいたい。

MEMO

第1章 漢字

1　似形異字

次の太字の部分を漢字に直せ。

1. 歴**シ**のある街並み。　　　　　　　　　　（　　　　　　）

　　官**リ**としての能力。　　　　　　　　　　（　　　　　　）

2. **カク**絶した関係。　　　　　　　　　　　（　　　　　　）

　　互いに**ユウ**和する。　　　　　　　　　　（　　　　　　）

3. 脱**ト**の如く駆け出す。　　　　　　　　　（　　　　　　）

　　イツ脱した行動。　　　　　　　　　　　（　　　　　　）

4. 死者の**タマシイ**。　　　　　　　　　　　（　　　　　　）

　　金の**カタマリ**。　　　　　　　　　　　　（　　　　　　）

5. 国が**スイ**退する。　　　　　　　　　　　（　　　　　　）

　　アイ愁の漂う詩。　　　　　　　　　　　（　　　　　　）

6. 自動車の**ケン**引力。　　　　　　　　　　（　　　　　　）

　　不明人の捜**サク**。　　　　　　　　　　　（　　　　　　）

7. **ビン**乏な生活。　　　　　　　　　　　　（　　　　　　）

　　ドン欲なまでの向上心。　　　　　　　　（　　　　　　）

8. 驚いて**ギョウ**天する。　　　　　　　　　（　　　　　　）

　　はやる心を**ヨク**制する。　　　　　　　　（　　　　　　）

9. 物品を**イ**動させる。　　　　　　　　　　（　　　　　　）

　　奢**シ**に満ちた生活。　　　　　　　　　　（　　　　　　）

10. 風**ゾク**小説。　　　　　　　　　　　　　（　　　　　　）

　　入**ヨク**して体を洗う。　　　　　　　　　（　　　　　　）

11. 目標に**トウ**達する。　　　　　　　　　　（　　　　　　）

　　一**チ**団結する。　　　　　　　　　　　　（　　　　　　）

12. **オ**父にあたる人。　　　　　　　　　　　（　　　　　　）

　　文を**ジョ**述する。　　　　　　　　　　　（　　　　　　）

13. **クチビル**を赤く塗る。 （　　　　　）

　　屈**ジョク**を感じる。 （　　　　　）

14. それとなく部下に示**サ**する。 （　　　　　）

　　シュン敏な身のこなし。 （　　　　　）

15. 交**ギ**を結ぶ。 （　　　　　）

　　セン伝の効果。 （　　　　　）

　　人々の中で**ケン**伝される話。 （　　　　　）

16. **コン**惑した表情。 （　　　　　）

　　イン果関係を明らかにする。 （　　　　　）

　　シュウ人の脱走。 （　　　　　）

17. 記事の掲**サイ**。 （　　　　　）

　　贈り物を頂**ダイ**する。 （　　　　　）

18. **シッ**風の如く駆け抜ける。 （　　　　　）

　　シッ妬深い女性。 （　　　　　）

19. **エン**曲な表現。 （　　　　　）

　　ワン力の強い人。 （　　　　　）

20. 産院の分**ベン**室。 （　　　　　）

　　バン年を故郷で送る。 （　　　　　）

21. 名家の**チャク**男。 （　　　　　）

　　水**テキ**の落ちる窓。 （　　　　　）

22. **スウ**高な教えを守る。 （　　　　　）

　　タタりを恐れる。 （　　　　　）

23. **アカ**にまみれた体。 （　　　　　）

　　ホコリの多い不潔な部屋。 （　　　　　）

24. 過去から脱**キャク**する。 （　　　　　）

　　未来永**ゴウ**に忘れない。 （　　　　　）

25. 人員の**ボ**集。 （　　　　　）

　　カ黙な生活態度。 （　　　　　）

26. 内容の分**セキ**をする。 （　　　　　）

　　骨**セツ**をして手術する。 （　　　　　）

27. 歳末の大レン売。 （　　　　　　）

　　昼夜ケン行で作業する。 （　　　　　　）

28. イ大な人物。 （　　　　　　）

　　人間は考えるアシである。 （　　　　　　）

29. 特チョウある顔立ち。 （　　　　　　）

　　ビ妙な食い違い。 （　　　　　　）

30. 労ドウ者の団結。 （　　　　　　）

　　ショウ撃的な事件。 （　　　　　　）

31. 飛行機のツイ落。 （　　　　　　）

　　民衆のダ落した生活。 （　　　　　　）

32. 財布をシュウ得する。 （　　　　　　）

　　取シャ選択。 （　　　　　　）

33. 計画の進チョク状況。 （　　　　　　）

　　当局と交ショウする。 （　　　　　　）

34. 金の採クツ作業。 （　　　　　　）

　　おホリの白鳥。 （　　　　　　）

35. シン海に潜る。 （　　　　　　）

　　真実のタン求。 （　　　　　　）

36. 事実をビョウ写する。 （　　　　　　）

　　チュウ象的な絵画。 （　　　　　　）

37. ギ人法による表現。 （　　　　　　）

　　じっと対象をギョウ視する。 （　　　　　　）

38. 人材を抜テキする。 （　　　　　　）

　　大活ヤクをした選手。 （　　　　　　）

　　洗タク物を干す。 （　　　　　　）

39. カッ気に満ちた街並み。 （　　　　　　）

　　テン淡として物に動じない。 （　　　　　　）

40. ドウ窟を探検する。 （　　　　　　）

　　キリの葉の色。 （　　　　　　）

41. 救世主をカツ望する。 （　　　　　　）

　　記事をケイ載する。 （　　　　　　）

42. **キョウ**順の意を表して降伏する。 （　　　　　　　）

　　書類を**テン**付して提出する。 （　　　　　　　）

43. **イン**遁生活を送る。 （　　　　　　　）

　　オン健な性質。 （　　　　　　　）

44. **チク**次発行される雑誌。 （　　　　　　　）

　　計画を**スイ**行する。 （　　　　　　　）

45. 裏切りに対する**イカ**り。 （　　　　　　　）

　　エン恨による事件。 （　　　　　　　）

46. 書**サイ**で執筆を続ける。 （　　　　　　　）

　　一**セイ**に立ち上がる。 （　　　　　　　）

47. 流**チョウ**に英語を話す。 （　　　　　　　）

　　ヨウ気な性格。 （　　　　　　　）

　　熱**トウ**消毒。 （　　　　　　　）

48. **イ**族の悲しみ。 （　　　　　　　）

　　ケン唐使を命ずる。 （　　　　　　　）

49. 物資を**テイ**供する。 （　　　　　　　）

　　ゼ非とも立候補したい。 （　　　　　　　）

50. 念仏三**マイ**。 （　　　　　　　）

　　すぐれた**ミ**覚の持ち主。 （　　　　　　　）

51. **カン**心なことを忘れる。 （　　　　　　　）

　　大**タン**な判断を下す。 （　　　　　　　）

52. 火事で家が**ショウ**失する。 （　　　　　　　）

　　アカツキの鮮やかな光。 （　　　　　　　）

53. 華**レイ**な模様の着物。 （　　　　　　　）

　　山**ロク**の宿屋。 （　　　　　　　）

54. **サクラ**の花。 （　　　　　　　）

　　春高**ロウ**の花の宴。 （　　　　　　　）

55. **バク**然とした予想。 （　　　　　　　）

　　人の**モ**倣に終始する。 （　　　　　　　）

56. **シ**煙をくゆらせる。 （　　　　　　　）

　　小型の**シバ**犬。 （　　　　　　　）

57. 地**カク**の変動。 （　　　　　）

　　コク物の収穫。 （　　　　　）

　　キ然とした態度。 （　　　　　）

58. 原**コウ**の執筆。 （　　　　　）

　　欠点を**キョウ**正する。 （　　　　　）

59. 全てを彼に**イ**任する。 （　　　　　）

　　キ節ごとの趣。 （　　　　　）

60. 無事安**タイ**。 （　　　　　）

　　楽器演**ソウ**。 （　　　　　）

　　シンの始皇帝。 （　　　　　）

61. **コウ**福に満ちた表情。 （　　　　　）

　　シン苦の末の大成功。 （　　　　　）

62. **タン**的な表現。 （　　　　　）

　　戦いの勝利を暗示する**ズイ**兆。 （　　　　　）

63. 本を収**ゾウ**する部屋。 （　　　　　）

　　サイ末助け合い運動。 （　　　　　）

64. **スゲ**の笠を腰に下げる。 （　　　　　）

　　カン轄外の区域。 （　　　　　）

65. **キョウ**異的な新記録。 （　　　　　）

　　温厚**トク**実な人物。 （　　　　　）

66. 敵を断固として粉**サイ**する。 （　　　　　）

　　純**スイ**な真水。 （　　　　　）

67. 日**キ**文学の伝統。 （　　　　　）

　　キ行文の叙述。 （　　　　　）

68. 故郷に**ニシキ**を飾る。 （　　　　　）

　　布団の**ワタ**。 （　　　　　）

69. 前年度の**クリ**越金。 （　　　　　）

　　体**ソウ**の選手。 （　　　　　）

70. 安眠**マクラ**。 （　　　　　）

　　本を**タン**読する。 （　　　　　）

71. 科目の**リ**修要領。　　　　　　　　　　（　　　　　）

　　フク面をした強盗。　　　　　　　　　（　　　　　）

72. **ショク**業病。　　　　　　　　　　　　（　　　　　）

　　絹の**オリ**物。　　　　　　　　　　　　（　　　　　）

　　多様な知**シキ**。　　　　　　　　　　　（　　　　　）

73. **カン**忍袋のひも。　　　　　　　　　　（　　　　　）

　　被害**ジン**大。　　　　　　　　　　　　（　　　　　）

74. 棺**オケ**の用意。　　　　　　　　　　　（　　　　　）

　　日本舞**ヨウ**。　　　　　　　　　　　　（　　　　　）

75. 進歩が**ニブ**い。　　　　　　　　　　　（　　　　　）

　　ジュン粋な心情。　　　　　　　　　　（　　　　　）

76. 計画の実施要**コウ**。　　　　　　　　　（　　　　　）

　　漁に使う**アミ**。　　　　　　　　　　　（　　　　　）

77. **セン**光と共に鳴る雷。　　　　　　　　（　　　　　）

　　彼のおしゃべりには**ヘイ**口するよ。　　（　　　　　）

　　カン散とした会場。　　　　　　　　　（　　　　　）

　　モン々として眠れない。　　　　　　　（　　　　　）

78. カメラの**ショウ**点。　　　　　　　　　（　　　　　）

　　セキ眼の武将。　　　　　　　　　　　（　　　　　）

79. 雨の**シズク**が落ちる。　　　　　　　　（　　　　　）

　　カスミのかかった春の景色。　　　　　（　　　　　）

　　シモの被害。　　　　　　　　　　　　（　　　　　）

80. **ガ**鬼大将。　　　　　　　　　　　　　（　　　　　）

　　天明の大**キ**饉。　　　　　　　　　　　（　　　　　）

81. **クツ**を買う。　　　　　　　　　　　　（　　　　　）

　　カバンを持つ。　　　　　　　　　　　（　　　　　）

82. 海軍の中**イ**。　　　　　　　　　　　　（　　　　　）

　　職員の**イ**安旅行。　　　　　　　　　　（　　　　　）

83. 原因と結**カ**。　　　　　　　　　　　　（　　　　　）

　　カ子の折り箱。　　　　　　　　　　　（　　　　　）

84. **キッ**茶店で人を待つ。 （　　　　　　　）

　　清**ケツ**な店内。 （　　　　　　　）

85. **ゲン**密な事情聴取。 （　　　　　　　）

　　カン然として立ち向かう。 （　　　　　　　）

86. 詐**ギ**を働く。 （　　　　　　　）

　　碁と将**ギ**。 （　　　　　　　）

87. 客を大切に**アツカ**う。 （　　　　　　　）

　　水を**ク**む。 （　　　　　　　）

88. 交通を**シャ**断する。 （　　　　　　　）

　　ショ民の楽しみ。 （　　　　　　　）

89. **チツ**序の回復。 （　　　　　　　）

　　役員の更**テツ**。 （　　　　　　　）

90. 将来を**ショク**望される人物。 （　　　　　　　）

　　所**ゾク**の部署。 （　　　　　　　）

91. 感**タン**の声を出す。 （　　　　　　　）

　　カン字の表記。 （　　　　　　　）

92. 内容の**ハ**握。 （　　　　　　　）

　　ヒ料を畑に施す。 （　　　　　　　）

93. 出席**ボ**の保管。 （　　　　　　　）

　　空気が**ウス**くなる。 （　　　　　　　）

94. 無**ボウ**な運動を抑える。 （　　　　　　　）

　　両者の間の**バイ**介となる。 （　　　　　　　）

95. 教**シ**の義務たる仕事。 （　　　　　　　）

　　元**スイ**という最高の地位。 （　　　　　　　）

2　同音異義

次の太字の部分を漢字に直せ。

1．**アイショウ**がよくない。　　　　　　　　　　　（　　　　　）
　　彼の子供の頃の**アイショウ**。　　　　　　　　　（　　　　　）

2．会議で**イギ**を唱える。　　　　　　　　　　　　（　　　　　）
　　イギを正す。　　　　　　　　　　　　　　　　（　　　　　）

3．朝廷の**イコウ**を及ぼす。　　　　　　　　　　　（　　　　　）
　　来年**イコウ**の予定。　　　　　　　　　　　　　（　　　　　）
　　会社の**イコウ**を伝える。　　　　　　　　　　　（　　　　　）

4．**イシ**薄弱な人物。　　　　　　　　　　　　　　（　　　　　）
　　イシ表示を明確にする。　　　　　　　　　　　（　　　　　）

5．**イジョウ**な事態を招く。　　　　　　　　　　　（　　　　　）
　　全権を**イジョウ**する。　　　　　　　　　　　　（　　　　　）

6．**イゼン**として消息不明である。　　　　　　　　（　　　　　）
　　イゼンからの計画を進める。　　　　　　　　　（　　　　　）

7．人事**イドウ**の発表。　　　　　　　　　　　　　（　　　　　）
　　両者に**イドウ**は見られない。　　　　　　　　　（　　　　　）

8．**イヨウ**な光景を現出する。　　　　　　　　　　（　　　　　）
　　建物全体の**イヨウ**を誇る。　　　　　　　　　　（　　　　　）

9．何事にも**エイイ**努力する。　　　　　　　　　　（　　　　　）
　　生活の**エイイ**に見られる苦労。　　　　　　　　（　　　　　）

10．会社の**エンカク**。　　　　　　　　　　　　　　（　　　　　）
　　機械の**エンカク**操作。　　　　　　　　　　　　（　　　　　）

11．日本の**オウカ**思想の一端。　　　　　　　　　　（　　　　　）
　　青春を**オウカ**する。　　　　　　　　　　　　　（　　　　　）

12．建物の**ガイカン**。　　　　　　　　　　　　　　（　　　　　）
　　全体の姿を**ガイカン**する。　　　　　　　　　　（　　　　　）

13．**カイコ**趣味の小道具。　　　　　　　　　　　　（　　　　　）
　　人員を**カイコ**する。　　　　　　　　　　　　　（　　　　　）

14. 驕慢な姿勢を**カイシン**する。 （　　　　　）

　　悪人が**カイシン**して善人となる。 （　　　　　）

　　カイシンの出来栄え。 （　　　　　）

15. 室内を**カイソウ**する。 （　　　　　）

　　往時を**カイソウ**する。 （　　　　　）

　　車を地方へ**カイソウ**する。 （　　　　　）

16. 教科書の**カイテイ**作業。 （　　　　　）

　　法律を**カイテイ**する。 （　　　　　）

17. **カイトウ**乱麻を断つ。 （　　　　　）

　　質問状に対して**カイトウ**する。 （　　　　　）

　　試験の模範**カイトウ**。 （　　　　　）

18. 病人の**カイホウ**をする。 （　　　　　）

　　病気が**カイホウ**に向かう。 （　　　　　）

　　奴隷を**カイホウ**する。 （　　　　　）

　　窓を**カイホウ**する。 （　　　　　）

19. 論理の**カクシン**をつく。 （　　　　　）

　　成功を**カクシン**する。 （　　　　　）

　　カクシン政党。 （　　　　　）

20. **カサク**な小説家。 （　　　　　）

　　カサクに入選する。 （　　　　　）

21. 師の**カンカ**を受ける。 （　　　　　）

　　カンカできない事態の動き。 （　　　　　）

22. 注意を**カンキ**する檄文。 （　　　　　）

　　室内を**カンキ**する。 （　　　　　）

　　カンキの声をあげる子供たち。 （　　　　　）

23. 定期**カンコウ**物。 （　　　　　）

　　長年の現場の**カンコウ**に従う。 （　　　　　）

　　無理を承知で，事を**カンコウ**する。 （　　　　　）

24. 苦言も黙って**カンジュ**する。 （　　　　　）

　　カンジュ性の豊かな人物。 （　　　　　）

25. 名画をじっくり**カンショウ**する。 （　　　　　　　　）

　　庭園を**カンショウ**する。 （　　　　　　　　）

　　カンショウ的な思いに浸る。 （　　　　　　　　）

　　他人の行動に**カンショウ**する。 （　　　　　　　　）

26. 相手の**カンシン**を買う言葉。 （　　　　　　　　）

　　毅然たる態度に**カンシン**する。 （　　　　　　　　）

27. 物理的な**カンセイ**の力。 （　　　　　　　　）

　　相手の**カンセイ**を疑う。 （　　　　　　　　）

　　カンセイな住宅街。 （　　　　　　　　）

28. **カンヨウ**な慈母のまなざし。 （　　　　　　　　）

　　最も**カンヨウ**な点をふまえる。 （　　　　　　　　）

29. **キカク**通りの品物。 （　　　　　　　　）

　　旅行を皆で**キカク**する。 （　　　　　　　　）

30. 国家の**キゲン**を探る。 （　　　　　　　　）

　　キゲンよい顔をした友。 （　　　　　　　　）

　　完成までの**キゲン**を限定する。 （　　　　　　　　）

31. **キコウ**文の執筆。 （　　　　　　　　）

　　雑誌に**キコウ**する。 （　　　　　　　　）

　　キコウの目立つ人物。 （　　　　　　　　）

32. とっさの**キテン**で対処する。 （　　　　　　　　）

　　鉄道の**キテン**。 （　　　　　　　　）

33. 金融上の**キョウコウ**状態。 （　　　　　　　　）

　　キョウコウな態度を崩さない。 （　　　　　　　　）

　　反対の中で実施を**キョウコウ**する。 （　　　　　　　　）

34. 自然を**キョウジュ**する。 （　　　　　　　　）

　　大学の**キョウジュ**。 （　　　　　　　　）

35. 集団の中での**キョウチョウ**性。 （　　　　　　　　）

　　注意事項を**キョウチョウ**する。 （　　　　　　　　）

36. 才能を**キョウユウ**する。 （　　　　　　　　）

　　キョウユウ財産。 （　　　　　　　　）

37. **ケイケン**な信者の祈り。 （　　　　　）

　　 ケイケン豊かな年長者。 （　　　　　）

38. 事業を**ケイショウ**していく。 （　　　　　）

　　 天下に名だたる**ケイショウ**地。 （　　　　　）

　　 大衆に**ケイショウ**を鳴らす。 （　　　　　）

39. **ケイチョウ**に値する卓見。 （　　　　　）

　　 物事の**ケイチョウ**の度合い。 （　　　　　）

40. **ケイトウ**的にまとめる。 （　　　　　）

　　 師の説に**ケイトウ**する。 （　　　　　）

41. 自己**ケンジ**欲の強い人間。 （　　　　　）

　　 最初の方針を**ケンジ**する。 （　　　　　）

42. 国王の**ケンセイ**の拡大。 （　　　　　）

　　 他国の攻撃を**ケンセイ**する。 （　　　　　）

43. 本文の**コウイ**を検討する。 （　　　　　）

　　 男女の**コウイ**室。 （　　　　　）

44. 態度を**コウカ**させる。 （　　　　　）

　　 コウカの鉄道。 （　　　　　）

45. **コウガク**の士。 （　　　　　）

　　 コウガクのために意見を聞く。 （　　　　　）

46. **コウカン**の持てる若者。 （　　　　　）

　　 コウカンで話題となる。 （　　　　　）

47. 王子の**コウケン**人。 （　　　　　）

　　 社会に**コウケン**する。 （　　　　　）

48. **コウショウ**による伝説。 （　　　　　）

　　 コウショウな趣味の持ち主。 （　　　　　）

　　 時代**コウショウ**の正確さ。 （　　　　　）

49. 原稿の**コウセイ**。 （　　　　　）

　　 罪人の社会**コウセイ**。 （　　　　　）

50. 書類の**コウフ**。 （　　　　　）

　　 法律を**コウフ**する。 （　　　　　）

51. 謝礼を**コジ**する。 （　　　　　　）

　　 自己の力を**コジ**する。 （　　　　　　）

52. **シコウ**の位に登りつめる。 （　　　　　　）

　　 シコウ錯誤の繰り返し。 （　　　　　　）

53. 教授に**シジ**して教えを受ける。 （　　　　　　）

　　 有権者の**シジ**。 （　　　　　　）

54. **シジョウ**にあふれた作品。 （　　　　　　）

　　 シジョウ命令。 （　　　　　　）

　　 シジョウをまじえた論理。 （　　　　　　）

55. **シセイ**の人として隠れ住む。 （　　　　　　）

　　 シセイ方針の演説。 （　　　　　　）

56. **シュウチ**の事実。 （　　　　　　）

　　 シュウチを集めて検討する。 （　　　　　　）

　　 シュウチ心に訴える。 （　　　　　　）

57. 行事の**ショウガイ**係。 （　　　　　　）

　　 ショウガイの目的を達する。 （　　　　　　）

58. 書類の**ショウキャク**処分。 （　　　　　　）

　　 減価を**ショウキャク**する。 （　　　　　　）

59. 事業の**シンコウ**を図る。 （　　　　　　）

　　 シンコウ住宅地。 （　　　　　　）

　　 会議は**シンコウ**に及んだ。 （　　　　　　）

60. **シンショウ**風景を描いた作品。 （　　　　　　）

　　 確実な**シンショウ**を得る。 （　　　　　　）

61. **シンソウ**の令嬢。 （　　　　　　）

　　 シンソウ心理。 （　　　　　　）

　　 うわさの**シンソウ**は不明だ。 （　　　　　　）

62. 成功への**セイサン**はある。 （　　　　　　）

　　 借金の**セイサン**をする。 （　　　　　　）

　　 乗り越し料金の**セイサン**。 （　　　　　　）

63. 講演を**セイチョウ**する。 （　　　　　　）

　　 セイチョウな水をたたえる湖。 （　　　　　　）

64. **ソウゾウ**的な仕事に取り組む。 （　　　　　　）

　　将来の姿を**ソウゾウ**する。 （　　　　　　）

65. 両者の**タイショウ**の妙。 （　　　　　　）

　　大人を**タイショウ**とした番組。 （　　　　　　）

　　タイショウ図形。 （　　　　　　）

66. 鋭い**チカク**を備えた動物。 （　　　　　　）

　　チカクの変動による地震。 （　　　　　　）

67. 滅亡の**チョウコウ**がみられる。 （　　　　　　）

　　大学の**チョウコウ**生。 （　　　　　　）

68. **テイチョウ**に断る。 （　　　　　　）

　　テイチョウな客の入り。 （　　　　　　）

69. 職業と自己の**テキセイ**。 （　　　　　　）

　　テキセイな価格での販売。 （　　　　　　）

70. 状況が大きく**テンカ**する。 （　　　　　　）

　　責任の**テンカ**は許さない。 （　　　　　　）

71. 土地を役所で**トウキ**する。 （　　　　　　）

　　トウキの対象として絵画を買う。 （　　　　　　）

　　物価の**トウキ**。 （　　　　　　）

72. **ハカイ**の僧侶。 （　　　　　　）

　　家庭を**ハカイ**する。 （　　　　　　）

73. **ハッコウ**の美少女。 （　　　　　　）

　　乳酸菌の**ハッコウ**。 （　　　　　　）

　　法律は本日より**ハッコウ**する。 （　　　　　　）

74. **ヒソウ**な物の見方に過ぎない。 （　　　　　　）

　　ヒソウな覚悟で取り組む。 （　　　　　　）

75. **ヒッシ**の努力。 （　　　　　　）

　　敗戦は**ヒッシ**の状況だ。 （　　　　　　）

76. 電化製品の**フキュウ**。 （　　　　　　）

　　フキュウの名作。 （　　　　　　）

　　フキュウ不要の事は後にする。 （　　　　　　）

77. **フヘン**不党の信念を貫く。 （　　　　　）

　　生命の**フヘン**的価値。 （　　　　　）

　　私の考えは**フヘン**である。 （　　　　　）

78. **ヘンキョウ**の地に赴任する。 （　　　　　）

　　ヘンキョウな考え方をする。 （　　　　　）

79. 裁判を**ボウチョウ**する。 （　　　　　）

　　空気が**ボウチョウ**する。 （　　　　　）

80. **モクシ**しがたい蛮行。 （　　　　　）

　　キリスト教の**モクシ**録。 （　　　　　）

81. **ユウコク**の士を自称する。 （　　　　　）

　　深山**ユウコク**の趣。 （　　　　　）

82. 武将の**ユウシ**を仰ぐ。 （　　　　　）

　　ユウシ以来の難局。 （　　　　　）

　　銀行の**ユウシ**を受ける。 （　　　　　）

83. **ユウシュウ**をたたえた横顔。 （　　　　　）

　　ユウシュウの美を飾る。 （　　　　　）

84. 展覧会の**ユウタイ**券。 （　　　　　）

　　役員の職を**ユウタイ**する。 （　　　　　）

85. **ヨジョウ**の物資を捨てる。 （　　　　　）

　　ヨジョウの残る映画。 （　　　　　）

86. 天皇の**リンセキ**を仰ぐ。 （　　　　　）

　　リンセキの顔見知り。 （　　　　　）

3　同音異字

次の太字の部分を漢字に直せ。

1. 親子の**アイ**情。　　　　　　　　　　（　　　　　）

　　アイ愁に満ちた曲。　　　　　　　（　　　　　）

2. **アイ**拶を交わす。　　　　　　　　　（　　　　　）

　　塵**アイ**の多い町。　　　　　　　　　（　　　　　）

3. 会議の**アン**件を処理する。　　　　　（　　　　　）

　　アン閑とした生活を送る。　　　　　（　　　　　）

4. 速度**イ**反で検挙される。　　　　　　（　　　　　）

　　イ大な芸術家。　　　　　　　　　　（　　　　　）

　　北**イ**五十度の地点。　　　　　　　　（　　　　　）

5. 政界を**イン**退する代議士。　　　　　（　　　　　）

　　イン居の身で過ごす。　　　　　　　（　　　　　）

　　彼は**イン**険な男だ。　　　　　　　　（　　　　　）

6. 婚**イン**届に署名する。　　　　　　　（　　　　　）

　　事故の原**イン**の調査。　　　　　　　（　　　　　）

7. 写真の撮**エイ**。　　　　　　　　　　（　　　　　）

　　エイ像の鮮明な画面。　　　　　　　（　　　　　）

8. **エイ**誉ある賞を受ける。　　　　　　（　　　　　）

　　エイ才教育を受ける。　　　　　　　（　　　　　）

9. **エン**故を頼って旅をする。　　　　　（　　　　　）

　　嫌いな人を敬**エン**する。　　　　　　（　　　　　）

10. **オン**健な思想の持ち主。　　　　　　（　　　　　）

　　オン情あふれる判決を下す。　　　　（　　　　　）

11. 責任を他人に転**カ**する。　　　　　　（　　　　　）

　　生家の**カ**業を引き継ぐ。　　　　　　（　　　　　）

12. 舌**カ**事件を起こした政治家。　　　　（　　　　　）

　　混乱の**カ**中に身を置く。　　　　　　（　　　　　）

　　列車が駅を通**カ**する。　　　　　　　（　　　　　）

13. 全国優勝の**カイ**挙を成し遂げる。 （　　　　　　）

　　夏の夜の**カイ**談を聞く。 （　　　　　　）

14. 事態の展開に**カイ**疑的になる。 （　　　　　　）

　　建造物を破**カイ**する。 （　　　　　　）

15. **カイ**級社会の封建制。 （　　　　　　）

　　俳**カイ**の宗匠。 （　　　　　　）

16. 旅の感**ガイ**にふける。 （　　　　　　）

　　哲学上の**ガイ**念。 （　　　　　　）

17. 米の収**カク**期。 （　　　　　　）

　　名声を**カク**得する。 （　　　　　　）

18. 水が枯**カツ**した河川。 （　　　　　　）

　　茶**カッ**色に濁った水。 （　　　　　　）

19. 条項を大幅に**カツ**愛する。 （　　　　　　）

　　警察の管**カツ**区域。 （　　　　　　）

20. 本庁の**カン**僚。 （　　　　　　）

　　カン桶に遺体を納める。 （　　　　　　）

　　物品の**カン**理をする。 （　　　　　　）

21. 公害による**カン**境の汚染。 （　　　　　　）

　　利益を投資者に**カン**元する。 （　　　　　　）

22. 注意を**カン**起する。 （　　　　　　）

　　物々交**カン**の経済。 （　　　　　　）

23. 保険の**カン**誘をする。 （　　　　　　）

　　子供の**カン**声が響く校庭。 （　　　　　　）

24. 野球の**カン**督をする。 （　　　　　　）

　　名画の**カン**賞。 （　　　　　　）

25. **ギ**牲的精神による奉仕。 （　　　　　　）

　　礼**ギ**正しい青年。 （　　　　　　）

　　大学教授の講**ギ**。 （　　　　　　）

　　会**ギ**を開いて予定を決める。 （　　　　　　）

26. **キョ**費を投じた建築物。 （ 　　　 ）

   キョ離を置いて向かい合う。 （ 　　　 ）

   申し出を**キョ**否する。 （ 　　　 ）

27. 台風で鉄**キョウ**が流れる。 （ 　　　 ）

   欠点を**キョウ**正する。 （ 　　　 ）

   キョウ慢な態度を戒める。 （ 　　　 ）

28. 広場の**グン**衆の動き。 （ 　　　 ）

   地方の**グン**部の山村。 （ 　　　 ）

29. 資本主義**ケイ**済の危機。 （ 　　　 ）

   円の直**ケイ**を測る。 （ 　　　 ）

30. 生理的ともいえる**ケン**悪感。 （ 　　　 ）

   ケン虚な姿勢を保つ。 （ 　　　 ）

   昼夜**ケン**行で仕事をする。 （ 　　　 ）

31. **コ**独な文学者の魂。 （ 　　　 ）

   山に住む**コ**狸。 （ 　　　 ）

   グラフが**コ**を描く。 （ 　　　 ）

32. 物資の**コウ**入先。 （ 　　　 ）

   文章全体の**コウ**成。 （ 　　　 ）

   排水**コウ**に雨が流れる。 （ 　　　 ）

   文化**コウ**演会の開催。 （ 　　　 ）

33. 敵を**コウ**撃する。 （ 　　　 ）

   コウ妙な手段を用いる。 （ 　　　 ）

   コウ名心に駆られた行為。 （ 　　　 ）

34. 風邪の特**コウ**薬を捜す。 （ 　　　 ）

   コウ外の閑静な住宅地。 （ 　　　 ）

35. **コン**切丁寧に教える。 （ 　　　 ）

   土地を新たに開**コン**する。 （ 　　　 ）

36. **サイ**判の結果に注目する。 （ 　　　 ）

   野菜の**サイ**培技術。 （ 　　　 ）

37. 正しい**シ**勢で座る。 （ 　　　 ）

   シ意のままに振る舞う人物。 （ 　　　 ）

38. **ジ**石を用いて方位を判定する。 （　　　　　　　）

　　ジ悲深い母の言葉。 （　　　　　　　）

　　ジ養分に満ちた食品。 （　　　　　　　）

39. **ジ**女と女官。 （　　　　　　　）

　　弁当を**ジ**参する。 （　　　　　　　）

40. 孔子による**ジュ**教の創始。 （　　　　　　　）

　　ジュ要と供給の関係。 （　　　　　　　）

41. 単語，**ジュク**語の暗記。 （　　　　　　　）

　　私**ジュク**の教育。 （　　　　　　　）

42. 余分な物を**ジョ**外する。 （　　　　　　　）

　　列車の**ジョ**行運転。 （　　　　　　　）

43. 優勝者に渡す**ショウ**状。 （　　　　　　　）

　　破壊した物品を弁**ショウ**する。 （　　　　　　　）

44. 土**ジョウ**の改良。 （　　　　　　　）

　　名門の令**ジョウ**。 （　　　　　　　）

　　相手に**ジョウ**歩する。 （　　　　　　　）

45. 微生物の繁**ショク**。 （　　　　　　　）

　　山に**ショク**林する。 （　　　　　　　）

46. 床下に**シン**水する。 （　　　　　　　）

　　敵の**シン**略を許さない。 （　　　　　　　）

47. **スイ**奏楽の演奏。 （　　　　　　　）

　　下宿の自**スイ**生活。 （　　　　　　　）

48. 首相の訪米に**ズイ**行する。 （　　　　　　　）

　　脳**ズイ**を射貫く弾。 （　　　　　　　）

49. 飛行機の**セイ**備。 （　　　　　　　）

　　新**セイ**品の販売。 （　　　　　　　）

50. **セイ**密な機械。 （　　　　　　　）

　　予算を**セイ**求する。 （　　　　　　　）

　　セイ流に泳ぐ魚。 （　　　　　　　）

　　本日は**セイ**天なり。 （　　　　　　　）

51. 免**セキ**処分とする。 （　　　　　）

事実の集**セキ**から判断する。 （　　　　　）

すぐれた成**セキ**を挙げる。 （　　　　　）

52. 食**ゼン**のご馳走。 （　　　　　）

家屋の修**ゼン**。 （　　　　　）

53. 意見を**ソウ**合する。 （　　　　　）

ソウ明な国王。 （　　　　　）

54. **ソク**面からの援助。 （　　　　　）

距離の**ソク**定。 （　　　　　）

55. 連**タイ**保証人。 （　　　　　）

家賃を**タイ**納する。 （　　　　　）

56. 家**チク**の世話をする。 （　　　　　）

貯**チク**金の活用。 （　　　　　）

57. 特**チョウ**ある政策。 （　　　　　）

チョウ罰会議にかける。 （　　　　　）

58. 空気が膨**チョウ**する。 （　　　　　）

観音堂が開**チョウ**される。 （　　　　　）

物理学の**チョウ**力計算。 （　　　　　）

59. 水**テキ**が落ちる。 （　　　　　）

事実を指**テキ**する。 （　　　　　）

テキ当な処分をする。 （　　　　　）

60. 部隊を**テッ**退させる。 （　　　　　）

テッ底的に議論する。 （　　　　　）

61. 頭**ノウ**の働き。 （　　　　　）

苦**ノウ**に満ちた顔。 （　　　　　）

62. 望遠鏡の**バイ**率。 （　　　　　）

果物の栽**バイ**。 （　　　　　）

63. **バク**大な財産。 （　　　　　）

砂**バク**の隊商。 （　　　　　）

64. **ヒ**岸の墓参。 （　　　　　　　　）

　　新作の**ヒ**露をする。 （　　　　　　　　）

　　ヒ労した顔つき。 （　　　　　　　　）

65. 海を**ヒョウ**流する船。 （　　　　　　　　）

　　ヒョウ的をねらって撃つ。 （　　　　　　　　）

66. 全**プク**の信頼を置く。 （　　　　　　　　）

　　フク祉施設の充実。 （　　　　　　　　）

　　薬の**フク**作用。 （　　　　　　　　）

67. 社会**フッ**帰。 （　　　　　　　　）

　　フク心の部下。 （　　　　　　　　）

　　フク雑な迷路。 （　　　　　　　　）

68. **フン**煙を上げる火山。 （　　　　　　　　）

　　理不尽な返答に**フン**慨する。 （　　　　　　　　）

　　飛鳥時代の古**フン**。 （　　　　　　　　）

69. 花**フン**が飛び散る。 （　　　　　　　　）

　　財布を**フン**失する。 （　　　　　　　　）

70. 貨**ヘイ**の発行。 （　　　　　　　　）

　　ヘイ害の多い政策。 （　　　　　　　　）

71. **ヘン**見に満ちた意見。 （　　　　　　　　）

　　人生の**ヘン**歴。 （　　　　　　　　）

　　長**ヘン**小説。 （　　　　　　　　）

　　雑誌の**ヘン**集。 （　　　　　　　　）

72. 犯人を逮**ホ**する。 （　　　　　　　　）

　　計画の**ホ**足説明。 （　　　　　　　　）

　　ホ装された道路。 （　　　　　　　　）

73. 参加者の**ボ**集。 （　　　　　　　　）

　　ボ地に眠る故人。 （　　　　　　　　）

　　故国に対する**ボ**情。 （　　　　　　　　）

　　薄**ボ**の中の夕映え。 （　　　　　　　　）

74. 今年の**ホウ**負を述べる。 （　　　　）

　　大**ホウ**を撃つ。 （　　　　）

　　気体の**ホウ**和状態。 （　　　　）

　　海外の同**ホウ**の活躍。 （　　　　）

　　努力が水**ホウ**に帰す。 （　　　　）

75. 打**ボク**傷を負う。 （　　　　）

　　国民の公**ボク**たる役人。 （　　　　）

76. 秘**ミツ**の場所に移す。 （　　　　）

　　蜂**ミツ**を塗る。 （　　　　）

77. 事態を**ユウ**慮する。 （　　　　）

　　ユウ越感に浸る。 （　　　　）

78. 気持ちが動**ヨウ**する。 （　　　　）

　　東北の民**ヨウ**。 （　　　　）

79. 鉄を**ヨウ**接する。 （　　　　）

　　薬品の**ヨウ**液。 （　　　　）

80. 空**ラン**を埋める。 （　　　　）

　　豪華絢**ラン**たる着物。 （　　　　）

4　読み

次の漢字に読み仮名を付けなさい。

1. 拾得 （　　　　　）
2. 耽溺 （　　　　　）
3. 安穏 （　　　　　）
4. 流布 （　　　　　）
5. 敬虔 （　　　　　）
6. 演繹 （　　　　　）
7. 五月雨 （　　　　　）
8. 礼賛 （　　　　　）
9. 投網 （　　　　　）
10. 神酒 （　　　　　）
11. 呵責 （　　　　　）
12. 宰相 （　　　　　）
13. 苦衷 （　　　　　）
14. 隠匿 （　　　　　）
15. 脚立 （　　　　　）
16. 端境期 （　　　　　）
17. 漸次 （　　　　　）
18. 賄賂 （　　　　　）
19. 直截 （　　　　　）
20. 訥弁 （　　　　　）
21. 胡乱 （　　　　　）
22. 欠伸 （　　　　　）
23. 誰何 （　　　　　）
24. 嗚咽 （　　　　　）
25. 乾坤 （　　　　　）
26. 鮑 （　　　　　）
27. 斟酌 （　　　　　）
28. 逆鱗 （　　　　　）

29. 不束 （　　　　　）
30. 花卉 （　　　　　）
31. 結納 （　　　　　）
32. 箴言 （　　　　　）
33. 容喙 （　　　　　）
34. 刹那 （　　　　　）
35. 啓蟄 （　　　　　）
36. 推敲 （　　　　　）
37. 脆弱 （　　　　　）
38. 敷衍 （　　　　　）
39. 仄聞 （　　　　　）
40. 首途 （　　　　　）
41. 土筆 （　　　　　）
42. 誣告 （　　　　　）
43. 撞着 （　　　　　）
44. 無聊 （　　　　　）
45. 慫慂 （　　　　　）
46. 濫觴 （　　　　　）
47. 嘲弄 （　　　　　）
48. 衆生 （　　　　　）
49. 外様 （　　　　　）
50. 舌鼓 （　　　　　）
51. 苗字 （　　　　　）
52. 風刺 （　　　　　）
53. 歪曲 （　　　　　）
54. 疾病 （　　　　　）
55. 思惑 （　　　　　）
56. 敷設 （　　　　　）

57. 体裁 （　　　　　）
58. 相殺 （　　　　　）
59. 出納 （　　　　　）
60. 如実 （　　　　　）
61. 執念 （　　　　　）
62. 小豆 （　　　　　）
63. 顧客 （　　　　　）
64. 廉売 （　　　　　）
65. 会釈 （　　　　　）
66. 足袋 （　　　　　）
67. 毀損 （　　　　　）
68. 祝儀 （　　　　　）
69. 猛者 （　　　　　）
70. 単衣 （　　　　　）
71. 脚気 （　　　　　）
72. 煩悩 （　　　　　）
73. 白湯 （　　　　　）
74. 磊落 （　　　　　）
75. 解熱 （　　　　　）
76. 哀悼 （　　　　　）
77. 矮小 （　　　　　）
78. 成就 （　　　　　）
79. 杜撰 （　　　　　）
80. 拿捕 （　　　　　）
81. 収賄 （　　　　　）
82. 市井 （　　　　　）
83. 微塵 （　　　　　）
84. 冤罪 （　　　　　）

85. 相伴 （　　　　　）
86. 羨望 （　　　　　）
87. 排泄 （　　　　　）
88. 腫瘍 （　　　　　）
89. 蚕食 （　　　　　）
90. 無垢 （　　　　　）
91. 訃報 （　　　　　）
92. 庫裏 （　　　　　）
93. 椿事 （　　　　　）
94. 罷免 （　　　　　）
95. 入水 （　　　　　）
96. 昔日 （　　　　　）
97. 併呑 （　　　　　）
98. 塑像 （　　　　　）
99. 造詣 （　　　　　）
100. 音頭 （　　　　　）
101. 捺印 （　　　　　）
102. 羞恥 （　　　　　）
103. 信憑 （　　　　　）
104. 雪崩 （　　　　　）
105. 精進 （　　　　　）
106. 払拭 （　　　　　）
107. 埴輪 （　　　　　）
108. 軋轢 （　　　　　）
109. 顛末 （　　　　　）
110. 傲慢 （　　　　　）
111. 酒肴 （　　　　　）
112. 進捗 （　　　　　）

113. 跛行（　　）	144. 長閑（　　）	175. 嫌悪（　　）	206. 漏洩（　　）
114. 長押（　　）	145. 斡旋（　　）	176. 折衝（　　）	207. 添削（　　）
115. 碩学（　　）	146. 台詞（　　）	177. 抜粋（　　）	208. 惹起（　　）
116. 時化（　　）	147. 暖簾（　　）	178. 隘路（　　）	209. 思惟（　　）
117. 封緘（　　）	148. 灰汁（　　）	179. 稀有（　　）	210. 破綻（　　）
118. 素人（　　）	149. 流石（　　）	180. 迎合（　　）	211. 就中（　　）
119. 流暢（　　）	150. 解毒（　　）	181. 涵養（　　）	212. 灰燼（　　）
120. 間歇（　　）	151. 膠着（　　）	182. 辛辣（　　）	213. 風聞（　　）
121. 蛤　（　　）	152. 悶着（　　）	183. 侮蔑（　　）	214. 便宜（　　）
122. 熾烈（　　）	153. 匿名（　　）	184. 吹聴（　　）	215. 瓦礫（　　）
123. 回向（　　）	154. 紛糾（　　）	185. 凄惨（　　）	216. 筆禍（　　）
124. 糸瓜（　　）	155. 詐欺（　　）	186. 古文書（　　）	217. 辟易（　　）
125. 赴任（　　）	156. 稟議（　　）	187. 許婚（　　）	218. 奢侈（　　）
126. 店舗（　　）	157. 脅威（　　）	188. 久遠（　　）	219. 平仄（　　）
127. 円滑（　　）	158. 示唆（　　）	189. 淘汰（　　）	220. 収斂（　　）
128. 納得（　　）	159. 治療（　　）	190. 時雨（　　）	221. 措置（　　）
129. 矛盾（　　）	160. 容赦（　　）	191. 消印（　　）	222. 履行（　　）
130. 挨拶（　　）	161. 遂行（　　）	192. 指図（　　）	223. 建立（　　）
131. 趣旨（　　）	162. 為替（　　）	193. 日和（　　）	224. 完遂（　　）
132. 諮問（　　）	163. 携帯（　　）	194. 玄人（　　）	225. 婉曲（　　）
133. 洒落（　　）	164. 雪辱（　　）	195. 恰幅（　　）	226. 開豁（　　）
134. 喝采（　　）	165. 囃子（　　）	196. 引率（　　）	227. 邂逅（　　）
135. 坩堝（　　）	166. 弛緩（　　）	197. 茄子（　　）	228. 狷介（　　）
136. 向日葵（　　）	167. 晦日（　　）	198. 冥利（　　）	229. 危惧（　　）
137. 恬淡（　　）	168. 祝詞（　　）	199. 雑魚（　　）	230. 困憊（　　）
138. 覇権（　　）	169. 不躾（　　）	200. 抜擢（　　）	231. 鄭重（　　）
139. 黄昏（　　）	170. 些少（　　）	201. 反古（　　）	232. 相克（　　）
140. 逼迫（　　）	171. 提灯（　　）	202. 秋雨（　　）	233. 把握（　　）
141. 拉致（　　）	172. 戯言（　　）	203. 嚆矢（　　）	234. 捏造（　　）
142. 更迭（　　）	173. 誤謬（　　）	204. 塩梅（　　）	235. 卑猥（　　）
143. 忌避（　　）	174. 懸念（　　）	205. 上梓（　　）	236. 憐憫（　　）

237. 慷慨（　　　）	268. 梱包（　　　）	299. 汗疹（　　　）
238. 矜持（　　　）	269. 残滓（　　　）	300. 登攀（　　　）
239. 炯眼（　　　）	270. 忸怩（　　　）	
240. 逐電（　　　）	271. 嗜好（　　　）	
241. 跋扈（　　　）	272. 瀟洒（　　　）	
242. 闖入（　　　）	273. 睥睨（　　　）	
243. 只管（　　　）	274. 赤銅（　　　）	
244. 躑躅（　　　）	275. 浚渫（　　　）	
245. 咀嚼（　　　）	276. 忌憚（　　　）	
246. 刃傷（　　　）	277. 画餅（　　　）	
247. 膾炙（　　　）	278. 億劫（　　　）	
248. 剽軽（　　　）	279. 大童（　　　）	
249. 肌理（　　　）	280. 烏有（　　　）	
250. 勤行（　　　）	281. 産声（　　　）	
251. 揶揄（　　　）	282. 忖度（　　　）	
252. 出師（　　　）	283. 漁火（　　　）	
253. 刎頸（　　　）	284. 縊死（　　　）	
254. 憧憬（　　　）	285. 贈賄（　　　）	
255. 逓減（　　　）	286. 行脚（　　　）	
256. 褒貶（　　　）	287. 悪食（　　　）	
257. 黎明（　　　）	288. 松明（　　　）	
258. 斯界（　　　）	289. 襤褸（　　　）	
259. 鼎談（　　　）	290. 黒子（　　　）	
260. 口伝（　　　）	291. 築山（　　　）	
261. 遊弋（　　　）	292. 殺陣（　　　）	
262. 贔屓（　　　）	293. 饂飩（　　　）	
263. 経緯（　　　）	294. 掏摸（　　　）	
264. 檸檬（　　　）	295. 漏斗（　　　）	
265. 拘泥（　　　）	296. 気障（　　　）	
266. 攪拌（　　　）	297. 似非（　　　）	
267. 権化（　　　）	298. 団扇（　　　）	

5　対義語

対義語を書きなさい。

1. 不潔（　　　）	29. 巧遅（　　　）	57. 名誉（　　　）	
2. 古豪（　　　）	30. 連発（　　　）	58. 晴天（　　　）	
3. 連記（　　　）	31. 成功（　　　）	59. 債権（　　　）	
4. 倹約（　　　）	32. 出現（　　　）	60. 行使（　　　）	
5. 支出（　　　）	33. 末端（　　　）	61. 賢明（　　　）	
6. 器楽（　　　）	34. 必然（　　　）	62. 幹線（　　　）	
7. 能動（　　　）	35. 楽勝（　　　）	63. 専業（　　　）	
8. 洋装（　　　）	36. 反逆（　　　）	64. 愛護（　　　）	
9. 慢性（　　　）	37. 主催（　　　）	65. 従順（　　　）	
10. 冷静（　　　）	38. 南端（　　　）	66. 分校（　　　）	
11. 外出（　　　）	39. 達筆（　　　）	67. 主犯（　　　）	
12. 打撃（　　　）	40. 受理（　　　）	68. 飛躍（　　　）	
13. 高慢（　　　）	41. 収集（　　　）	69. 黙殺（　　　）	
14. 立法（　　　）	42. 海上（　　　）	70. 諸兄（　　　）	
15. 濃厚（　　　）	43. 筆算（　　　）	71. 完備（　　　）	
16. 基本（　　　）	44. 今日（　　　）	72. 繁忙（　　　）	
17. 有罪（　　　）	45. 拒否（　　　）	73. 融解（　　　）	
18. 革新（　　　）	46. 歓喜（　　　）	74. 失意（　　　）	
19. 固定（　　　）	47. 新年（　　　）	75. 全納（　　　）	
20. 増大（　　　）	48. 洗練（　　　）	76. 退出（　　　）	
21. 分子（　　　）	49. 勤勉（　　　）	77. 釈放（　　　）	
22. 協調（　　　）	50. 金納（　　　）	78. 前歯（　　　）	
23. 妥結（　　　）	51. 狭軌（　　　）	79. 派手（　　　）	
24. 否認（　　　）	52. 低俗（　　　）	80. 低湿（　　　）	
25. 堕落（　　　）	53. 根幹（　　　）	81. 直面（　　　）	
26. 隆起（　　　）	54. 陽性（　　　）	82. 優勢（　　　）	
27. 歓迎（　　　）	55. 乗法（　　　）	83. 狭小（　　　）	
28. 凝固（　　　）	56. 懐疑（　　　）	84. 卵生（　　　）	

85.	安心（	）	116.	果敢（	）
86.	私有（	）	117.	多勢（	）
87.	反対（	）	118.	入学（	）
88.	簡潔（	）	119.	懲悪（	）
89.	大量（	）	120.	売却（	）
90.	解消（	）	121.	語尾（	）
91.	正数（	）	122.	落第（	）
92.	性急（	）	123.	緊縮（	）
93.	沈没（	）	124.	幸福（	）
94.	違法（	）	125.	自由（	）
95.	避暑（	）	126.	口語（	）
96.	固執（	）	127.	採光（	）
97.	個別（	）	128.	利己（	）
98.	精製（	）	129.	取得（	）
99.	海運（	）	130.	設置（	）
100.	打破（	）	131.	快勝（	）
101.	初歩（	）	132.	拒絶（	）
102.	無口（	）	133.	多弁（	）
103.	不漁（	）	134.	謙虚（	）
104.	下落（	）	135.	湿潤（	）
105.	特別（	）	136.	解雇（	）
106.	逆境（	）	137.	分離（	）
107.	追随（	）	138.	豊作（	）
108.	避難（	）	139.	栄転（	）
109.	傷心（	）	140.	廃止（	）
110.	愚者（	）			
111.	創造（	）			
112.	弟子（	）			
113.	私学（	）			
114.	不良（	）			
115.	市街（	）			

類義語を書きなさい。

1．濃厚（　　　）	29．邪念（　　　）	57．露出（　　　）
2．一様（　　　）	30．傑出（　　　）	58．注文（　　　）
3．感知（　　　）	31．推測（　　　）	59．高台（　　　）
4．熱弁（　　　）	32．海難（　　　）	60．独占（　　　）
5．分解（　　　）	33．障害（　　　）	61．寄付（　　　）
6．忍耐（　　　）	34．迎合（　　　）	62．送付（　　　）
7．評定（　　　）	35．賛成（　　　）	63．大胆（　　　）
8．疑惑（　　　）	36．算定（　　　）	64．淡泊（　　　）
9．評価（　　　）	37．圧迫（　　　）	65．試験（　　　）
10．年末（　　　）	38．自然（　　　）	66．没収（　　　）
11．陰謀（　　　）	39．老木（　　　）	67．没落（　　　）
12．移転（　　　）	40．険悪（　　　）	68．明白（　　　）
13．認知（　　　）	41．伝道（　　　）	69．私蔵（　　　）
14．補正（　　　）	42．節約（　　　）	70．佳作（　　　）
15．名案（　　　）	43．計画（　　　）	71．助勢（　　　）
16．盛衰（　　　）	44．黙殺（　　　）	72．互角（　　　）
17．没落（　　　）	45．損害（　　　）	73．貯蓄（　　　）
18．継承（　　　）	46．念願（　　　）	74．来客（　　　）
19．純正（　　　）	47．川底（　　　）	75．熱中（　　　）
20．熟読（　　　）	48．横領（　　　）	76．大作（　　　）
21．経歴（　　　）	49．空言（　　　）	77．運転（　　　）
22．完遂（　　　）	50．意欲（　　　）	78．流用（　　　）
23．絶滅（　　　）	51．観念（　　　）	79．屈折（　　　）
24．能率（　　　）	52．釈放（　　　）	80．数奇（　　　）
25．栄養（　　　）	53．要素（　　　）	81．薄情（　　　）
26．交渉（　　　）	54．突然（　　　）	82．弁明（　　　）
27．達成（　　　）	55．辛抱（　　　）	83．横着（　　　）
28．失念（　　　）	56．親密（　　　）	84．大要（　　　）

85. 密接 （　　　　　）
86. 介入 （　　　　　）
87. 延期 （　　　　　）
88. 短気 （　　　　　）
89. 死去 （　　　　　）
90. 闘志 （　　　　　）
91. 展覧 （　　　　　）
92. 容認 （　　　　　）
93. 両用 （　　　　　）
94. 核心 （　　　　　）
95. 混乱 （　　　　　）
96. 本務 （　　　　　）
97. 苦慮 （　　　　　）
98. 担保 （　　　　　）
99. 追憶 （　　　　　）
100. 応援 （　　　　　）
101. 能力 （　　　　　）
102. 名文 （　　　　　）
103. 結集 （　　　　　）
104. 決定 （　　　　　）
105. 身分 （　　　　　）
106. 符合 （　　　　　）
107. 奇抜 （　　　　　）
108. 採集 （　　　　　）
109. 才覚 （　　　　　）
110. 道路 （　　　　　）
111. 適合 （　　　　　）
112. 命令 （　　　　　）
113. 仮定 （　　　　　）
114. 再建 （　　　　　）
115. 尊大 （　　　　　）

116. 納得 （　　　　　）
117. 狂暴 （　　　　　）
118. 極意 （　　　　　）
119. 系統 （　　　　　）
120. 効果 （　　　　　）
121. 純情 （　　　　　）
122. 回復 （　　　　　）
123. 功績 （　　　　　）
124. 体得 （　　　　　）
125. 休養 （　　　　　）
126. 議論 （　　　　　）
127. 奥地 （　　　　　）
128. 提携 （　　　　　）
129. 想像 （　　　　　）
130. 傾斜 （　　　　　）
131. 温和 （　　　　　）
132. 発覚 （　　　　　）
133. 俗悪 （　　　　　）
134. 最期 （　　　　　）
135. 専制 （　　　　　）
136. 供応 （　　　　　）
137. 露見 （　　　　　）
138. 変遷 （　　　　　）
139. 献身 （　　　　　）

第2章 四字熟語

次の四字熟語に読み仮名を付けなさい。

1. **合縁奇縁**（　　　　　　　　　　　）　縁は異なもの味なもの（類）合縁機縁
   人が愛し合ったり，結ばれたりするのは不思議な縁によるということ。

2. **愛別離苦**（　　　　　　　　　　　）
   両親，兄弟，妻子など愛する人と生別，死別するときの苦しみ。

3. **曖昧模糊**（　　　　　　　　　　　）（類）五里霧中
   ぼんやりとして判然としないこと。

4. **悪逆非道**（　　　　　　　　　　　）
   はなはだしく人の道に背いた行為。

5. **悪事千里**（　　　　　　　　　　　）　悪事千里を走る
   悪いことはすぐ知れ渡ること。

6. **悪戦苦闘**（　　　　　　　　　　　）
   形勢不利な戦いで，苦しみに耐えながら戦うこと。

7. **悪口雑言**（　　　　　　　　　　　）（類）罵詈雑言
   ずけずけと悪口を言うこと。

8. **阿鼻叫喚**（　　　　　　　　　　　）
   悲惨な状態に陥って，人々が救いを求めて泣き叫ぶ様子。

9. **蛙鳴蟬噪**（　　　　　　　　　　　）
   やかましく喋ったり，くだらない議論を騒がしくすること。

10. **安心立命**（　　　　　　　　　　　）
    心を安らかに落ちつけ，天命を知ること。

11. **暗中飛躍**（　　　　　　　　　　　）「暗躍の語源」
    ひそかに策略をめぐらし，こっそり活動すること。

12. **暗中模索**（　　　　　　　　　　　）（類）五里霧中
    手掛かりのないまま，いろいろ試してみながら，探し求めること。

13. **唯々諾々**（　　　　　　　　　　　）（対）是々非々
    自分の意見を主張せず，ただ人の意見に従うこと。

14. **意気軒昂**（　　　　　　　　　　　　）（類）意気揚々，意気衝天（対）意気消沈

元気いっぱいで，気持ちが奮い立っている様子。

15. **意気消沈**（　　　　　　　　　　）（類）意気沮喪

失敗してがっくりすること。

16. **意気衝天**（　　　　　　　　　）

意欲が天を突き抜けるくらい激しいこと。

17. **意気揚々**（　　　　　　　　　）

得意満面な様子。

18. **異口同音**（　　　　　　　　　）

多くの人が口をそろえて同じことを言うこと。

19. **以心伝心**（　　　　　　　　　）　心を以て心に伝う（類）不立文字

言葉をかわさなくてもお互いの心が通じ合うこと。

20. **一意専心**（　　　　　　　　　）　意を一にして心を専らにする（類）一心不乱

ただ一つのことに心を集中すること。

21. **一衣帯水**（　　　　　　　　　）

帯のように細い一筋の水の流れ，また，流れを挟んで近接している様子。

22. **一期一会**（　　　　　　　　　）

一生でただ一度の出会いであること。

23. **一言居士**（　　　　　　　　　）

どんなことにも一言口を挟んだり，批評，講釈する性格の人。

24. **一日千秋**（　　　　　　　　　）　一日千秋の思い

待ち焦がれて，一日が極めて長く感じること。

25. **一汁一菜**（　　　　　　　　　）

汁一椀と菜一皿だけの簡素な食事。

26. **一念発起**（　　　　　　　　　）

思い立って，あることをしようと決心すること。

27. **一部始終**（　　　　　　　　　）

最初から最後まで。

28. **一望千里**（　　　　　　　　　）

見渡すかぎり広々としていること。

29. **一網打尽**（　　　　　　　　　）

悪者の一味などを一挙に残らず捕らえてしまうこと。

30. **一目瞭然**（　　　　　　　　　）

一目見ただけではっきりわかること。

31. **一陽来復**（　　　　　　　　　）（類）冬来たりなば春遠からじ

冬が去って春がくること，また，悪い事の後で良い事が巡ってくること。

32. **一蓮托生**（　　　　　　　　　）　一蓮に生を託す

結果の善し悪しにかかわらず互いに行動をともにすること。

33. **一攫千金**（　　　　　　　　　）（類）濡れ手で粟

一度に大儲けすること。

34. **一喜一憂**（　　　　　　　　　）

情勢の変わるたびに，喜んだり心配したりして，気をもむこと。

35. **一気呵成**（　　　　　　　　　）（類）一瀉千里

物事を一気にやってしまうこと。

36. **一騎当千**（　　　　　　　　　）　一騎千に当たる

並はずれて強いこと。

37. **一挙両得**（　　　　　　　　　）（類）一石二鳥

一つのことをして，同時に二つの利益を得ること。

38. **一切合財**（　　　　　　　　　）

何もかも，すべて。

39. **一切衆生**（　　　　　　　　　）

現世で生きるあらゆる人間のこと。

40. **一視同仁**（　　　　　　　　　）

分け隔てなく人を遇すること。

41. **一瀉千里**（　　　　　　　　　）（類）一気呵成

物事が滞ることなく，速やかにはかどること。

42. **一触即発**（　　　　　　　　　）　一たび触るれば即ち発す

ちょっと触ると爆発するような極めて緊張した状態。

43. **一進一退**（　　　　　　　　　）

状態が良くなったり悪くなったりすること。

44. **一心同体**（　　　　　　　　　）

二人が一人であるような強い結びつきであること。

45. **一心不乱**（　　　　　　　　　）（類）一意専心

一つのことに熱中すること。

46. **一炊之夢**（　　　　　　　　　）（類）邯鄲の夢，邯鄲の枕

人生のはかないこと。

47. **一世一代**（　　　　　　　　　）

一生のうちでめったに行われないようなすばらしいこと。一代一世

48. **一石二鳥**（　　　　　　　　　）（類）一挙両得

一つのことをして同時に二つの利益を得ること。

49. **一殺多生**（　　　　　　　　　）（対）一将功なりて万骨枯る

一人を犠牲にして，たくさんの人を助けること。

50. **一旦緩急**（　　　　　　　　　）　一旦緩急あれば義勇公に奉じ

ひとたび大事が起きたとき。

51. **一知半解**（　　　　　　　　　）（対）一を聞いて十を知る

浅薄な知識や理解しかもっていないこと。

52. **一朝一夕**（　　　　　　　　　）（類）ローマは一日にしてならず

一朝か一晩かというほどの，わずかな時間。

53. **一長一短**（　　　　　　　　　）（類）帯に短し襷に長し

良いところもあれば悪いところもあること。

54. **一刀両断**（　　　　　　　　　）（類）快刀乱麻

物事をすぱっと処理し解決すること。

55. **威風堂々**（　　　　　　　　　）

外見が立派であること。

56. **韋編三絶**（　　　　　　　　　）

何度も繰り返し読書をすること。

57. **意味深長**（　　　　　　　　　）

直接表面に表れない特別の深い意味が含まれていること。

58. **因果応報**（　　　　　　　　　）（類）自業自得

善行に対しては良い報い，悪行に対しては悪い報いがあるということ。

59. **慇懃無礼**（　　　　　　　　）

　　表面上は礼儀正しく見えるが，内心は尊大で相手を見下していること。

60. **因循姑息**（　　　　　　　　）（類）優柔不断

　　態度がはっきりせずその場限りの手段を取ること。

61. **隠忍自重**（　　　　　　　　）（対）軽挙妄動

　　表面に表さずに，じっとこらえて我慢すること。

62. **有為転変**（　　　　　　　　）（類）波瀾万丈

　　この世は，どんな物事も変化が激しく，はかないということ。

63. **右往左往**（　　　　　　　　）

　　あっちへ行ったりこっちへ行ったりして，うろたえること。

64. **烏合之衆**（　　　　　　　　）

　　烏が集まっているように，統一も規律もなく集まっている人々。

65. **右顧左眄**（　　　　　　　　）　左顧右眄（類）首鼠両端（対）旗幟鮮明

　　右や左を見てなかなか決断できないでいること。

66. **有象無象**（　　　　　　　　）　有相無相

　　つまらない人や物のこと。

67. **海千山千**（　　　　　　　　）

　　社会の表裏をよく知り尽くした一筋縄ではいかない者。

68. **有耶無耶**（　　　　　　　　）

　　あるのかないのか，はっきりしないこと。いいかげんなこと。

69. **紆余曲折**（　　　　　　　　）

　　事情が複雑でスムーズにいかずいろいろとややこしい経緯をたどること。

70. **雲散霧消**（　　　　　　　　）

　　物事が跡形もなく消えてしまうこと。

71. **運否天賦**（　　　　　　　　）（類）乾坤一擲

　　人間の運命は天の定めたものである，出たとこ勝負。

72. **栄枯盛衰**（　　　　　　　　）

　　盛んになったり，衰えたりすること。

73. **栄耀栄華**（　　　　　　　　）（類）贅沢三昧

　　贅沢のしたい放題をすること。

74. **円転滑脱** （　　　　　　　　　　　）「円滑の語源」

人と争うことなく臨機応変に事に対処し，なめらかに事を行うこと。

75. **横行闊歩** （　　　　　　　　　　）

勝手にそこら中を歩き回り，したい放題のことをすること。

76. **大盤振舞** （　　　　　　　　　　）

気前よく盛大に，人にものを与えたりご馳走すること。

77. **岡目八目** （　　　　　　　　）　傍目八目

当事者よりも第三者のほうが，物事を冷静に観察できるということ。

78. **温厚篤実** （　　　　　　　　　　）

性格が穏やかで情に厚く誠実であること。

79. **温故知新** （　　　　　　　　）　故きを温ねて，新しきを知る

過去のことをよく研究し，改めて新しい知識や意義を見付けだすこと。

80. **厭離穢土** （　　　　　　　　）（対）欣求浄土

汚れたこの世を嫌い，抜け出して離れたいと願うこと。

81. **鎧袖一触** （　　　　　　　　　　）

いともたやすく相手を負かしてしまうことのたとえ。

82. **外柔内剛** （　　　　　　　　）（対）内柔外剛

一見やさしくおとなしそうに見えるが，内面はしっかりしていること。

83. **街談巷説** （　　　　　　　　）（類）流言蜚語

世間のつまらない噂や取り沙汰のこと。

84. **快刀乱麻** （　　　　　　　　）　快刀，乱麻を断つ（類）一刀両断

紛糾した事柄を巧みに処理すること。

85. **偕老同穴** （　　　　　　　　）（類）比翼連理

夫婦の契りのかたいこと，また，夫婦仲の睦まじいこと。

86. **蝸牛角上** （　　　　　　　　）蝸牛角上の争い

つまらない争いのこと。

87. **臥薪嘗胆** （　　　　　　　　　　）

目的を遂げるため，自らに試練を課し努力すること。

88. **佳人薄命** （　　　　　　　　）　美人薄命

美人は美しさのために多難で，かえって短命で不幸になるということ。

89. **花鳥風月**（　　　　　　　　　）

自然の美しい風物や景色。

90. **隔靴掻痒**（　　　　　　　　　）　靴を隔てて痒きを掻く（対）麻姑掻痒

物事が思うようにならず，焦れったくてもどかしく感じるたとえ。

91. **我田引水**（　　　　　　　　）　我が田に水を引く（類）牽強付会

自分の利益ばかり優先して行動したり，自分中心に考えたりすること。

92. **画竜点睛**（　　　　　　　　）　画竜点睛を欠く

最後に重要なところに手を入れて，立派に完成させること。

93. **夏炉冬扇**（　　　　　　　　　）

時期外れで，まるで役に立たないもののたとえ。

94. **侃々諤々**（　　　　　　　　）（類）喧々囂々，百家争鳴

何物にも臆せず，正しいと思うことをはっきり主張すること。

95. **換骨奪胎**（　　　　　　　　　）

古人の作った詩文の着想や表現を汲み取り，独自の作風を作ること。

96. **勧善懲悪**（　　　　　　　　　）

善を勧め，悪を懲らしめること。

97. **艱難多事**（　　　　　　　　　）

悩みや苦労が多いこと。

98. **閑話休題**（　　　　　　　　　）

余談を本筋に戻すときや，話題をかえるときに使う言葉。

99. **気炎万丈**（　　　　　　　　　）

非常に意気盛んであること。

100. **危機一髪**（　　　　　　　　　）

極めて危険な状態に追い込まれていること。

101. **奇々怪々**（　　　　　　　　　）

たいへん奇妙で不気味なこと。

102. **危急存亡**（　　　　　　　　）　危急存亡の秋（とき）

個々の人間や団体が生きるか死ぬかの境にあること。

103. **規矩準縄**（　　　　　　　　　）

物事の基準となる手本や法則。

104. **鬼哭啾々**（　　　　　　　　　　　）

死者の魂が悲しそうに泣く様子，転じて，そのような鬼気迫る様子。

105. **起死回生**（　　　　　　　　　　　）　起死回生の策

もう見込みがないと思われる状態から，息を吹き返すこと。

106. **旗幟鮮明**（　　　　　　　　　　　）（対）首鼠両端，右顧左眄

態度や立場，主義主張が毅然として，はっきりしていること。

107. **喜色満面**（　　　　　　　　　　　）

嬉しそうな表情を顔いっぱいに見せること。

108. **疑心暗鬼**（　　　　　　　　　　　）　疑心暗鬼を生ず（対）虚心坦懐

疑いの心をもってびくびくすること。

109. **奇想天外**（　　　　　　　　　　　）

普通ではとても思い浮かばない奇抜なこと。

110. **気息奄々**（　　　　　　　　　　　）（類）半死半生

息も絶え絶えで，今にも死にそうな様子。

111. **旧態依然**（　　　　　　　　　　　）（対）日進月歩

全く進歩せず，いつまでたっても元のままでいること。

112. **急転直下**（　　　　　　　　　　　）

急激に状況が変わって，事柄が解決すること。

113. **行住坐臥**（　　　　　　　　　　　）　常住坐臥

普段の態度や行い。

114. **驚天動地**（　　　　　　　　　　　）

世間をひどく驚かせ，人々をあっと言わせること。

115. **虚々実々**（　　　　　　　　　　　）

互いに相手の腹を探り合い，策略をめぐらして戦うこと。

116. **曲学阿世**（　　　　　　　　　　　）　曲学阿世の徒

真理をねじ曲げ人に気に入られるような説を唱えて時流に媚びること。

117. **玉石混淆**（　　　　　　　　　　　）

良くて優れたものと，粗悪なものが入り交じっていること。

118. **虚心坦懐**（　　　　　　　　　　　）（類）明鏡止水（対）疑心暗鬼

何事にもこだわらず，素直な心で物事に対すること。

119. **漁夫之利**（　　　　　　　　　　）

二者が利益を求めて争っている間に，第三者がそれを横取りすること。

120. **毀誉褒貶**（　　　　　　　　　　）

誉めたりけなしたりすること。

121. **金甌無欠**（　　　　　　　　　　）　金甌欠くること無し

欠点がないこと。転じて，外国の侵略や侮辱を受けたことのない国。

122. **金科玉条**（　　　　　　　　　　）

重要な法律や規則。

123. **欣喜雀躍**（　　　　　　　　　　）

躍り上がって大いに喜ぶこと。

124. **謹厳実直**（　　　　　　　　　　）

大変真面目で，冗談や軽々しい行動を好まないこと。

125. **緊褌一番**（　　　　　　　　　　）（類）心機一転

褌をしめて事にあたる，気を強く張りつめて物事に向かっていくこと。

126. **空前絶後**（　　　　　　　　　　）（類）前代未聞

極めて稀なこと，非常に珍しいこと。

127. **空中楼閣**（　　　　　　　　　　）（類）砂上の楼閣

実現する見込みが全くない計画のたとえ。

128. **苦心惨憺**（　　　　　　　　　　）

心を砕いて苦労を重ね，あれこれと工夫を凝らすこと。

129. **君子豹変**（　　　　　　　　　　）

考えや行いを変えること。

130. **群雄割拠**（　　　　　　　　　　）（類）治乱興亡

多くの英雄たちが自分の土地で勢力を伸ばし，互いに競いあうこと。

131. **軽挙妄動**（　　　　　　　　　　）（類）不和雷同（対）泰然自若

深い考えもなく軽々しい行動をとること。

132. **鶏口牛後**（　　　　　　　　　　）　鶏口となるも牛後となる勿れ

大きな団体の中で人についていくよりも，小さな団体でもいいからそのトップになれという教え。

133. **経世済民**（　　　　　　　　　　）「経済の語源」

世あるいは国を治めて，人々を苦しみから救うこと。

134. **蛍雪之功**（　　　　　　　　）　蛍の光，窓の雪

苦労して学問をした成果。

135. **軽佻浮薄**（　　　　　　　　）

軽はずみで思慮のないこと。

136. **鶏鳴狗盗**（　　　　　　　　）

品性の卑しい，くだらない人間のこと。

137. **月下氷人**（　　　　　　　　）（類）赤縄

結婚の仲人，媒酌人のこと。

138. **牽強付会**（　　　　　　　　）（類）漱石枕流

自分の都合のいいように理屈をこね回し，無理にこじつけること。

139. **乾坤一擲**（　　　　　　　　）（類）運否天賦

運を賭して捨身の大勝負に出ること。

140. **捲土重来**（　　　　　　　　）　捲土重来を期す

再び勢いを盛り返し，巻き返しを期すること。

141. **権謀術数**（　　　　　　　　）

数々の計略をめぐらすこと。

142. **行雲流水**（　　　　　　　　）

たなびく雲と流れ行く水，転じて，淡々とした心で，物事に執着がないこと。

143. **効果覿面**（　　　　　　　　）

すぐに効果や結果が出ること。

144. **傲岸不遜**（　　　　　　　　）（類）傍若無人

高慢ちきで思い上がった様子。

145. **厚顔無恥**（　　　　　　　　）（対）純情可憐

なんとも図々しく恥知らずなこと。

146. **綱紀粛正**（　　　　　　　　）

政治家や官吏の乱行や悪行を厳しく取り締まること。

147. **剛毅木訥**（　　　　　　　　）　剛毅木訥，仁に近し（対）巧言令色

強健で，素直，実直なこと。

148. **巧言令色**（　　　　　　　　）　巧言令色，鮮し仁（対）剛毅木訥

うわべを飾って誠意のないこと。

149. **荒唐無稽**

でたらめで，全く根拠のないこと。

150. **豪放磊落**（　　　　　　　　　　　）

雄大な心をもち，小さな事にこだわらないこと。

151. **甲論乙駁**（　　　　　　　　　　　）（類）諸説紛々

意見が対立して，議論が一つにまとまらないこと。

152. **高論卓説**（　　　　　　　　　　　）

立派な意見をたたえる言葉。

153. **呉越同舟**（　　　　　　　　　　　）（類）昨日の敵は今日の友

敵味方や仲の悪いもの同士が，同じ場所に居合わせること。

154. **国士無双**（　　　　　　　　　　　）（類）古今無双

国中に二人といない優れた人物。

155. **孤軍奮闘**（　　　　　　　　　　　）

援軍がなく，孤立した少数の軍勢でよく戦うこと。

156. **虎視眈々**（　　　　　　　　　　　）（類）鵜の目鷹の目

相手に隙がないかじっと様子をうかがい，機会を狙っていること。

157. **誇大妄想**（　　　　　　　　　　　）

現在の状態を実際よりも大げさに空想し，事実のように思い込むこと。

158. **五風十雨**（　　　　　　　　　　　）

気候が順調で理想的なこと。

159. **孤立無援**（　　　　　　　　　　　）

一人ぼっちで助けがないこと。

160. **五里霧中**（　　　　　　　　　　　）　五里霧の中（類）曖昧模糊，暗中模索

どうすればいいのか判断がつかず，見通しも方針も全く立たないこと。

161. **欣求浄土**（　　　　　　　　　　　）（類）安楽浄土

極楽浄土を心から願い求めること。

162. **言語道断**（　　　　　　　　　　　）

呆れ果てて言葉もないほどであること。

163. **渾然一体**（　　　　　　　　　　　）

別々のものが溶け合って一体となっていること。

164. **斎戒沐浴**（　　　　　　　　　　）（類）精進潔斎

神聖なことをするとき，飲食や行いを慎み心身を清めること。

165. **才色兼備**（　　　　　　　　　　）

優れた才能とともに，美しい容貌を兼ね備えていること。

166. **山紫水明**（　　　　　　　　　　）

山や川の景色がこの上なく美しいこと。

167. **三拝九拝**（　　　　　　　　　　）

何度も頭を下げて人にものを頼むこと。

168. **三百代言**（　　　　　　　　　　）

詭弁家のこと。

169. **四海兄弟**（　　　　　　　　　　）

人類は皆兄弟のように，仲良くしないといけないということ。

170. **自画自賛**（　　　　　　　　　　）（類）手前味噌

自分で自分自身のこと，自分のしたことを誉めること。

171. **自家撞着**（　　　　　　　　　　）

自分の言行が，前後で食い違い，つじつまが合わないこと。

172. **自家薬籠**（　　　　　　　　　　）

いつでも役に立つもの。

173. **時期尚早**（　　　　　　　　　　）

時期が早すぎるということ。

174. **四苦八苦**（　　　　　　　　　　）

ありとあらゆる苦しみ，この上なくひどい苦しみ。

175. **試行錯誤**（　　　　　　　　　　）

失敗を何度も繰り返して，目的に近づくやり方。

176. **自業自得**（　　　　　　　　　　）（類）自縄自縛，因果応報

自分のやったことの報いが，自分の身に跳ね返ってくること。

177. **獅子奮迅**（　　　　　　　　　　）

物凄い勢いで立ち向かい，奮闘することの形容。

178. **自縄自縛**（　　　　　　　　　　）（類）自業自得

自分の言動によって自分自身の動きがとれなくなること。

179. **至上命令**（　　　　　　　　　）

絶対的で必ず従わなければならない命令。

180. **時代錯誤**（　　　　　　　　　）

時代を取り違えること。

181. **七転八倒**（　　　　　　　　　）　七転八倒の苦しみ

あまりの苦しさに，転げまわり，悶えて，のたうち回ること。

182. **質実剛健**（　　　　　　　　　）

飾り気がなく真面目で，心身ともに強くしっかりしていること。

183. **疾風迅雷**（　　　　　　　　　）（類）電光石火

行動や勢いが極めて素早く，激しいことのたとえ。

184. **櫛風沐雨**（　　　　　　　　　）

風雨にさらされながら苦労したり，奔走したりすることのたとえ。

185. **自暴自棄**（　　　　　　　　　）（類）やけのやんぱち

どうにでもなれと破れかぶれで，すてばちになること。

186. **四面楚歌**（　　　　　　　　　）（類）孤立無援

周囲すべてが敵や反対する者ばかりで，助けてくれる者もなく，孤立している状態。

187. **杓子定規**（　　　　　　　　　）（類）四角四面

決まりきった基準に捉われたり，無理やり他を推し量ろうとすること。

188. **弱肉強食**（　　　　　　　　　）（類）優勝劣敗

弱いものが強いものによって滅ぼされること。

189. **縦横無尽**（　　　　　　　　　）

物事を思う存分やること。

190. **羞花閉月**（　　　　　　　　　）羞月閉花（類）沈魚落雁

美女のこと。

191. **周章狼狽**（　　　　　　　　　）（類）右往左往

慌てふためいて，どうしていいかわからずにうろたえること。

192. **衆人環視**（　　　　　　　　　）

大勢の人々が周囲を取り巻いて見ていること。

193. **秋霜烈日**（　　　　　　　　　）

刑罰や規則などがひどく激しかったり，権威や信念などが極めて激しかったりすることの
たとえ。

194. **十人十色**（　　　　　　　　　）

人は一人一人好みや考え方もそれぞれ異なるものだということ。

195. **主客転倒**（　　　　　　　　　）（類）本末転倒

人や物事の本来あるべき立場や順序などが逆になること。

196. **熟読玩味**（　　　　　　　　　）

文章の意味をよく考えて読み，じっくり味わうこと。

197. **酒池肉林**（　　　　　　　　　）

贅沢なご馳走や宴会，また，豪遊を極めることのたとえ。

198. **順風満帆**（　　　　　　　　　）

物事が思いどおりに順調に進んでいることのたとえ。

199. **笑止千万**（　　　　　　　　　）

馬鹿馬鹿しくてまともに聞いていられないこと。

200. **生者必滅**（　　　　　　　　　）

命あるものはいつか必ず滅んで死んでいくということ。

201. **小人閑居**（　　　　　　　　　）　小人閑居して不善をなす

つまらない人間は暇ができると，とかく悪いことをするようになる。

202. **正真正銘**（　　　　　　　　　）

間違いなく本物であること。

203. **小心翼々**（　　　　　　　　　）（対）大胆不敵

気が小さくて，絶えずびくびくして怯えること。

204. **常套手段**（　　　　　　　　　）（対）非常手段

決まり切った手段や手口。

205. **焦眉之急**（　　　　　　　　　）

危険が差し迫った状態。

206. **諸行無常**（　　　　　　　　　）　祇園精舎の鐘の声，諸行無常の響きあり

この世の一切の物事は，変転極まりなく，不変なものや常なるものなどは存在しないということ。

207. **初志貫徹**（　　　　　　　　　）

初めに思い立った願望や志を，くじけずに最後まで貫くこと。

208. **諸説紛々**（　　　　　　　　　）

いろいろな意見が出てまとまらないこと。

209. **白河夜船**（　　　　　　　　）　白川夜船

何もわからないほどぐっすり寝込んでしまうことのたとえ。

210. **支離滅裂**（　　　　　　　　）（類）四分五裂（対）理路整然

秩序も統一もなく，無茶苦茶になること。

211. **心機一転**（　　　　　　　　）（類）緊褌一番

あることをきっかけにして，気持ちがいい方向に変わること。

212. **神出鬼没**（　　　　　　　　）

思いのままに現れたり，隠れたりして，居場所が簡単につかめないこと。

213. **信賞必罰**（　　　　　　　　）

賞罰をはっきりさせ，厳正に処すること。

214. **針小棒大**（　　　　　　　　）（類）大言壮語

針ほどの小さなことを棒ほどの大きさに言うことのたとえ。

215. **新進気鋭**（　　　　　　　　）

その分野に新たに現れ，意気込みが鋭いこと，また，その人。

216. **心頭滅却**（　　　　　　　　）　心頭を滅却すれば火もまた涼し

どんな苦痛も，これを超越した心をもてば，苦痛と感じなくなる。

217. **深謀遠慮**（　　　　　　　　）

ずっと先のことまで，深く考えて計画を立てること。

218. **人面獣心**（　　　　　　　　）（対）鬼面仏心

冷酷で，人として大切な恩義や人情などを知らない人のこと。

219. **森羅万象**（　　　　　　　　）

宇宙に存在するものすべて。

220. **酔生夢死**（　　　　　　　　）

仕事らしい仕事もしないで，ただぼんやり徒^{いたずら}に一生を過ごすこと。

221. **晴耕雨読**（　　　　　　　　）（類）悠々自適

気ままに暮らすことのたとえ。

222. **生殺与奪**（　　　　　　　　）　生殺与奪の権

相手を生かすも殺すも自分の思いのままであること。

223. **清濁併呑**（　　　　　　　　）

心の広い人は，善悪の隔てなくいろいろな人を受け入れるということ。

224. **青天霹靂**（　　　　　　　　　）

突然びっくりするようなことが起こること。

225. **青天白日**（　　　　　　　　　）

疑いが晴れて，無罪であることが明らかになること。

226. **清廉潔白**（　　　　　　　　　）

私利私欲がなく，心が清らかで，後ろ暗いところが全くないこと。

227. **切磋琢磨**（　　　　　　　　　）

懸命に努力し勉強すること，また，一つの志をもつもの同士が互いに励ましあい努力しあって，競争すること。

228. **切歯扼腕**（　　　　　　　　　）（類）残念無念

激しく怒ったり悔しがったりして，じりじりいらいらすること。

229. **絶体絶命**（　　　　　　　　　）

どうにも逃れようのない，追い詰められた状態。

230. **浅学非才**（　　　　　　　　　）

学問も知識もまだ十分でなく，才能も乏しいこと。

231. **千客万来**（　　　　　　　　　）

大勢のお客が入れ代わり立ち代わりやってくること。

232. **千軍万馬**（　　　　　　　　　）（類）海千山千

戦いの経験が豊富なこと，転じて，社会経験が豊富なこと。

233. **千載一遇**（　　　　　　　　　）

二度と出会うことがないと思われる，またとない絶好の機会。

234. **千差万別**（　　　　　　　　　）

多くのものにはそれぞれ違いがあって，一つとして同じものがないこと。

235. **前車覆轍**（　　　　　　　　　）

先人の失敗が後の人の戒めになるということ。

236. **前人未到**（　　　　　　　　　）　前人未到の業績

今までに誰一人も到達していないこと。

237. **戦々競々**（　　　　　　　　　）

ひどく恐れてびくびくする様子。

238. **前代未聞**（　　　　　　　　　）

未だかつて全く聞いたことのない，変わった珍しいこと。

239. **千編一律** （　　　　　　　　　）

　どれも皆決まりきった同じ調子で変わりばえがせずおもしろさがないこと。

240. **千変万化** （　　　　　　　　　）

　様々に変化すること。

241. **漱石枕流** （　　　　　　　　　）（類）牽強付会

　無理にこじつけること。

242. **速戦即決** （　　　　　　　　　）

　即座に問題を解決すること，また，速やかに事の決着をつけること。

243. **則天去私** （　　　　　　　　　）

　天の定めるところに従って，私情や私心を捨てること。

244. **率先垂範** （　　　　　　　　　）

　人の先に立って模範を示すこと。

245. **大願成就** （　　　　　　　　　）

　強く願望していたことがそのとおりになること。

246. **大器晩成** （　　　　　　　　　）

　大人物というのは，じっくりゆっくりと大成するということ。

247. **大義名分** （　　　　　　　　　）

　臣民が，あるいは人間が守り行うべき大切な正しい道。または，行動の立派な理由。例「大
　義名分が立つ」

248. **大言壮語** （　　　　　　　　　）（類）針小棒大

　気炎をあげて豪語すること。

249. **泰然自若** （　　　　　　　　　）（対）軽挙妄動

　落ち着き払ってびくともせず，ものに動じないこと。

250. **大同小異** （　　　　　　　　　）　小異を捨て，大同につく

　細かいところで異なる点があるが，全体的にはほぼ同じだということ。

251. **他山之石** （　　　　　　　　　）（類）反面教師，人のふり見て我がふり直せ

　他人のまちがった行動も，自分の品性や知徳をみがく助けになるということ。

252. **多情多恨** （　　　　　　　　　）（類）可愛さ余って憎さ百倍

　物事に感じやすく，恨んだり悔やんだりすることが多いこと。

253. **多情仏心** （　　　　　　　　　）

　感情豊かで，移り気ではあるが，薄情なまねはできない性質。

254. **暖衣飽食**（　　　　　　　　　）（対）粗衣粗食，粗酒粗餐

何一つ不自由のない満ち足りた生活のこと。

255. **単刀直入**（　　　　　　　　　）（類）短兵急

くどくど前置きを言ったりせず，ずばりと本題に入ること。

256. **竹馬之友**（　　　　　　　　　）

幼いときの友達。

257. **朝三暮四**（　　　　　　　　　）

口先だけの言葉で人をだますこと。

258. **朝令暮改**（　　　　　　　　　）

命令や規則などがひっきりなしに改変されて，一向に定まらないこと。

259. **直情径行**（　　　　　　　　　）（類）猪突猛進（対）熟慮断行

感情のおもむくままに行動して周囲の人のことを考えないこと。

260. **沈思黙考**（　　　　　　　　　）

黙って，静かに深く考えること。

261. **津々浦々**（　　　　　　　　　）

国中すべて，全国いたる所。

262. **徹頭徹尾**（　　　　　　　　　）（類）終始一貫

始めから終わりまで意志や方針を変えずに貫くこと。

263. **手練手管**（　　　　　　　　　）

自分の意のままに操ろうとする，さまざまな業のこと。

264. **天衣無縫**（　　　　　　　　　）（類）天真爛漫

まるで飾りけも邪気もないこと。

265. **電光石火**（　　　　　　　　　）

非常に短い時間のこと，また，行動や動作が極めて素早いこと。

266. **天壌無窮**（　　　　　　　　　）（類）天長地久

天と地のようにいつまでも限りなく続いていくこと。

267. **天真爛漫**（　　　　　　　　　）（類）天衣無縫

飾りけがなく無邪気で明るいこと。

268. **天罰覿面**（　　　　　　　　　）（類）天網恢々

悪事を行えば，その報いとして天の罰がすぐ下されるということ。

269. **天変地異**（　　　　　　　　　　）

自然界に異変が起こること。

270. **同工異曲**（　　　　　　　　　　）

見かけは違うように見えるが，内容は同じであること。

271. **同床異夢**（　　　　　　　　　　）

同じ立場に立っていても，人はそれぞれ別の考えを抱いていることのたとえ。

272. **東奔西走**（　　　　　　　　　　）（類）南船北馬

ある目的のため，あちこち忙しくかけずり回ること。

273. **蟷螂之斧**（　　　　　　　　　　）

力のない者が，非力を顧みず強者に立ち向かうことのたとえ。

274. **読書百遍**（　　　　　　　　　　）　読書百遍，義自らあらわる

書物は何遍も読みこなすことで，初めてその内容が理解できる。

275. **独断専行**（　　　　　　　　　　）

人に相談しないで勝手に決め行うこと。

276. **徒手空拳**（　　　　　　　　　　）

自分の力のほかには何一つ頼りになるものがないこと。

277. **内憂外患**（　　　　　　　　　）（類）多事多難（対）天下泰平

内部や国内にある心配と，外部や外国からくるわざわい。

278. **難攻不落**（　　　　　　　　　　）

いくら攻撃してもなかなか落ちないこと。

279. **南船北馬**（　　　　　　　　　　）（類）東奔西走

絶えずあちこち旅行すること，また，各地を忙しくかけ回ること。

280. **二束三文**（　　　　　　　　　　）

値段が極めて安いこと。

281. **日進月歩**（　　　　　　　　　　）（対）旧態依然

一日一日，一月一月とどんどん進歩していくこと。

282. **背水之陣**（　　　　　　　　　　）

死を覚悟で，全力投球で物事にあたること。

283. **杯盤狼藉**（　　　　　　　　　　）（類）落花狼藉

酒宴の後の杯や皿などがだらしなくあちこちに散乱している様子。

284. **破顔一笑**（　　　　　　　　）

顔をほころばせ，にっこり笑うこと。

285. **薄志弱行**（　　　　　　　　）（類）優柔不断

意志が薄弱で，事を行う気力に欠けること。

286. **馬耳東風**（　　　　　　　　）（類）馬の耳に念仏，柳に風

人に何を言われても，気にせず知らん顔をしていること。

287. **八面六臂**（　　　　　　　　）

一人で何人分ものめざましい働きや活躍をすること。

288. **波瀾万丈**（　　　　　　　　）（類）有為転変

物事の進み具合，局面が極めて変化に富んでいること。

289. **半信半疑**（　　　　　　　　）

幾分かは本当だと信じているが，同時に疑いも抱いていること。

290. **美辞麗句**（　　　　　　　　）

美しく飾りたてた言葉や文章。

291. **眉目秀麗**（　　　　　　　　）

容貌が非常に整って美しいこと。

292. **百戦錬磨**（　　　　　　　　）（類）千軍万馬

多くの戦いに参加して武芸の腕を磨くこと。

293. **百鬼夜行**（　　　　　　　　）（類）妖怪変化

たくさんの化けものや妖怪が夜闇に紛れてこっそり動き回ること。

294. **比翼連理**（　　　　　　　　）　比翼の鳥，連理の枝（類）偕老同穴

男女の仲や夫婦の仲が極めて睦まじいことのたとえ。

295. **風林火山**（　　　　　　　　）

「疾きこと風の如く，徐かなること林の如く，侵掠すること火の如く，動かざること山の如し」の略記。（「孫子」の句。武田信玄の旗印。）

296. **不倶戴天**（　　　　　　　　）　不倶戴天の敵

絶対に生かしてはおけないと思うほど，激しく恨み憎むこと。

297. **不撓不屈**（　　　　　　　　）（類）七転八起

強い心をもち，どんな困難にも決してくじけないこと。

298. **不偏不党**（　　　　　　　　）

偏ることなく，公正で中立の立場をとること。

299. **付和雷同** （　　　　　　　　　）

　定見をもたず，他人の意見に軽々しく同調すること。

300. **粉骨砕身** （　　　　　　　　　）

　力の続く限り，全力を尽くして事にあたること。

301. **暴虎馮河** （　　　　　　　　　）

　血気にまかせた向こうみずな行い。

302. **傍若無人** （　　　　　　　　　）（類）傲岸不遜

　自分の思いどおり，勝手気儘な振る舞いをすること。

303. **抱腹絶倒** （　　　　　　　　　）（類）呵々大笑

　あまりのおかしさに，腹を抱えて転げ回るほど大笑いすること。

304. **本末転倒** （　　　　　　　　　）（類）主客転倒

　重要なことと，つまらないことを取り違えて扱うこと。

305. **未来永劫** （　　　　　　　　　）

　将来にわたってずっと。

306. **無我夢中** （　　　　　　　　　）

　物事に熱中して我を忘れること。

307. **無知蒙昧** （　　　　　　　　　）

　知識や学問がなく，愚かで物事の道理に疎いこと。

308. **無念無想** （　　　　　　　　　）

　心の迷いや執念が何もなく，無心になること。

309. **明鏡止水** （　　　　　　　　　）（対）疑心暗鬼

　心にわだかまりがなく，安らかに落ちついた心境をいう言葉。

310. **名誉挽回** （　　　　　　　　　）

　一度失った名誉を回復させること。

311. **面従腹背** （　　　　　　　　　）

　うわべは服従しているようだが，内心では逆らっていること。

312. **孟母三遷** （　　　　　　　　　）

　子供の教育には環境が問題だということ。

313. **門前雀羅** （　　　　　　　　　）（対）門前市をなす

　訪問客がないこと。

314. **夜郎自大**（　　　　　　　　　）（類）唯我独尊

　　自分の力量をわきまえずに，仲間内だけで威張っていること。

315. **唯我独尊**（　　　　　　　　　）（類）夜郎自大

　　自分が誰よりも優れていると思い込むこと。

316. **勇往邁進**（　　　　　　　　　）（類）猪突猛進

　　目的のため，少しもためらわずにまっしぐらに突き進むこと。

317. **優柔不断**（　　　　　　　　　）

　　ぐずぐずしていて，決断できないこと。

318. **優勝劣敗**（　　　　　　　　　）（類）弱肉強食

　　優れているものが勝ち，劣っているものが敗れること。

319. **有名無実**（　　　　　　　　　）

　　名ばかりで，実質的な内容がともなわないこと。

320. **悠々自適**（　　　　　　　　　）

　　世の中の煩わしさから離れ，自分の思うまま，ゆったり生きること。

321. **油断大敵**（　　　　　　　　　）

　　大したことはないだろうと油断していると，思わぬ失敗をする。

322. **用意周到**（　　　　　　　　　）

　　すべてにわたって用意が整っており，不備のないこと。

323. **羊頭狗肉**（　　　　　　　　　）　羊頭を懸げて狗肉を売る

　　外見と内容が食い違っていることのたとえ。

324. **余裕綽々**（　　　　　　　　　）（類）泰然自若

　　心に余裕があり，悠然としていること。

325. **李下之冠**（　　　　　　　　　）　李下に冠を正さず

　　人から疑いをもたれるような行動はつつしむべきだというたとえ。

326. **離合集散**（　　　　　　　　　）

　　離れ離れになったり，集まったりすること。

327. **理非曲直**（　　　　　　　　　）（類）是々非々

　　道理にかなった正しいことと，道理から外れた間違ったこと。

328. **流言飛語**（　　　　　　　　　）

　　まるで根拠のない噂のこと。

329. **竜頭蛇尾**（　　　　　　　　　　）

　　始めは勢いが凄まじいが，終わりになるとさっぱり振るわなくなること。

330. **粒々辛苦**（　　　　　　　　　　）

　　事を成就するために，こつこつと努力し苦労を積み重ねること。

331. **臨機応変**（　　　　　　　　　　）

　　その場その場の情勢や事態に応じた，適切な手段をとること。

332. **老少不定**（　　　　　　　　　　）（類）諸行無常

　　人間は年齢に関係なく誰が先に死ぬかわからないこと。

333. **和光同塵**（　　　　　　　　　　）

　　優れた知恵や才能をかくして目立たせることなく，俗世間で暮らしていること。

MEMO

第3章 ことわざ・故事

次の故事・ことわざを完成させよ。

1. **悪銭（　　　）につかず**

   悪いことをして得た金は無駄遣いをしてしまいがちで，すぐになくなってしまう。

2. **開けて悔しや（　　　）**

   再三の注意に従わず行ったことで後悔してしまう。

3. **麻の中の（　　　）**

   人も善良な人と交われば，その感化をうけて善人になれる。

4. **朝に（　　　）を聞かば夕べに死すとも可なり**

   人として大事な道徳を聞いて悟ることができれば，その夕方に死んでも悔いはない。それだけ道徳というものは尊いのだ。

5. **明日は（　　　）の風が吹く**

   世の中は何とかなるもので，明日のことを煩うことはない。

6. **足元から（　　　）が立つ**

   身近なところで突然予想外のことが起こる。

7. **東男に（　　　）**

   男は気っぷのよい江戸っ子がよく，女は優雅な京都の女性がよい。

8. **頭隠して（　　　）隠さず**

   ある一部の欠点や悪いところを隠して，全体をうまく隠したつもりでいる愚かな行い。

9. **悪貨は良貨を（　　　）する**

   悪いもの，悪人がはびこる世の中では，善人は住みにくくなる。

10. **暑さ寒さも（　　　）まで**

    春秋の彼岸を境に寒暑がうすらぎ，よい気候になる。

11. **羹に懲りて（　　　）を吹く**

    一度の失敗に懲りて，必要以上に用心すること。

12. **雨が降ろうが（　　　）が降ろうが**

    たとえどんなことが起こったとしても（必ずやり遂げる）。

13. **蟻の這い出る（　　　）もない**

少しの隙間もない，警戒が厳重なこと。

14. **生き（　　　）の目を抜く**

事を成し，利を得るのにすばしこいさま。

15. **石の上にも（　　　）**

辛抱すれば必ず成功にむすびつく。

16. **いずれ（　　　）か杜若**

どれもすぐれていて優劣つけがたい。

17. **（　　　）三杯目にはそっと出し**

常に遠慮がちにふるまう（それだけ肩身が狭い）こと。

18. **磯の鮑の（　　　）**

こちらを何とも思っていない相手を片思いするさま。

19. **痛くもない（　　　）を探られる**

身に覚えのないことで疑いをかけられる。

20. **一年の計は（　　　）にあり**

その年の計画は，その最初の日にするのがよい。

21. **一富士，二鷹，三（　　　）**

初夢で見ると縁起のよいもの。

22. **一葉落ちて天下の（　　　）を知る**

ちょっとした予兆から先に起こる不幸を予知する。

23. **一将功成りて（　　　）枯る**

一つの事を成すには多くの犠牲があってのことで，功績はその指揮者だけのものではない
ということ。

24. **犬が西向きゃ（　　　）は東**

どんな状況でも正反対にある（いる）もの。当然のことを事新しく言うこと。

25. **犬も歩けば（　　　）に当たる**

物事を行う者は災い（あるいは幸運）にあうことも時にはある。

26. **命あっての（　　　）**

何ごとも命があってこそ，ゆえに命がいちばん大事だ。

27. **井の中の蛙（　　　）を知らず**

他の広い世界を知らず，自分の狭い範囲で物事を考えること。

28. **色の白いは（　　　）隠す**

色白の女性は少々の醜いところがあっても美人に見える。

29. **（　　　）の頭も信心から**

つまらないものでも，信じる心があれば尊く思われる。

30. **魚心あれば（　　　）**

相手がこちらに好意をもてば，こちらもそれ相応に応える用意がある。

31. **牛を（　　　）に乗り換える**

様子をうかがって，自分の都合のよいほうに乗り換える。

32. **嘘つきは（　　　）の始まり**

嘘をついて人をだますことが重なると，事の善悪の判断がつかなくなり，やがては悪人に

なってしまう。それほど，嘘をつくのはよくないことだ。

33. **生みの親より（　　　）の親**

生んでくれた親よりも，育ててくれた親の恩義のほうが重く，ありがたい。

34. **瓜の蔓に（　　　）はならぬ**

いくら高望みをしても，その親に相応した子供しかできないこと。子は親に似る。

35. **噂をすれば（　　　）がさす**

人の噂をしていると，その当人が偶然やってくるものだ。

36. **江戸の敵を（　　　）で討つ**

意外な所や筋違いなことで仕返しをする。

37. **絵に描いた（　　　）**

実際の役には立たないもののたとえ。

38. **海老で（　　　）を釣る**

わずかな労力や品物で，大きな利益を得ること。

39. **（　　　）は異なもの味なもの**

男女の結び付きは常識でははかり知れない，おもしろいものだ。

40. **遠慮（　　　）もない**

他人の迷惑を考えない，手加減を加えない行い。

41. **老いては麒麟も（　　　）に劣る**

優れた人も年老いて衰えると凡人に劣ってしまう。

42. **老いては（　　　）に従え**

年老いてからはさまざまな点から子や若者に従うのがよい。

43. **大男（　　　）に知恵が回りかね**

体ばかり大きくて愚鈍な男をあざけって言う言葉。

44. **陸に上がった（　　　）**

勢いのある者が急に元気がなくなりしぼんでしまうこと。

45. **男は敷居を跨げば（　　　）の敵あり**

男は社会に出れば周りに敵が多く，厳しいものだ。

46. **男は（　　　），女は（　　　）**

男と女のそれぞれに大切で必要な特性。

47. **男やもめに（　　　）がわき，女やもめに（　　　）が咲く**

男で妻と別れた独り者と女で夫と別れた独り者を比べたもの。（男の場合はうっとうしいもので，女の場合はそれでも美しい。）

48. **鬼のいぬ間に（　　　）**

遠慮しなくてはいけない相手がいない間に思う存分くつろぐこと。

49. **鬼の目にも（　　　）**

情け容赦のないような人でも時には慈悲の心が現れる。

50. **鬼も十八（　　　）も出花**

どんな女でも年頃になると娘らしい魅力が出てくるということ。

51. **溺れる者は（　　　）をも掴む**

危険な状況になったときは何とか助かろうと頼りにならないものにでも頼ろうとする。

52. **思い立ったが（　　　）**

何かしようと思い立ったら迷わずすぐに始めるのがよい。

53. **親の（　　　）が子に報う**

親の犯した悪業の結果が，子にめぐって災いする。

54. **（　　　）を泥中に曳く**

特に仕官もせずのんびり暮らすこと。

55. **飼い（　　　）に手をかまれる**

日ごろから特別かわいがっていた者に裏切られ，思いがけず害をうける。

56. **（　　　）に乗る人担ぐ人，そのまた草鞋を作る人**

人には人それぞれの境遇があり，差がある。人と人は社会的につながっている。

57. **風が吹けば（　　　　）が儲かる**

あてにならぬことを期待する。思いがけない結果が生じる。

58. **稼ぐに追いつく（　　　　）なし**

常によく働けば貧乏になることはない。

59. **火中の（　　　　）を拾う**

他人の利益のために危険なことをし，ばかな目にあう。

60. **渇しても（　　　　）の水を飲まず**

どんなに苦しくても，不正はしない。

61. **門松は（　　　　）の旅の一里塚**

門松を飾るたびに年を取るから，門松は死に近づくしるしである。

62. **鼎の（　　　　）を問う**

ある人の実力をあなどってその地位を覆そうとすること。

63. **蟹は（　　　　）に似せて穴を掘る**

人は自分の身分や能力相応の考えや行動をするものだ。

64. **金に（　　　　）をつけぬ**

金銭を惜しみなく十分に使う。

65. **金の切れ目が（　　　　）の切れ目**

金銭で成立した人間関係は金が尽きれば絶えてしまう。

66. **金は（　　　　）の回りもの**

金銭は同じところでとどまっているものではない。

67. **（　　　　）は糾える縄の如し**

人の幸，不幸は常に入れ替わりながら変転していくこと。

68. **株を守りて（　　　　）を待つ**

いつ来るともわからない幸運をただ待っているさま。

69. **亀の甲より年の（　　　　）**

長年の経験は値打ちがある。

70. **（　　　　）木も山の賑わい**

ほんのつまらないものでも，ないよりはましである。

71. **彼を知り己を知れば（　　　　）殆うからず**

敵と味方の実力をはっきり知ったうえで戦えば必ず勝てる。

72. **可愛い子には（　　　）をさせよ**

子供はそばにおいて甘やかすよりも，手もとから離してつらい経験を積ませたほうがその子のためになる。

73. **可愛いさあまって憎さが（　　　）**

かわいらしいと思っていればいるほど，憎み始めたらその気持ちは尋常ではない。

74. **（　　　）を去り実に就く**

虚飾を去り，質実な態度をとる。

75. **艱難汝を（　　　）にす**

人は多くの困難を克服してこそ立派な人間になれる。

76. **聞いて極楽，見て（　　　）**

聞くと見るとでは大違いであるということ。

77. **木に縁りて（　　　）を求む**

方法を誤ると目的は達成しない。

78. **義を見てせざるは（　　　）なきなり**

人の道として当然すべきことをしないのは，勇気がないからである。

79. **琴瑟相（　　　）す**

夫婦間などの調和が保たれていること。

80. **口に蜜あり，腹に（　　　）あり**

口では甘いことを言いながら，心の中では陰謀をめぐらすこと。

81. **国破れて（　　　）あり**

戦乱にあって国は滅びたが，山河のような大自然はそのままそこにある。

82. **（　　　）山門に入るを許さず**

不浄なものや心を乱すものは寺の中へ持ち込むことを許さない。

83. **光陰（　　　）の如し**

時の流れはとてつもなく速いものだ。

84. **恒産無き者は（　　　）無し**

一定の生業や収入のない者は，いつも変わらない正しい心がもてない。

85. **巧遅は（　　　）に如かず**

できがよくても遅いのは，できが悪くても速いのには及ばない。速めの実行がよい。

86. **虎穴に入らずんば（　　　）を得ず**

危険を冒さなければ大きな成果は得られないということ。

87. **骨肉相（　　　）**

親子，兄弟など血縁同士で争うこと。

88. **言葉は（　　　）の手形**

言葉のなまりはその人の出身地を表す証拠である。

89. **子供の（　　　）に親が出る**

大人げない行いのたとえ。

90. **碁に負けたら（　　　）で勝て**

一方で失ったらくよくよせず，ほかで取り返せばよい，ということ。

91. **子をもって知る親の（　　　）**

自分が子をもち親になってはじめて，親のありがたさがわかるものだ。

92. **紺屋の（　　　）**

他人のためにばかり忙しくて，自分のことに手が回らない。

93. **歳月（　　　）を待たず**

年月は人の都合では待ってくれない。今という時を大切にすべきだ。

94. **（　　　）は百薬の長**

適度なお酒はどんな薬よりも体のためになる。

95. **猿も（　　　）から落ちる**

その道に熟練した者も，たまには失敗することもある。

96. **去る者は（　　　）に疎し**

遠くに行った人（死んでしまった人）のことは日が経つにつれて忘れてしまうものだ。

97. **（　　　）計逃げるに如かず**

逃げるべきときには逃げて身の安全をはかることが最上の策である。

98. **（　　　）は小粒でもぴりりと辛い**

体は小さくても気性やすぐれた才能がある（かもしれない）ので，侮ってはいけない。

99. **三度目の（　　　）**

はじめの一，二回目よりも，むしろ三回目のほうが信用できる。

100. **三人（　　　）を成す**

たよりのない人も三人集まれば強大な力をもつ。

101. **三人寄れば文殊の（　　　）**

つまらない者でも三人集まれば，文殊菩薩のようなよい知恵が生まれるものだ。

102. **三遍回って（　　　）にしょ**

急がずに念を入れて事を行うように心がけよということ。

103. **（　　　）を追う猟師は山を見ず**

利益を得ようと熱中するあまり，周りのことに目がいかない。

104. **鹿を指して（　　　）と成す**

間違ったことをむりやりに押し通すこと。

105. **（　　　）薬籠中の物**

自分のためにいつでも思うがままに使いこなせる物。

106. **地獄の沙汰も（　　　）次第**

世の中何につけても金でなんとかなる。

107. **事実は（　　　）より奇なり**

世の中の出来事は小説のような虚構（フィクション）の世界よりも，不思議で奇妙である。

108. **（　　　），雷，火事，親父**

日常，人が恐れるものを並べたもの。

109. **（　　　）の為に美田を買わず**

子や孫のために財産を残すとかえってためにならないのでそうしない。

110. **親しき中にも（　　　）あり**

親密過ぎるとかえって不和のもとなので，適度な礼儀を重んじるようにしよう。

111. **駒の（　　　）を過ぐるが如し**

時の経つのは（四頭立ての馬車が過ぎるのを壁の隙間から見るように）速いものだ。

112. **釈迦に（　　　）**

物をよく知る者になお教えようとすること。教える必要のないたとえ。

113. **豎子をして（　　　）を成さしむ**

戦いに負けて敵にてがらをたてさせる。くだらない相手に負けたことを悔やむ意。

114. **（　　　）に交われば赤くなる**

人は交わる友によって善人にも悪人にもなるものだ。

115. **（　　　）暁をおぼえず**

春の夜はこころよくて，夜が明けてもなかなか目が覚めない。

116. **正直の頭に（　　　）宿る**

正直者には，必ず神の加護がある。

117. **上手の手から（　　　）が漏れる**

上手の者でも失敗することもたまにはある。

118. **少年老い易く（　　　）成り難し**

自分は若いと思っていてもすぐに老いてしまう。寸暇を惜しんで学問にはげむべきだ。

119. **将を射んと欲すればまず（　　　）を射よ**

大きなものを得ようとするならば，まずはその周辺の小さなことから攻めるべきである。

120. **知らぬは（　　　）ばかりなり**

当事者だけが知らないでいることを，あわれんだりからかったりして言うこと。

121. **人事を尽くして（　　　）を待つ**

自分でできる限りのことをして，その後は天命にまかせて心配はしない。

122. **死んだ子の（　　　）を数える**

過ぎ去ってどうしようもないことを思い悩む。

123. **死んで（　　　）が咲くものか**

生きていればまた幸運もめぐってくるかもしれないが，死んでしまえばそれまでだ。

124. **据え膳食わぬは男の（　　　）**

女に言い寄られてそれに応えないのは，男としては恥ずかしいことだ。

125. **すべての道は（　　　）に通ず**

たとえやり方が違っていてもその目的は同じである。物事は一つの真理から発している。

126. **（　　　）に勝って勝負に負ける**

有利な態勢にありながら，ちょっとしたはずみで失敗してしまうこと。

127. **急いては（　　　）を仕損じる**

あまり急ぎすぎるとかえって失敗してしまう。

128. **（　　　）の轍を踏む**

先人と同じ失敗を繰り返してしまうこと。

129. **栴檀は（　　　）より芳し**

大成する人は幼いころから並はずれてすぐれている。

130. **船頭多くして（　　　）山に上る**

指示する人が多すぎて，統一がとれずとんでもない方向に物事がすすんでしまうこと。

131. **前門の虎，後門の（　　　）**

一つの災いを免れて，また新たな災いにあうこと。

132. **糟糠の妻は（　　　）より下さず**

長年苦労をともにしてきた妻は夫の立身出世ののちにも，追い出したりしてはならない。

133. **総領の（　　　）**

長男，長女は大事に育てられるせいか，その弟妹よりおっとりしている。

134. **袖振り合うも（　　　）の縁**

知らぬ人と袖が触れ合うのも前世からの深い因縁による。ちょっとしたこともすべて宿縁によるものだ。

135. **大義（　　　）を滅す**

大きな道義をなすために私情を捨てること。

136. **多芸は（　　　）**

多く芸を身につけた人は特にすぐれた芸をもっていない。

137. **多勢に（　　　）**

少人数で大勢の敵に向かう，無謀な行為。

138. **立つ（　　　）跡を濁さず**

立ち去るときは，あと始末を見苦しくないようにすべきである。引き際は美しくあるべきだ。

139. **蓼食う（　　　）も好き好き**

人の好みはいろいろである。

140. **旅は（　　　）連れ，世は情け**

旅も世渡りも互いに助け合って仲良くやっていくのがよい。

141. **（　　　）は水より濃い**

血筋は争えず，血縁関係は他人のそれよりもつながりが深い。

142. **仲裁は時の（　　　）**

仲裁に入ってくれる人はその場を救ってくれる人なので，その人の意見に従うのがよい。

143. （　　　）も積もれば山となる

わずかなものも積み重なればより高大なものとなる。

144. 月に（　　　），花に風

世の中のよいことにはとかく障害がつきものである。

145. 月夜に（　　　）を抜かれる

明るい月夜に物を盗まれるといった，ひどく油断することのたとえ。

146. 角を矯めて（　　　）を殺す

わずかな欠点を直そうとして，かえって全部をだめにしてしまうこと。

147. 亭主の好きな赤（　　　）

一家の主人が好むものは，たとえ他人から笑われるものだとしてもそれに家族は従うものだ。

148. 敵は（　　　）にあり

本当の目的は別の所にある。

149. 出る（　　　）は打たれる

さしでがましくふるまう者は他から制裁される。

150. （　　　）苔むさず

ころがる石に常に苔が生えないように，世の中は変わり続けている。

151. 同病相（　　　）

同じ苦しみを受けている者は，そのつらさがわかり互いに同情する念が深い。

152. 豆腐に（　　　）

意見をしても少しの反応も効果もないこと。

153. 遠くて近きは（　　　）の仲

男女の仲は一見しただけではわかりかねる。

154. 徳孤ならず必ず（　　　）あり

徳のある者は孤独になることはなく，その徳に感化された共鳴者が必ず現れるものだ。

155. 毒を食らわば（　　　）まで

一度悪事に手をそめたからには徹底的にやり通そうとする。

156. 所変われば（　　　）変わる

土地が違うと風習も違う。

157. （　　　）が鷹を生む

平凡な親からすぐれた人物が生まれること。

158. 取らぬ（　　　）の皮算用

確実でもない事をあてにして，それをもとに計画をあれこれ立ててしまうこと。

159. 虎の（　　　）を借る狐

有力者の権力を借りていばるつまらぬ者。

160. 虎の（　　　）を踏む

非常に危険なことをするたとえ。

161. 虎は死して皮を残し，人は死して（　　　）を残す

虎が死んでもその皮が大事にされるように，人も功績や名誉によって死後もなおその名前を残すようになるべきだ。

162. 鳥無き里の（　　　）

すぐれた者のいない所でつまらぬ者がいばって幅をきかす。

163. 泥棒を捕らえて（　　　）をなう

事件が起こってからあわてて準備をすることのたとえ。

164. 飛んで火に入る夏の（　　　）

自分から進んで危険なことにかかわり，破滅に向かうこと。

165. 泣く子と（　　　）には勝てぬ

いくらこちらが正しくても権力者や道理のわからぬ者には従わざるを得ない。

166. 情けは（　　　）の為ならず

他人への親切はめぐりめぐって自分によい報いがある。

167. 生兵法は（　　　）のもと

中途半端な知識や技術に頼るとかえって失敗の原因となる。

168. 二階から（　　　）

思うようにならない。ききめがなくもどかしいさま。

169. 逃がした（　　　）は大きい

手に入れ損なったものはことさら立派なもののように見える。

170. 憎まれっ子（　　　）に憚る

人から憎まれるような人間がかえって世の中では幅をきかす。

171. **肉を切らせて（　　）を断つ**

自分に痛手を負いながらも相手にそれ以上の痛手を与えて勝つ。捨て身で戦うたとえ。

172. **二足の（　　）をはく**

二つの業種を兼ねる（その二つを両立させる）こと。

173. **日光を見ずして（　　）と言うなかれ**

日光（東照宮）のようなすばらしいものに勝るものは他にはない，とその美しさをたたえた言葉。

174. **女房と（　　）は新しいほうがよい**

自分の妻や畳といったものは，新しいほうがよいものだ。

175. **人間いたる所に（　　）あり**

大望をなすならば故郷を出て大いに活動すべきである。

176. **人間は考える（　　）である**

人間の偉大さは考えることにある。

177. **人間万事塞翁が（　　）**

世の幸不幸は変転して常なく，予測しがたいものである。

178. **盗人にも（　　）の理**

どんなに筋の通らないことにも，理屈はつけられるものだということ。

179. **盗人の（　　）**

（盗人が夜の行動のために昼寝をすることから）どんな行動にも理由がある。

180. **盗人を捕らえてみれば（　　）なり**

事が意外で処断に苦しむ。身内でも気が許せないことのたとえ。

181. **能ある（　　）は爪を隠す**

ほんとうに実力のある者は，普段はそれを表に出さない。

182. **残り物に（　　）がある**

人が先に取ってあとに残った物には，思いがけない利得がある。

183. **（　　）過ぎれば熱さを忘れる**

苦しかったことも，時が経ってしまうと忘れてしまう（そのとき人を頼りそこで受けた恩をも忘れてしまう）ものだ。

184. **敗軍の（　　）は兵を語らず**

失敗した者は，その事柄について語るべきではなく，資格もない。

185. **杯中の（　　　）影**

疑えば，何でもないことにもおびえるものだ。

186. **馬鹿に付ける（　　　）はない**

馬鹿を直す（教え導く）方法はない。

187. **（　　　）鏡再び照らさず**

（夫婦の別離など）いったん壊れてしまったものは修復がきかないものである。

188. **歯に（　　　）着せぬ**

相手に遠慮せず，思ったことを率直に言う。

189. **早起きは三文の（　　　）**

早起きをするとなにかとよいことがあるというたとえ。

190. **腹が減っては（　　　）はできぬ**

空腹ではよく行動，活動できない。

191. **引かれ者の（　　　）**

負け惜しみで強がりを言い，平気なふりをすること。

192. **庇を貸して（　　　）を取られる**

自分の所有物の一部を貸してその相手にすべてを取られてしまう。また，恩を仇で返されるたとえ。

193. **必要は（　　　）の母**

発明はそれが必要だというところから生まれる。

194. **人の（　　　）も七十五日**

世間の評判，取り沙汰は一時的なもので長くは続かない。

195. **人の口には（　　　）が立てられない**

世間の噂ばなしは止められない。

196. **人の褌で（　　　）を取る**

他人の物を利用して自分の利益を果たそうとする。

197. **人は一代名は（　　　）**

人の体は一代限りで滅ぶが，その名は後の代まで永く残る。

198. **人を見たら（　　　）と思え**

他人を軽々しく信用してはならない。用心してかかれということ。

199. **火のない所に（　　　）は立たない**

噂がたつからには，それなりの事実があるはずだ。

200. **百聞は（　　　）に如かず**

何度も聞くより，一度でも見たほうがよい。

201. **百里を行くものは九十里を（　　　）とす**

何事も仕上がり寸前が大事であるので，九割がたの時点で気を引き締め直せということ。

202. **瓢箪から（　　　）が出る**

意外な所から意外な物が現れることのたとえ。

203. **（　　　）喧嘩は犬も食わない**

夫婦間の争いはおよそ一時的で，仲裁するまでもない。

204. **笛吹けど（　　　）**

お膳立てし，いくら誘っても，相手がこれに応じて動き出さないこと。

205. **（　　　）盆に返らず**

一度してしまったこと（一度壊れた夫婦関係など）は取り返しがつかないこと。

206. **武士は（　　　）互い**

同じ立場にある者同士，互いに助け合わなければならない。

207. **武士は食わねど（　　　）**

（武士が空腹を見せないようにする様子から）清貧に安んじ，気位の高いこと。

208. **舟に刻みて（　　　）を求む**

時勢の移りゆくのを知らずに古い慣習を守ること。

209. **坊主憎けりゃ（　　　）まで憎い**

その人を憎むあまりに，その人にかかわりのある物すべてが憎くなる。

210. **蒔かぬ（　　　）は生えぬ**

原因がなければ結果の生じるはずはない。努力しないで何もせずに好結果を期待するのは無理である。

211. **馬子にも（　　　）**

誰でも外見をととのえれば立派に見える。

212. **待てば海路の（　　　）あり**

苛だたず待っていれば，やがてよい時機が訪れる。

213. **水清ければ（　　　）棲まず**

あまりに潔癖で厳しすぎるとかえって人に親しまれない。

214. **水は（　　　）の器に従う**

民は君主の善悪に感化される。人も交友や環境によって善悪どちらにもなりうる。

215. **実るほど頭の下がる（　　　）かな**

学問や，徳が深まるほど，態度はおのずと謙虚になることのたとえ。

216. **娘三人持てば（　　　）つぶす**

娘を三人も持つと婚礼などの出費がかさんで身代がつぶれてしまう。

217. **娘一人に（　　　）八人**

一つのことに応募者，希望者が殺到すること。

218. **（　　　）三寸に収める**

胸中に収めて表に出さない。

219. **無理が通れば（　　　）が引っ込む**

無理なことがまかり通る状況では，道理にかなったことは行われなくなる。

220. **目から（　　　）が落ちる**

あることがきっかけとなって，急に物事の本質や真相がわかること。

221. **目は（　　　）ほどに物を言う**

心を込めた目つきは，口で言う以上に相手の心をとらえる。

222. **物言えば（　　　）寒し秋の風**

人の悪口を言った後はむなしい気持ちになる。なまじものを言えば災いを招く。

223. **（　　　）市を成す**

その家の人の出入りの多い様子。その家の商売が繁盛している様子。

224. **焼け棒杭に（　　　）が付く**

かつての関係が一度切れたものが，再びもとの関係に戻ること。

225. **やはり（　　　）に置け蓮華草**

それぞれにあった場所にあるのが一番である。

226. **柳の下にいつも（　　　）はいない**

一度幸運を得たからといって，また同じような幸運が来るとは限らない。

227. **（　　　）膏肓に入る**

病気や悪い癖などがどうしようもないところまできてしまう。物事に熱中しすぎてどうしようもなくなってしまう。

228. **雄弁は（　　　）沈黙は（　　　）**

弁舌がたつのもよいが，謙虚に黙っているのはさらによい。

229. **幽霊の正体見たり（　　　）**

わかってみれば，たいしたことではないことのたとえ。

230. **世の中は三日見ぬ間の（　　　）かな**

世の移り変わりは（三日で花が散るように）あまりにも速い。

231. **（　　　），遠目，笠の内**

女性の容貌は，夜見たとき，遠くから見たとき，笠の内にいたとき，美しく見える。

232. **寄らば（　　　）の陰**

頼る相手を求めるのなら，勢力のあるものがよい。

233. **弱き者よ汝の名は（　　　）なり**

女は何ともろく，男よりも弱い立場に置かれているのだろう。

234. **弱り目に（　　　）目**

不幸に不幸が重なること。

235. **来年のことを言うと（　　　）が笑う**

明日のことさえわからないのに，来年のことなどわかるはずもない。

236. **李下に（　　　）を正さず**

他人に疑われるような行いは慎むべきだ。

237. **梁上の（　　　）**

盗人，泥棒。または，ねずみのこと。

238. **連木で（　　　）を切る**

とうてい実現不可能なことをするたとえ。

239. **我が物と思えば軽し（　　　）の雪**

苦労も自分のためと思えば大したことはない。

240. **渡る世間に（　　　）はない**

世間の見ず知らずの人は怖く見えるが，実は心のやさしい人も多いのである。

MEMO

第4章 現代文・古文の重要語句

■現代文の重要語句

　現代文の中で出てくるさまざまな言葉。その意味を本当に知っているだろうか？　ここではその一部を例として挙げてみたい。現代文を学習する際，わからない言葉が出てきたときには辞書をひく，という習慣をつけることをおすすめする。

1	同音異義語－意味

字の違いについて書き取りでふれたものもあるが，ここでは意味の違いを挙げておく。

次の意味に従って漢字を書きなさい。

1．**あいせき**

　（　　　　　　　）――――――――いとおしんで大切にすること。

　（　　　　　　　）――――――――人の死を惜しんで悲しむこと。

2．**あっせい**

　（　　　　　　　）――――――――権力で人の言動をおさえること。

　（　　　　　　　）――――――――権力で人民をおさえつける政治。

3．**いがい**

　（　　　　　　　）――――――――それを除く，他のもの。

　（　　　　　　　）――――――――予想もしなかったこと。

4．**いぎ**

　（　　　　　　　）――――――――異なった意味，意義のこと。

　（　　　　　　　）――――――――他と違った意見，議論のこと。

　（　　　　　　　）――――――――意味，内容，価値のこと。

5．**いけん**

　（　　　　　　　）――――――――あることについての考え。

　（　　　　　　　）――――――――他とは違った考え。

6．**いし**

　（　　　　　　　）――――――――何かをしようとする気持ち。

　（　　　　　　　）――――――――心に思い考えること。

7．**いじょう**

（　　　　　　　）――――――――― どこか普通でないこと。

（　　　　　　　）――――――――― 状態がいつもと違うこと。

8．**いたく**

（　　　　　　　）――――――――― よりかかること。

（　　　　　　　）――――――――― ゆだねること。

9．**いどう**

（　　　　　　　）――――――――― 地位，勤務が変わること。

（　　　　　　　）――――――――― 異なる点，違い。

10．**いよう**

（　　　　　　　）――――――――― 威厳のある立派な姿。

（　　　　　　　）――――――――― 非常にすぐれた様子。

11．**いれい**

（　　　　　　　）――――――――― 前例のないこと。

（　　　　　　　）――――――――― いつもの例と違うこと。

12．**えいき**

（　　　　　　　）――――――――― 人より優れた性質。元気。

（　　　　　　　）――――――――― 鋭く強い気性。

13．**えんかく**

（　　　　　　　）――――――――― 物事の移り変わり。

（　　　　　　　）――――――――― 遠く隔たっていること。

14．**えんるい**

（　　　　　　　）――――――――― 遠い血筋の親戚。

（　　　　　　　）――――――――― 婚姻や血筋によるつづき。

15．**おんじょう**

（　　　　　　　）――――――――― 情けある心。

（　　　　　　　）――――――――― あたたかく思いやり深い心。

16．**がいかん**

（　　　　　　　）――――――――― 外から見た様子。

（　　　　　　　）――――――――― だいたいの様子，状況。

17. **かいこ**

(   ) ——————— 昔をなつかしく思い起こすこと。

(   ) ——————— 過ぎ去ったことを思うこと。

18. **かいしん**

(   ) ——————— 悪い心を改めること。

(   ) ——————— 心にかなうこと。

(   ) ——————— 万一に備えて用心すること。

19. **かいとう**

(   ) ——————— 問題を解いて答えを出すこと。

(   ) ——————— 質問や要求に対する答え。

20. **がいとう**

(   ) ——————— 家の外に取りつけた電灯。

(   ) ——————— 道路につけられた電灯。

(   ) ——————— まちの通り。

21. **かいほう**

(   ) ——————— 解きはなして自由にすること。

(   ) ——————— 開けっぱなしにすること。

22. **かき**

(   ) ——————— 夏の季節。

(   ) ——————— 夏の期間。

23. **かぎょう**

(   ) ——————— 家の職業，商売。

(   ) ——————— 生活のための仕事。

24. **かてい**

(   ) ——————— 学習内容の範囲，順序。

(   ) ——————— 物事の進行する順序。

25. **かんしょう**

(   ) ——————— 見て楽しむこと。

(   ) ——————— 芸術作品を味わうこと。

(   ) ——————— 対象を客観的に見つめること。

26. **かんしん**

( ) ———————— 肝を冷やすこと。

( ) ———————— 興味を持つこと。

( ) ———————— 心に深く感ずること。

( ) ———————— 喜んでうれしいと思う心。

27. **きこう**

( ) ———————— 組織の仕組み。

( ) ———————— 工事を始めること。

28. **きせい**

( ) ———————— 現実にそうなっていること。

( ) ———————— 前もって作ってあること。

29. **きゅうめい**

( ) ———————— 真理，道理を明らかにすること。

( ) ———————— 罪を問い，明らかにすること。

30. **きょうい**

( ) ———————— ひどく驚くべきこと。

( ) ———————— 何者かにおびやかされること。

31. **きょうそう**

( ) ———————— 勝敗，優劣をあらそうこと。

( ) ———————— 走る速さを競うこと。

32. **きょくげん**

( ) ———————— 果て。限界。

( ) ———————— ある範囲に限定すること。

33. **けっさい**

( ) ———————— 可否を決めること。

( ) ———————— お金を払い取引を終えること。

34. **こうい**

( ) ———————— 親愛感をもつこと。

( ) ———————— 思いやりのある温かい心。

35. **こうえん**

( ) ―――――― 文書でなく，口で述べること。

( ) ―――――― ある題目について人の前で話すこと。

( ) ―――――― 公衆の前で，劇・音楽・舞踊などを演じること。

36. **こうこく**

( ) ―――――― 宣伝のため広く世に知らせること。

( ) ―――――― 官庁が一般の人に知らせること。

37. **こうせい**

( ) ―――――― 誤りを改め直すこと。

( ) ―――――― 生活を正しく改めること。

( ) ―――――― 生活を豊かにすること。

38. **こうてい**

( ) ―――――― 道のり。

( ) ―――――― 作業の順序，はかどり方。

39. **さいけつ**

( ) ―――――― 是非を決定すること。

( ) ―――――― 賛否の決をとること。

40. **さいご**

( ) ―――――― いちばんあと。

( ) ―――――― 死にぎわ。

41. **さくせい**

( ) ―――――― 文書・計画などを作り上げること。

( ) ―――――― ものを作ること。

42. **じき**

( ) ―――――― その季節として盛んなとき。

( ) ―――――― そのとき，期間。

( ) ―――――― 物事をするのに最もよいとき。

43. **しこう**

( ) ―――――― ためしにやってみること。

( ) ―――――― 実際に行うこと。

44. **しこう**

(　　　　　) ———————— ある方向をめざして向かうこと。

(　　　　　) ———————— 心が一定の目標・目的に向かってはたらくこと。

45. **じったい**

(　　　　　) ———————— 実際の状態。

(　　　　　) ———————— 真実の姿。本体そのもの。

46. **しゅうしゅう**

(　　　　　) ———————— 乱れたものを整えること。

(　　　　　) ———————— 集めること。

47. **しょうかい**

(　　　　　) ———————— 人と人を引き合わせること。

(　　　　　) ———————— 問い合わせ。

48. **しょよう**

(　　　　　) ———————— 用事。

(　　　　　) ———————— 必要なこと。

49. **しんき**

(　　　　　) ———————— 心の動き。

(　　　　　) ———————— 気持ちのあり方。

50. **ずえ**

(　　　　　) ———————— 特定の種類の図画を集めたもの。

(　　　　　) ———————— 絵。

51. **せいさく**

(　　　　　) ———————— 芸術作品などを作ること。

(　　　　　) ———————— ものを作ること。

52. **せいさん**

(　　　　　) ———————— 細かく，正確に計算すること。

(　　　　　) ———————— 貸借を整理し，始末すること。

(　　　　　) ———————— 成功の見込み。

53. **せいちょう**

(　　　　　) ———————— 人や動物などが育つこと。

(　　　　　) ———————— 草木などが育つこと。

54. **ぜったい**

(   ) ——————— 比較，対立を超えていること。

(   ) ——————— 身の終わり。

55. **ぜんしん**

(   ) ——————— 前に進むこと。

(   ) ——————— 順を追って進むこと。

56. **そうこう**

(   ) ——————— 仕事をなしとげ，功績をあげること。

(   ) ——————— ききめが現れること。

57. **そうてい**

(   ) ——————— 成人に達した男子。

(   ) ——————— 書物の表紙のデザイン。

58. **そくせい**

(   ) ——————— 人工的に早く生長させること。

(   ) ——————— 短い時間に仕上げること。

(   ) ——————— その場ですぐに作ること。

59. **たいし**

(   ) ——————— だいたいの内容。

(   ) ——————— 大きなこころざし。

60. **たいしょう**

(   ) ——————— 互いに釣り合っていること。

(   ) ——————— 目標，目的となるもの。

(   ) ——————— 照らし合わせること。

61. **たいせい**

(   ) ——————— 社会の仕組み。

(   ) ——————— 身構え，姿勢。

(   ) ——————— 物事に対する身構えや状態。

62. **たっけん**

(   ) ——————— すぐれた意見・考え。

(   ) ——————— 道理を十分見きわめた意見・見識。

63. **たんきゅう**

（　　　　　）———————— たずね求めること。

（　　　　　）———————— 物事の本質などを研究し，見きわめること。

64. **ついきゅう**

（　　　　　）———————— どこまでも追い詰めること。

（　　　　　）———————— 目的とするものを追いかけ求めること。

（　　　　　）———————— 深く明らかにしようとすること。

65. **ていほん**

（　　　　　）———————— 翻訳・校訂などの土台になる本。

（　　　　　）———————— 古典などの異本を照合して正しくした，標準となる本。

66. **てきせい**

（　　　　　）———————— 性質が適していること。

（　　　　　）———————— 適切で正しい。

67. **てんか**

（　　　　　）———————— 罪や責任を他に移すこと。

（　　　　　）———————— 他の状態に変化すること。

68. **でんじゅ**

（　　　　　）———————— 伝え受けること。

（　　　　　）———————— その道の奥義・秘伝などを伝え授けること。

69. **てんせい**

（　　　　　）———————— 生まれ変わること。

（　　　　　）———————— 性質の違うものに変わること。

70. **どうし**

（　　　　　）———————— 仲間。

（　　　　　）———————— 主義主張を同じくすること，その人。

71. **とくちょう**

（　　　　　）———————— 特に優れたところ。

（　　　　　）———————— 他のものと違っている点。

72. **はいそう**

( ) ——————— 前向きのままうしろへ走ること。

( ) ——————— 戦いに負けて逃げること。

73. **ひうん**

( ) ——————— 運が開けないこと。

( ) ——————— かなしい運命。

74. **ひっし**

( ) ——————— 全力を尽くすさま。

( ) ——————— 必ずそうなること。

75. **ひょうじ**

( ) ——————— わかりやすく示すこと。

( ) ——————— 目じるしをつけて示すこと。

76. **ふじゅん**

( ) ——————— 順序が正しくないこと。

( ) ——————— 純真でないこと。

77. **へいこう**

( ) ——————— 釣り合いがとれていること。

( ) ——————— 交わらない線や面。

( )（併行） ——————— 並んで行われること。

78. **べつじょう**

( ) ——————— 変わった様子。

( ) ——————— ふつうと違った事柄。

79. **ほしょう**

( ) ——————— まちがいないと請け合うこと。

( ) ——————— 安全を支え，保護すること。

( ) ——————— 人に与えた損害をつぐなうこと。

80. **むじょう**

( ) ——————— 思いやりのないこと。

( ) ——————— 万物は定めのないこと。

81. **むそう**

（　　　　　　）──────── 姿・形にとらわれないこと。

（　　　　　　）──────── 心に何も考えないこと。

82. **もさく**

（　　　　　　）──────── 似せて作ること。

（　　　　　　）──────── 手さぐりで探すこと。

83. **やせい**

（　　　　　　）──────── 自然の中に育つこと。

（　　　　　　）──────── 自然，本能のままの性質。

84. **ゆうしゅう**

（　　　　　　）──────── 深いうれい。

（　　　　　　）──────── うれい悲しむこと。

85. **ようけん**

（　　　　　　）──────── 用事の種類，内容。

（　　　　　　）──────── 大切な事柄。必要な条件。

2　外来語

　内容把握の現代文で使われるもののほとんどが評論，随筆といった文章で，特に評論ではカタカナ表記の専門語のような外来語がよく出てくる。これらの意味をおさえておくことで，文章の理解度も上がるといえよう。

アイデンティティ──────── 主体性。自分とは，このような人間であるという明確な存在意識。

アイロニー──────── 皮肉。反語。

アナロジー──────── 類推，類比。似た点をもとにして，他のことを推し量ること。

アレゴリー──────── 比喩，寓意。またそれによるたとえ話。

アンニュイ──────── 退屈，倦怠。けだるく感じるような心情。

イデア──────── 観念，理念。物事を思考するときの基となるもの。

ヴァリエーション──────── 変化，変型，変異，変種。変わった形。

オプティミスティック──────── 楽観的。楽天的。

カオス	混沌，混乱。天地創造以前の世界。
カテゴリー	領域，部門。同質のものがすべて含まれる部類。
カリカチュア	文学や絵画で，事物の否定的な面を強調したり，滑稽化して描いたもの。
クローズ・アップ	大うつし。ある物事の一点に焦点をあてること。
コミュニケーション	言葉の伝達。自分の意思・思想などを言葉で表現し伝達すること。
コンテクスト	文脈。文章の前後の脈絡。
ジャンル	種類，部類，部門，分野。形態上のさまざまな分類。
ジレンマ（ディレンマ）	矛盾，二律背反。2つの命題が矛盾しつつ同等に主張すること。「いたばさみ」の状態。
ストイック	戒律的，禁欲的。厳格に身を持するさま。
センチメンタリズム	感傷主義。理性や意思などよりも感情を重んじ，詠嘆，悲嘆の調子が強い，文芸上の傾向。
ソシアリズム	社会主義。生産手段の社会的所有を土台とする社会体制，およびこれを実現しようとする思想。
ソフィスティック	詭弁的な。
ダイナミック	力動的。物などを動かす力のもと。
デマゴギー	扇動的，謀略的宣伝。人心を乱して気持ちをあおりたて，ある行動をするように仕向けること。
デモーニッシュ	悪魔的。悪霊のような。
ドグマ	宗教上の教義。独断的な説。
ナイーヴ	純真，うぶ。感じ方が温和で美しさがあること。
ニヒリズム	無常観，虚無主義。人生とははかないものだとする見方。
ニュアンス	書き手，語り手の意図。微妙な意味合い。
パトス	情念。感情的・熱情的な精神。
パニック	混乱。群衆の混乱状態。物価暴落，支払不能，破産など資本主義経済における混乱状態。
パラドックス	逆説。
ヒューマン	人間らしい。人間的な。
フィールドワーク	野外調査。現地調査。現地採集。

プロセス――――――――――	過程。工程。方法。
ペシミスティック――――――	悲観的。厭世的。
モーチーヴ（モチーフ）――――	文学作品をつらぬく主題。
ポストモダン――――――――	過去から現代までのものを混成させ，新たな魅力を発見しようとする傾向。
リアリズム―――――――――	写実主義。現実をあるがままに表現しようとする文学・芸術上の技法，立場。
リベラリズム――――――――	自由主義。個人の思想，宗教の自由，経済活動への国家の不干渉などを主張する思想。
リリシズム―――――――――	叙情味。叙情性。
レパートリー――――――――	ある人がこなせる範囲。得意とする分野，種目。
ロジック――――――――――	論理。
ロマンチシズム―――――――	空想主義。感情，空想，主観，個性，形式の自由を重んじた文学・芸術上の思想の一つ。日本では「浪漫主義」とされる。

3　難解な語句

　よく文章の中には出てくるのだが，「どういう意味だっけ？」と思ってしまうような言葉に出合った経験はないだろうか。そういった，文章にわりと出てきそうなもので主だったものを挙げておく。

次の漢字に読み仮名を付けなさい。

1．曖昧　（　　　　　　　）――― あやふやなこと。どっちつかずな，はっきりしない様子。
2．隘路　（　　　　　　　）――― 妨げとなる事柄。せまくて険しい道。物事の進行上の支障。
3．齷齪　（　　　　　　　）――― こせこせすること。気が小さくて細かいことにこだわること。
4．軋轢　（　　　　　　　）――― 反目。不和。仲たがい。
5．阿付　（　　　　　　　）――― へつらいつくこと。
6．阿諛　（　　　　　　　）――― ごきげんをとる。おべっかを使う。ごますり。
7．行脚　（　　　　　　　）――― 修行のため，徒歩で諸国を歩き回る。
8．暗渠　（　　　　　　　）――― 地下に設けられた水路。

9. 暗澹　（　　　　　　　）──── 見通しが立たず，希望がもてないさま。

10. 意匠　（　　　　　　　）──── 装飾的なもの。装飾的考案。デザイン，工夫や趣向。

11. 一義　（　　　　　　　）──── 一つの道理。根本の意義。

12. 一毫　（　　　　　　　）──── ほんの少しばかり。ごくごくわずかな。

13. 一瞥　（　　　　　　　）──── ちらりと見る。ちょっと見る。

14. 一擲　（　　　　　　　）──── 思いきって一度に全部投げ捨てること。

15. 因襲　（　　　　　　　）──── 古くからのしきたり。多くは，悪い習慣やしきたりについていう。

16. 因循　（　　　　　　　）──── ぐずぐずと煮え切らない。同じ事を繰り返すこと。

17. 隠蔽　（　　　　　　　）──── おおい隠すこと。

18. 迂遠　（　　　　　　　）──── まわり遠い。遠回し。余計な手順をふむさま。

19. 紆曲　（　　　　　　　）──── まがりくねっている。

20. 蘊蓄　（　　　　　　　）──── たくわえられた深い知識。

21. 演繹　（　　　　　　　）──── 意味をおしひろめて，発展させて述べる。←→帰納。

22. 往々　（　　　　　　　）──── 時々，ときおり。

23. 謳歌　（　　　　　　　）──── 声をそろえてほめたたえること。特に，自分のめぐまれた境遇などをはばかることなく言動に表すこと。

24. 懊悩　（　　　　　　　）──── 悩みもだえること。

25. 臆断　（　　　　　　　）──── 推測で判断すること。

26. 恩寵　（　　　　　　　）──── 主君や神のめぐみ。いつくしみ。

27. 邂逅　（　　　　　　　）──── 思いがけない出会い。めぐりあうこと。

28. 膾炙　（　　　　　　　）──── 広く人々に知れ渡ること。

29. 角逐　（　　　　　　　）──── たがいに競争する。けおとそうと争う。

30. 寡作　（　　　　　　　）──── わずかしか作品を作らないこと。※「佳作」と間違えないように！

31. 瑕疵　（　　　　　　　）──── きず。欠点。

32. 仮借　（　　　　　　　）──── 借りること。許すこと。見逃すこと。

33. 客気　（　　　　　　　）──── ものにはやる気持ち。未知の世界に挑む気合い。

34. 恪勤　（　　　　　　　）──── まじめに勤めること。

35. 合点　（　　　　　　　）──── 承知。納得。

36. 葛藤　（　　　　　　　）──── 争いもつれ，どちらを選ぶか迷うこと。

37. 闊歩 （　　　　　）────── いばって大手を振って歩くこと。ゆったりと大またに歩くこと。

38. 画餅 （　　　　　）────── 物事が実際の役に立たないこと。（絵に描いた餅。）

39. 閑却 （　　　　　）────── いいかげんにしておくこと。打ち捨てておくこと。

40. 奸計 （　　　　　）────── わるだくみ。

41. 管見 （　　　　　）────── （細い管からのぞくような）せまい見識。

42. 玩味 （　　　　　）────── 意味をよく考え味わうこと。

43. 諫止 （　　　　　）────── いさめて思いとどまらせること。

44. 感傷 （　　　　　）────── ものに感じ，心を傷めやすいこと。

45. 含蓄 （　　　　　）────── 表現が，ある深い意味を含みもつこと。

46. 奇矯 （　　　　　）────── 風変わりな人目をひく態度や行動。

47. 規矩 （　　　　　）────── 手本。規準。標準。

48. 危惧 （　　　　　）────── 悪い結果になりはしないかと心配し，おそれること。

49. 詭計 （　　　　　）────── 人をだますはかりごと。

50. 帰趣 （　　　　　）────── 行きつくところ。落ち着くところ。結局のところ。

51. 帰納 （　　　　　）────── 個々の具体的な事実から一般的な命題や法則を導き出すこと。←→演繹

52. 詭弁 （　　　　　）────── こじつけの理論。ごまかし，言いくるめの議論。へりくつ。

53. 杞憂 （　　　　　）────── 取り越し苦労。しなくてもいい心配をすること。※88ページの「稀有」を参照。

54. 救恤 （　　　　　）────── 困っている人々を助け，恵むこと。

55. 僥倖 （　　　　　）────── 思いがけない幸運。偶然に得たしあわせ。

56. 矜持 （　　　　　）────── 誇る気持ち。自負心。プライド。

57. 挙措 （　　　　　）────── 日常の立ち居振る舞い。

58. 琴線 （　　　　　）────── 人の心の奥にある，秘められた，感じやすい心情。

59. 具象 （　　　　　）────── 物事の状態や性質を，形を備えたわかりやすいものにすること。←→抽象。

60. 圭角 （　　　　　）────── 言動，行動がかどだって，円満でないこと。

61. 敬虔 （　　　　　）────── 敬いつつしみ深くするさま。

62. 啓示 （　　　　　）────── 事柄をはっきりと指し示す。よくわかるように表す。

63.	径庭	（	）	──	かけ離れの程度。へだたり。

64. 稀有 （　　　　　） ── めったにないこと

※87ページの「杞憂」と読みを混同しやすいので注意！

65. 懸隔 （　　　　　） ── かけはなれていること。へだたり。

66. 狷狭 （　　　　　） ── 自分の考えを強く守って心のせまいさま。

67. 故意 （　　　　　） ── わざとすること。←→過失。

68. 嚆矢 （　　　　　） ── 物事のはじまり。

69. 巷間 （　　　　　） ── 世間。一般の人たちの間。

70. 好個 （　　　　　） ── 適当なこと。ちょうどよいこと。

71. 狡知 （　　　　　） ── 悪がしこい知恵。

72. 更迭 （　　　　　） ── ある役目の人をかえること。かわること。

73. 鼓吹 （　　　　　） ── 意見や思想を主張して相手に吹きこむこと。

74. 姑息 （　　　　　） ── 一時のまにあわせ。その場のがれ。

75. 渾然 （　　　　　） ── すべてがうまく溶け合っているさま。

76. 宰領 （　　　　　） ── 支配すること。とりしまること。

77. 瑣事 （　　　　　） ── とるにたらない出来事。

78. 恣意 （　　　　　） ── 自分勝手な考え。気ままな思いつき。※下記参照

79. 思惟 （　　　　　） ── 心に深く考え思うこと。

※字と意味とを混同しやすい両者。注意！

80. 弛緩 （　　　　　） ── ゆるむこと。たるむこと。←→緊張。

81. 忸怩 （　　　　　） ── 自分で深く恥じ入る。内心恥ずかしく思う。

82. 示唆 （　　　　　） ── それとなく何かを暗示している。それとなくヒントを与えている。

83. 自若 （　　　　　） ── 落ち着いていて，危急のときにも少しも慌てない様子。

84. 私淑 （　　　　　） ── 尊敬する人に，直接には教えが受けられないが，その人を模範として慕い，学ぶこと。

85. 自恃 （　　　　　） ── 自分自身をたのみとすること。

86. 桎梏 （　　　　　） ── 手かせ足かせ。自由を奪い束縛するもの。

87. 実存 （　　　　　） ── 自己の存在に関心をもって存在する主体的な存在。（哲学用語）

88. 洒脱 （　　　　　） ── あかぬけた。さっぱりした。

89. 惹起　（　　　　　）────　ひきおこすこと。

90. 首肯　（　　　　　）────　うなずくこと。もっともだと納得し認めること。

91. 逡巡　（　　　　　）────　ためらうこと。しりごみすること。

92. 昇華　（　　　　　）────　物事が高尚なものにまで高められ変化すること。

93. 憧憬　（　　　　　）────　めざすものを手にしたい，理想とする状態に達したいと
　　　　　　　　　　　　　　　強く望む気持ち。あこがれ。どうけい。

94. 成就　（　　　　　）────　できあがること。望みなどがかなうこと。成し遂げるこ
　　　　　　　　　　　　　　　と。

95. 悄然　（　　　　　）────　元気がない様子。しょげているさま※。

96. 蕭然　（　　　　　）────　ひっそりとしてもの寂しい様子※。

97. 竦然・悚然　（　　　　　）─　びくびくする様子。ぞっとする様子※。
　　　　　　　　　　　　　　　※以上三つの意味の違いと字の違いに注意！

98. 象徴　（　　　　　）────　抽象的な事柄を，具体的な形をもったもので表現するこ
　　　　　　　　　　　　　　　と。シンボル。

99. 常套　（　　　　　）────　同じような物事をする際に，決まってとられるいつもの
　　　　　　　　　　　　　　　やり方。

100. 称揚　（　　　　　）────　大いにほめる，ほめあげる，ほめたたえること。

101. 渉猟　（　　　　　）────　広い範囲の書物に目を通すこと。

102. 庶幾　（　　　　　）────　こい願うこと。望み願うこと。

103. 所与　（　　　　　）────　他から与えられること。与えられたもの。特に，解決す
　　　　　　　　　　　　　　　べき問題の前提として与えられたもの。

104. 四六時中　（　　　　　）──　一日中。始終。「二六時中」とも。

105. 箴言　（　　　　　）────　教訓や戒めとなる短い言葉。

106. 真摯　（　　　　　）────　一生懸命でひたむきに打ちこむ姿。まじめ。

107. 斟酌　（　　　　　）────　周囲への配慮，考慮をすること。

108. 推敲　（　　　　　）────　詩や文章をよくしようと何度も考え，作り直して，苦心
　　　　　　　　　　　　　　　すること。

109. 趨勢　（　　　　　）────　物事がこれからどうなってゆくかという，ありさま。な
　　　　　　　　　　　　　　　りゆき。

110. 寸毫　（　　　　　）────　ほんのわずか。ごく少し。

111. 脆弱　（　　　　　）────　もろく弱いこと。

112. 制肘 （　　　　　　）——— あれこれと他人に干渉して自由を妨げること。

113. 絶対 （　　　　　　）——— 他に並ぶもののないこと。←→相対。

114. 羨望 （　　　　　　）——— うらやましいと思うこと。

115. 相克（相剋）（　　　　　　）— たがいに相手に打ち勝とうと争うこと。

116. 相対 （　　　　　　）——— 他との関係において在るもの。←→絶対。

117. 齟齬 （　　　　　　）——— 意見や事柄がくいちがって，合わないこと。くいちがい。

118. 岨道 （　　　　　　）——— けわしい山道。

119. 忖度 （　　　　　　）——— 相手の気持ちを推し量ること。

120. 卓越 （　　　　　　）——— 他よりもはるかにすぐれていること。

121. 卓見 （　　　　　　）——— 優れた意見。

122. 断腸 （　　　　　　）——— 極めて悲しく感じること。（〜の思い）

123. 端的 （　　　　　　）——— 明白なさま。てっとり早く核心にふれるさま。

124. 耽溺 （　　　　　　）——— ふけりおぼれる。他を顧みず夢中になること。

125. 耽読 （　　　　　　）——— 夢中になって読みふけること。

126. 丹念 （　　　　　　）——— 心をこめて念入りにすること。細かいところまで注意して丁寧にすること。

127. 知己 （　　　　　　）——— 自分の心を理解してくれる人。

128. 知悉 （　　　　　　）——— 知りつくすこと。

129. 蟄居 （　　　　　　）——— 家の中に閉じこもって外出しないこと。

130. 中枢 （　　　　　　）——— 中心となる大切なところ。重要な部分。根本。

131. 鳥瞰 （　　　　　　）——— 高い見地から全体を見渡すこと。

132. 凋落 （　　　　　　）——— 勢いが衰えおちぶれること。

133. 佇立 （　　　　　　）——— たたずむこと。しばらくの間立ちどまること。

134. 椿事 （　　　　　　）——— 思いがけないこと。珍事。

135. 陳腐 （　　　　　　）——— ありふれていて，古くさくつまらないこと。

136. 通暁 （　　　　　　）——— すみずみまで非常にくわしく知ること。

137. 痛哭 （　　　　　　）——— たいそう嘆き悲しむこと。

138. 低回 （　　　　　　）——— 思いにふけりながら，ゆっくりと歩き回ること。
　　　　低徊・彽徊

139. 諦観 （　　　　　　）——— 悟りあきらめた態度。欲を断ち超然とする様子。

140. 天稟 （　　　　　　）——— 生まれもった才能。

141. 当為 （　　　　　）――― 「あること，あらざるを得ないこと」に対して「あるべきこと，なすべきこと」の意。（哲学用語）←→存在。

142. 韜晦 （　　　　　）――― 自分の才能，地位などを隠し，くらますこと。また，姿を消すこと。行方をくらますこと。

143. 恫喝 （　　　　　）――― おどして，恐れさせること。

144. 慟哭 （　　　　　）――― 悲しみで大声をあげて泣き叫ぶこと。

145. 洞察 （　　　　　）――― 目に見えない物事を見通す。本質まで見抜くこと。

146. 踏襲 （　　　　　）――― 前のやりかたを受け継いでそのとおりにやること。

147. 撞着 （　　　　　）――― 突き当たる。二つのものが互いにぶつかる。

148. 瞠目 （　　　　　）――― 目をみはる。注目する。

149. 生半可 （　　　　　）――― 物事がいい加減で十分でないこと。未熟。不十分。中途半端。

150. 捏造 （　　　　　）――― 根も葉もないことをでっちあげること。

151. 野点 （　　　　　）――― 野外で茶をたてること。

152. 伯仲 （　　　　　）――― 力がつりあっていて優劣がつけられないこと。

153. 跋文 （　　　　　）――― 書物の，または文章の後に書く文。あとがき。

154. 反芻 （　　　　　）――― 一度飲み込んだ食物を再び口中にもどし，よくかんでからまた飲み込む（牛などが行う）こと。転じて，繰り返し考え，味わうこと。

155. 煩慮 （　　　　　）――― 思いわずらうこと。

156. 畢竟 （　　　　　）――― つまるところ。結局。

157. 逼塞 （　　　　　）――― 落ちぶれて閉じこもる。世間をはばかって生活する。

158. 飄逸 （　　　　　）――― 世事を気にせず，明るく世間離れした趣があること。

159. 剽軽 （　　　　　）――― 気軽でこっけいなこと。

160. 稟性 （　　　　　）――― 生まれつきの性質。

161. 吹聴 （　　　　　）――― あちこち言いふらすこと。声高に人に言いふらすこと。

162. 敷衍 （　　　　　）――― 意味をおし広げて説きあかす。もっと発展させて詳しく述べる。

163. 俯瞰 （　　　　　）――― 高いところから広い範囲を見おろし眺めること。

164. 払拭 （　　　　　）――― 一掃してしまうこと。ぬぐいはらうこと。

165. 不抜 （　　　　　）――― 心の持ち方がしっかりしていて，動揺しないこと。

166. 無聊 （　　　　　）——— たいくつ。することがなくてひまなこと。

167. 僻見 （　　　　　）——— かたよった見方。

168. 偏狭 （　　　　　）——— 心がかたよってせまいこと。

169. 偏頗 （　　　　　）——— かたよって不公平なこと。片手落ち。えこひいき。

170. 豊饒 （　　　　　）——— 土地が肥沃で，作物の実りがよいこと。

171. 豊穣 （　　　　　）——— 穀物がよく実ること。豊年。

172. 髣髴 （　　　　　）——— ありありと思い浮かべるさま。彷彿とも書く。

173. 放埒 （　　　　　）——— 勝手気ままにふるまうこと。

174. 微塵 （　　　　　）——— ほんのわずか。少し。

175. 無垢 （　　　　　）——— けがれのないさま。

176. 無謬 （　　　　　）——— 誤りがないこと。

177. 銘記 （　　　　　）——— 深く心に刻み込んで忘れないこと。

178. 名状 （　　　　　）——— そのありさまを言いあらわすこと。

179. 模糊 （　　　　　）——— ぼんやり見えるさま。ぼんやりしていること。

180. 門外漢 （　　　　　）——— そのことについて専門ではない人。転じて，それに直接
携わっていない人。

181. 揶揄 （　　　　　）——— あざけりからかうこと。

182. 所以 （　　　　　）——— よりどころ。ことの理由。わけ。

183. 揺曳 （　　　　　）——— ゆれてたなびくこと。

184. 容喙 （　　　　　）——— 横合いから差し出がましく介入する。

185. 夭折 （　　　　　）——— 若くして死んでしまうこと。

186. 磊落 （　　　　　）——— 気が大きく朗らかで，小さいことにこだわらないこと。
さっぱりしていること。

187. 羅布 （　　　　　）——— 並べてしくこと。広くゆきわたること。

188. 濫觴 （　　　　　）——— 物事のはじまり。起源。

189. 凌駕 （　　　　　）——— 他をしのぐ。抜きんでた。

190. 寥々 （　　　　　）——— さびしいくらいに数が少ない。ひっそりしていてものさ
びしい。

191. 流布 （　　　　　）——— 広く世間にひろまること。

192. 怜悧 （　　　　　）——— かしこいさま。

193. 狼藉 （　　　　　）——— 乱暴なふるまい。無法な態度や行為をすること。

194. 狼狽　（　　　　　　　）──── うろたえる。あわてる。

195. 露呈　（　　　　　　　）──── むきだしにする。あらわにする。

《意味のわかりにくい言葉・言い回し》

　よく使われる言い回しではあるが，意味を聞かれると「えっ？」と思われるような言葉。ここではそういった言い回しを中心に挙げてみる。

あえかな────────────── か弱くたよりない。弱々しくてはかない。

あげくのはて（挙げ句の果て）──── とどのつまり。最後。結局。

あげつらう（論う）──────── 理・非，可・否を言い立てる。ささいな非などをことさらに取り立てて批判的に言う。

足を洗う────────────── 悪いことをやめてまじめになる。

あっけらかんと───────── 少しも気にせず，けろりとしている様子。

後の祭り────────────── （祭りのすんだ後。）つまり手遅れであるということ。

あらがう（抗う）──────── 強い力に反抗してあらそう。はむかう。抵抗する。

ありのすさび─────────── ある（いる）にまかせて，何となくなおざりにしていること。

一目（いちもく）おく────── 敬意を払う。（囲碁におけるハンデのルールより。）

一家言（いっかげん）────── その人独特の主張。独特の見識がある意見。

いっしょくた─────────── まぜこぜ。

いとけない（いとけなし）──── おさない。

いぶかしい（訝しい）────── 疑わしい。不審に思うさま。

因果（いんが）をふくめる──── やむを得ない事情を話してあきらめさせる。

うがつ（穿つ）──────── 物事や人情の隠れた真の姿に，たくみに触れる。世態や人情の機微を指摘する。

うけに入る────────────── 幸運に巡り合う。（有卦という七年間吉事が続く年回りに入る，ということから。）

後ろ髪を引かれる───────── 未練が残って思い切りにくい。心残りが多くて思い切れない。

うそぶく（嘯く）──────── とぼけて相手を無視するような態度をとる。豪語する。

うだつの上がらない───────── よい境遇に恵まれず，ぱっとしない。

うっちらかす─────────── ほったらかす。

うつつをぬかす	心を奪われる。夢中になる。冷静さを失い夢中になる。
うらはら（裏腹）	正反対なこと。あべこべ。隣接していること。背中合わせ。
えてして（得てして）	とかく，その傾向があること。ともすると。
えもいわれぬ	言い表すこともできぬ（ほど，すぐれている）。
襟を正す	気持ちをひき締める。
大手を振る	だれにもはばかることがない。大威張り。
おくゆかしい（奥ゆかしい）	上品で深みがあり，心がひきつけられる。深い心づかいが見えて慕わしい。
おこがましい（烏滸がましい）	さしでがましい。思い上がっている。馬鹿げていてみっともない。
おざなり	いいかげん。
おしなべて（押し並べて）	すべて一様に。総じて。おおむね。概して。
おぼつかない（覚束ない）	心細く，頼りない。心許ない。疑わしい。
おやみない（小止みない）	止むことなく続くさま。
かいもく（皆目）	ぜんぜん。まったく。
顧（かえり）みて他（た）をいう	まともに本筋に入ることをさけて，他のことを述べる。はぐらかす。
かこつ（託つ）	心が満たされない原因を何かにことよせて嘆く。ぐちを言う。うらんで言う。
かさ（嵩）にかかる	優勢をたのんで攻めかかる。相手を威圧する。
かっこう（恰好）の	ちょうどよい。ころあいの。
かまびすしい（喧しい・囂しい）	やかましい。さわがしい。
（～の）きらいがある（嫌いがある）	そういう（どちらかといえば好ましくない）傾向が認められる。
かみだのみ（神頼み）	神に祈って助けを請うさま。
勘定に明るい	勘定高い。計算高い。
歓心を買う	相手におもねる。迎合する。
間髪を入れず	わずかの時間もおかずに。
生一本（きいっぽん）	純粋でまじりけのない。
気ぜわしい	落ち着かずせっかちだ。

気のおけない	気が許せる間柄。
	※意味の取り違いをしないよう注意！
口うらを合わせる	話が食い違わないようにしめし合わせる。
口さがない	慎みなく口うるさく言う。他人に批評がましく，物言いが下品なこと。
口を糊する	やっと生計をたてる。なんとか食べて暮らしている。貧しい生活をする。
けだし（蓋し）	思うに。（当然，確定的な推定。）
けみする（閲する）	調べる。検査する。経過する。年月がたつ。
けむたがる	近づきにくく思う。
後生（こうせい）畏（おそ）るべし	後輩だが，今後大変な力量を発揮して，おそるべき大物になるかもしれない，ということ。
こきおろす	ひどくけなす。
こざかしい（小賢しい）	利口ぶって生意気。ずるくて抜け目ない。悪賢い。
言葉の綾（あや）	言葉のたくみな言い回し。
こともなげ（事も無げ）に	何事もないかのように平然としているようす。気にもせず無造作なさま。
殺し文句	相手をころっと参らせる言葉。
さばをよむ	数量をごまかす。
さもありなん	確かにそうだろう。それももっともだ。
さもしい	あさましい。いやしい。
三面記事	新聞の社会面の記事。（新聞が四ページだての時の構成がそうであったため。）
しお（潮）	あることをするのに適した時。よいころあい。潮時。
しさい（子細・仔細）	物事のくわしい事情のこと。
事大（じだい）主義	弱小な者が強大な者に従い，その権威・権力に盲従しやすい体質。
食指を動かす	ある物事に手を出そうとすること。自分のものにしたいという気を起こすこと。
如才（じょさい）ない	気が利く。あいそがいい。

象牙の塔	世俗から超然とした境地。学者や芸術家が世俗から離れ，研究や制作に陶酔すること。
すれっからし	世なれて悪がしこくなっているさま。
たおやか	姿，動作などが美しくしなやかなさま。しなやかでやさしいさま。
たかをくくる	物事を安易に予想し，見くびり，侮ること。
たけなわ（酣）	最もさかんなとき。真っ最中。
たたきあげる	苦労をして一人前になる。
伊達や酔興	見栄や物好きで（やっているのではない）。
血道をあげる	色恋や道楽に夢中になって，のぼせあがること。
つきなみ（月並）	平凡でありふれた様子。
つつがない	無事である。病気がない。
つとに（夙に）	早くから。だいぶ以前から。（朝早く。）
問うに落ちず語るに落ちる	聞かれたときには意識して明かさなかったような事柄も，聞かれもしないときに，つい自分の方からもらしてしまうものである。（後半の「語るに落ちる」のみで，「勝手に自分から本当のことを白状する」という意味で使うことが多い。）
度しがたい	まったく救いようがない。
どだい	もともと。元来。根本から。
とりざた	うわさ。風評。
とりつくしまもない	頼りにしてとりすがる所がなくどうしようもない。
ないがしろ（蔑ろ）	相手を蔑んで問題にしないこと。
なくもがな	（できるならば）ないほうがいい。
似て非なる	外見は似ていながら，その内容は違っている。にせものである。
二の次	重要でないこと。後回し。
ぬか喜び	あてはずれの期待，喜び。無駄になった喜び。
ぬぐう（拭う）	ふいてきれいにする。ふきとる。
のたうつ	苦しくてころがり回る。苦しんでもがく。
のっけ	最初。初め。

はしたない	たしなみがなく，不作法だ。つつしみがなく，見苦しい。
ひとかどの	（一つの方面で）並はずれてすぐれていること。立派な。一人前の。
一旗揚げる	新たな運命，人生を切り開くこと。新たにことを起こすこと。
ひとりごつ（独り言つ）	ひとりごとを言う。（「ひとりごと」の動詞形）
ほぞを固める	覚悟する。決心する。
まがまがしい（禍々しい）	災いをもたらしそうだ。いまわしい。
まつろう（服う・順う）	従うこと。服従すること。
まなかい（眼間・目交）	目と目の間。転じて目の前。
身もふたもない	露骨すぎて味わいも何もない。
めくるめく	目がまわる。目がくらむ。
蒙をひらく	道理に暗いのを教えて道筋をつけてやる。
勿怪（もっけ）の幸い	意外な，予想外の幸運。
野（や）に下る	官職をやめて民間の生活にはいる。
やぶさかではない（やぶさかでない）	少しも惜しまない。快く物事をする。
ゆかり（所縁・縁）	なんらかの関わり合い。つながり。関係。
和して同ぜず	他人との調和をはかりつつ，むやみに他人と同調しない。

4 　慣用句

日常のさまざまな場面において使われる慣用句。主だったものを挙げておく。

青くなる	驚いたりおびえたりする。
青筋を立てる	興奮して，激しく怒る。
赤の他人	まったくの他人。
白（しら）を切る	わざと知らないふりをする。
白い目で見る	敵意を含んだ目つきで冷たく見る。
白紙で臨む	先入観にとらわれずに事にあたる。
白紙に戻す	それまでのいきさつをすべてなかったことにして元の状態に戻す。
一から十まで	何から何まで。

二足の草鞋をはく――――――――二種類の仕事を一人で兼ねる。

二の足を踏む――――――――――悪い結果が予想され，しりごみする。

二の舞――――――――――――――前の人の失敗をもう一度繰り返すこと。

二枚舌を使う――――――――――その場に合わせて矛盾したことを平気で言う。

四の五の言う（しのごの…）―――あれこれとめんどうなこと（文句）を言う。

四つに組む（よつに…）―――――両者が全力で堂々と正面から戦う。

五本の指に入る―――――――――その存在が非常にきわだっている。

八方破れ――――――――――――すきだらけの様子。

九死に一生を得る――――――――ほとんどが助かる見込みのない命がかろうじて助かる。

十指（じっし）に余る―――――――何かに該当する物事を数えると，かなりの数になる。

顎（あご）が外れる―――――――大笑いをする様子。

顎で使う――――――――――――横柄な態度で人を使う。

顎を出す――――――――――――ひどく疲れる。

足が重い――――――――――――行かなければいけないと思いながらも気がすすまない様子。

足が付く――――――――――――犯行がばれる。逃げた足取りがわかる。

足が早い――――――――――――食べ物が腐りやすい。商品の売れ行きがよい。

足が棒になる――――――――――歩いて足が疲れる。

足下を見る――――――――――――相手の弱みにつけ込む。

足を洗う――――――――――――よくない仕事から離れる。

足を奪われる――――――――――交通手段がなくなる。

足をすくう――――――――――――すきを狙い失敗させる。

足を伸ばす――――――――――――予定より遠くへ行く。

足を引っ張る――――――――――他人の邪魔をする。

足を向けて寝られない―――――――恩を受けた人に感謝の気持ちを表す言葉。

頭の上の蠅も追えぬ―――――――自分一人の始末さえできない。

頭をはねる――――――――――――他人の利益の一部をかすめ取る。

頭を丸める――――――――――――髪を剃って僧になる。

腕が立つ――――――――――――技芸，特に武芸が優れている。

顔色を見る――――――――――――相手の気持ちの動きを推測するため表情を探る。

顔を立てる――――――――――――人の面目を保たせる。

口が掛かる	仕事の誘いがかかる。
口が堅い	言ってはいけないことをむやみにしゃべらない。
口が軽い	よくしゃべる。言ってはいけないことを不用意に言う。
口が酸っぱくなる	繰り返して言うさま。
口がすべる	うっかり言ってしまう。
口が減らない	負け惜しみを言う。
口が曲がる	恩を受けた人の悪口を言うと口がゆがむから言ってはいけない。食べ物の味が極端だ。
口から先に生まれる	おしゃべり。
口も八丁手も八丁	言うこともすることも達者である。
口をきく	人の間に立って関係がうまくいくようにとりもつ。
口を拭う	悪いことをしていながら，そ知らぬふりをする。
口を割る	隠していたことを自白する。取り調べで自白する。
首が飛ぶ	免職になったり解雇されたりする。
首が回らない	借金が多くてやりくりがつかなくなる。
首を長くする	今か今かと，待ち遠しく思う。
腰が低い	他人に対してへりくだる。
腰を抜かす	驚きで動けなくなる。
舌を出す	陰で相手をばかにする。自分の失敗に照れる動作。
舌を巻く	あまりのみごとさにひどく感心したり，あきれたりする。
尻が青い	年が若く経験が乏しい。
尻が暖まる	同じ場所に長い間落ち着いている。
尻が長い	人の家を訪問して長居する。
尻に敷く	妻が夫を従わせ，いばる。
尻に火がつく	物事が非常に切迫する。
尻をまくる	腹を立て，けんか腰になる。
爪を研ぐ	野心を遂げようと機会をねらう。
手が上がる	技術が上達する。
手があく	仕事がかたづいて暇になる。
手に汗を握る	緊張してはらはらする。
手に余る	もてあます。

手に乗る	相手の策にひっかかる。
手の裏を返す	情勢により，がらりと態度を変える。
手も足もでない	困り果てている様子。
手を打つ	話し合いをつける。
手を切る	関係を断つ。
手をこまぬく（拱く）	何もしないでただ傍観する。（「手をつかねる」とも。）
手を染める	物事をやり始める。
手を濡らさず	骨を折らずに。
手を焼く	もてあます。
鼻が高い	得意である。
鼻白む（はなじろむ）	気おくれ，興ざめした顔つきをする。
鼻っ柱が強い	向こう意気が強く，頑固で譲らない。
鼻であしらう	相手をばかにして，いいかげんに扱う。
鼻で笑う	小ばかにして笑う。
鼻にかける	自慢し得意になる。
鼻に付く	飽きて嫌になる。
鼻持ちならない	嫌な感じがしてがまんできない。
鼻も引っかけない	全く相手にしない。
鼻を明かす	出し抜いて驚かせる。
鼻を折る	高慢な相手をくじく。
鼻を突き合わせる	近く寄り合う。
鼻を鳴らす	甘える。
腹が黒い	心根が悪い。
腹が太い	度量がある。
腹を抉る	相手の意中を見通し，鋭く追及する。
へそで茶をわかす	おかしくてたまらない。
へそを曲げる	機嫌を悪くし，相手の言うことをきかない。
眉唾もの	あやしいもの。
眉をひそめる	心配や不快のために顔をしかめる。
耳が痛い	弱点をつかれたため聞くのがつらい。
耳が早い	情報を聞くのが素早い。

耳に逆らう	自分への忠告を不愉快に感じる。
耳に障る	聞いていて不快に感じる。
耳にたこができる	同じことを何度も聞かされうんざりする。
耳に付く	音や声が気になる。聞いたことが忘れられない。
耳を疑う	思いがけないことを聞き，真偽を疑う。
耳を貸す	相手の話を聞こうとする。
耳を澄ます	注意してじっと聞く。
耳を揃える	金額を不足なく調える。
耳を塞ぐ	意図的に聞かないようにする。
胸が痛む	悲しみや心配で耐えがたい。
胸に一物	口には出さないが心の中にたくらむことがある様子。
胸を借りる	力のまさった相手に，積極的に戦いを挑む。
胸を膨らませる	喜びや期待が心に満ちあふれる。
目がきく	物事を見わける力がある。
目が肥える	見分ける力がある。
目が高い	物を識別する力がすぐれている。
目もくれない	見むきもしない。無視する。
犬の遠吠え	臆病者が空いばりする。
犬も食わない	だれからもまったく相手にされない。
犬馬の労を取る	他人のために自分を犠牲にして尽くす。
牛のよだれ	だらだらと長く続くこと。
牛を馬に乗り換える	様子を見て，有利な方につく。
鵜（う）の目鷹（たか）の目	何かを探し出そうとして注意深く見回す様子。
馬が合う	気が合う。意気投合する（気心が合い，うまくやっていける）。
馬の背を分ける	夕立などがごく一部の地域で降ること。
馬の骨	身元がわからない者をあざける言葉。
馬脚を現す	いつわり隠していたことが表に出る。
雀の涙	ほんのわずかしかないこと。
脱兎の勢い	何かを目指し，また何かから逃げようと素早く駆ける。
鶴の一声	権力者の一言で多くの人が直ちに従うこと。

猫の手も借りたい	非常に忙しくて人手が一人でも多く欲しい様子。
猫の額	土地や庭がたいへん狭いこと。
猫の目のよう	物事がその時々の事情によって目まぐるしく変わる様子。
猫も杓子も	だれもかれもみな。
猫をかぶる	本性を隠しておとなしく見せかけること。
鼠に引かれそう	家に一人だけでいる様子。
袋の鼠	逃げ場のない状態。
蜂の巣をつついたよう	騒ぎが大きくなって手のつけようのない状態。
ふさぎの虫	気が晴れないで沈んでいる様子。
虫がいい	ずうずうしい。
虫が知らせる	嫌な予感がする。
虫酸（むしず）が走る	不快なものに接して，嫌でたまらない気持ちがする。
虫も殺さない	優しい性質。
まないたの鯉	されるがままになるほかにしかたがないこと。
雨後の筍（たけのこ）	似たようなものがぞくぞくと出てくること。
うどの大木	体が大きいばかりで役に立たない人のこと。
木で鼻をくくる	ひどく無愛想にあしらうこと。
木に竹を接ぐ	ちぐはぐなこと。
ごまめの歯ぎしり	力のないものがやたらに悔しがること。
他人の飯を食う	他人の間で生活し，実社会の経験を積む。
濡れ手で粟	苦労せずやすやすと多くの利益を得ること。
堂に入る	学問や技芸がすぐれている。
暖簾（のれん）に腕押し	こちらが積極的でも相手がいいかげんで少しも手応えのないこと。
針のむしろ	いつも苦しめられる，つらい立場のこと。
真綿で首を締める	じわじわと遠回しに苦しめる。
昔取った杵柄	昔修業して鍛えた得意の腕前のこと。
無用の長物	あっても何の役にも立たない無駄なもの。
気がおけない	気を遣う必要がなく，気楽につきあえる。
贔屓（ひいき）の引き倒し	ひいきしすぎてかえってその人に迷惑をかけること。

ミイラ取りがミイラになる────── 働きかけた者が逆に相手方に引き入れられてしまうこと。

焼け石に水────────────── 少しぐらいの援助・努力では全く効き目がないこと。

弱り目に祟（たた）り目─────── 悪いことにさらに悪いことが重なること。

■古文の重要語句

古文を理解する上で，現在と意味の異なる語句がある。以下にその主なものを挙げておくので参考にしてもらいたい。

I 古今異義語

あからさま───────────── ①急である。②かりそめだ。ちょっと。

あきらむ─────────────── ①事情・理由を見きわめ，明らかにする。②気持ちを晴らす。

あさまし─────────────── ①あきれることだ。②思いがけない。③情けない。

あそび──────────────── ①（「あそぶ」の名詞化）音楽を奏すること。②管絃の遊び。

あだ───────────────── ①むだだ。たよりない。②誠実でない。うわついている。

あたらし─────────────── 惜しい。もったいない。

あながちに────────────── むやみに。ひどく。

あはれ──────────────── ①しみじみとした情趣がある。②美しい。すばらしい。③やさしい。④もの悲しい。

あやし──────────────── ①不思議だ。②不都合だ。③見苦しい。④卑しい。

ありがたし────────────── ①めったにない。②困難だ。③尊い。

いそぎ──────────────── ①急ぐこと。②したく。用意・準備。

いたづら─────────────── ①無益だ。役に立たない。②何の趣もない。

いつしか─────────────── 早く。早く……したい。

いとほし─────────────── ①気の毒だ。かわいそうだ。②かわいい。

いまいまし────────────── ①慎むべきだ。②不吉だ。

うつくし─────────────── ①かわいらしい。②愛らしく美しい。

うるさし─────────────── めんどうだ。わずらわしい。

うるはし─────────────── ①端正だ。きちんとしている。②親しい。

おこたる	病気が快方に向かう。
おとなし	①おとなびている。年配だ。②分別がある。③おもだった。④穏やかだ。温和だ。
おどろく	①はっと気づく。②目をさます。
おのづから	①自然に。②たまたま。偶然。③まれには。④万一。もしも。
おぼつかなし	①よくわからない。ぼんやりしている。②気がかりだ。心配だ。③待ち遠しい。
おぼろけ	①ありきたりだ。普通だ。②ひとかたでない。格別だ。
おもしろし	趣がある。風流だ。
おろか	①おろそかだ。②不十分だ。③愚かしい。
かしこし	①恐れ多い。ありがたい。②恐ろしい。③盛大だ。すぐれている。
かたくな	①がんこだ。②教養がない。③粗野だ。
かたち	①容貌。顔だち。②美しい顔だち。
かたはらいたし	①みっともない。いやだ。②気の毒だ。
かなし	①かわいい。いとしい。②感動的だ。すばらしい。
くまなし	①明るく陰がない。②何でも知っている。
ここら・そこら	①たくさん（数量）。②たいそう（程度）。
こころづくし	①もの思いをすること。②気をもむこと。
こころにくし	奥ゆかしい。心ひかれる。
ことわる	①判断する。②事情を説明する。
さうざうし	①さびしい。②ものたりない。
さながら	①そのまま。②そっくり。全部。
すごし	①無気味だ。②ものさびしい。
すさまじ	①興ざめだ。②殺風景だ。ものたりない。
せめて	①しいて。②はなはだしく。非常に。
たえて	（下に否定語を伴って）いっこうに。まったく。
つれなし	①そ知らぬ様子だ。平気だ。②何の変化もない。③冷淡だ。よそよそしい。
年ごろ	数年来。長年。
なかなか	①なまじ（……だ）。②かえって（……だ）。

ながむ	①ぼんやりもの思いにふける。②歌などを詠む。
なつかし	①心ひかれる。②親しみが持てる。
など・なに	どうして・なにゆえ
なほ	①やはり。あいかわらず。②その上。いっそう。
なまめかし	優美だ。みずみずしく美しい。
ならふ	①慣れ親しむ。習慣となる。②まねをする。
にほひ	①艶のある美しさ。気品。②美しい色。③立派さ。
ねんず	①心中に祈る。②じっとがまんする。
ののしる	①大騒ぎをする。②評判になる。③勢力がある。
はかなし	①頼りない。②とりとめもない。つまらない。
はしたなし	①中途半端だ。②体裁が悪い。③ひどい。
はづかし	①気がひける。②立派だ。すばらしい。
ふつつか	①太くしっかりしている。②ぶかっこうだ。
まもる・まぼる	①じっと見つめる。見守る。②守る。
むつかし	①不快だ。②煩わしい。③気味が悪い。
めざまし	①すばらしい。②気に入らない。心外だ。
めづらし	①賛美すべきである。②愛らしい。かわいい。
めでたし	すばらしい。立派だ。
やうやう・やや	①しだいに。②だんだんと。
やさし	①つらい。②恥ずかしい。③優美だ。殊勝だ。
やがて	①そのまま。②すぐに。
よに	たいそう。実に。
よろこび	任官や昇進のお礼・お祝い。
ゐる	①（居る）すわる。②（率る）伴う。連れる。
をかし	①風情がある。②興味深い。③美しい。
をこがまし	①ばかばかしい。②出しゃばりだ。

Ⅱ 古文特有の語

あいなし	①かわいげがない。②おもしろくない。
あぢきなし	①無益だ。甲斐がない。②つまらない。
あて	①高貴だ。②上品だ。

あへなし	①期待はずれだ。②どうしようもない。
あやなし	道理に合わない。理解できない。
あらまほし	①そうありたい。②好ましい。理想的だ。
いう	①すばらしくよい。②優美だ。優雅だ。奥ゆかしい。
いぎたなし	寝坊である。なかなか目をさまさない。
いたし	①ひどい。②つらい。③すぐれている。立派だ。
いとど	いよいよ。ますます。いっそう。
いはけなし	子供っぽい。あどけない。
いまめかし	現代風ではなやかだ。気がきいている。
いみじ	①はなはだしい。②立派だ。すばらしい。③ひどい。とんでもないことだ。
うたてし	①いやだ。感心しない。②情けない。気の毒だ。
おどろおどろし	①恐ろしい。不気味だ。②おおげさだ。
おぼゆ	①思われる。感じる。②思い出す。想像される。③似る。おもかげがある。
おぼろけ	①なみひととおりだ。ふつうだ。②格別だ。
かごとがまし	①うらみがましい。②ぐちっぽい。
きは	①端。さかいめ。②限り。最後。③身分。④場合。時。
きよら	清らかで美しい。
ぐ（具）す	連れていく。行く。いっしょに行く。
けう（希有）	めったにない。ふしぎだ。
けうとし	①気味が悪い。②うとましい。
こう（困）ず	（肉体的に）疲れる。苦しむ。
こころづきなし	気に入らない。不愉快だ。
こちたし	①煩わしい。②おおげさだ。③ひじょうに多い。
ことさむ	興がさめる。しらける。
さかし	①すぐれている。②しっかりしている。気が強い。
さがなし	①意地が悪い。②いたずらである。
さすがに	そうはいってもやはり。
さはる	さしつかえる。邪魔される。
さらなり	言うまでもない。もっともだ。

しろ（著）し	はっきりしている。目立つ。
すきずきし	風流だ。
すずろ	①何となく……だ。②むやみに……だ。③無関係だ。④思いがけない。
たのむ	①（四段）あてにする。頼みにする。②（下二段）あてにさせる。頼みに思わせる。
たれこむ	家の中にとじこもる。
つとめて	①早朝。②翌朝。
つれづれ	①何もすることがないさま。②手持ちぶさたなさま。③しんみりとさびしいさま。
ところせし	①狭い。②窮屈だ。③堂々としている。立派だ。
とし	①（速度が）速い。②（時間が）早い。③鋭敏だ。
なづむ	①こだわる。②悩み苦しむ。③執着する。
なでふ（ジョウ）	どんな・なんという。
なのめ	①ひととおりだ。普通だ。②いいかげんだ。
なほざり	①いいかげんだ。②適度だ。
なめし	失礼だ。無作法だ。
ねぶ	①成長する。おとなびる。②年をとる。ふける。
はかばかし	①はっきりしている。②しっかりしている。
はつか	わずかだ。かすかだ。
ひがひがし	①ひねくれている。道理を知らない。②調子がおかしい。普通ではない。
ひとわろし	みっともない。きまりが悪い。
びんなし	①都合が悪い。②けしからん。③気の毒だ。
ほい（本意）	①本来の志（希望）。②目的。
ほいなし	①残念だ。不本意だ。②気に入らない。
まさなし	①よくない。正しくない。②みっともない。
まらうと	客人。客。
みそか	こっそり。ひそか。
みや（雅）び	上品で優雅なこと。風流。
むげ	①まったくひどい。②身分が卑しい。

むすぶ	①構えつくる。②手ですくう。
めやすし	見苦しくない。感じがよい。
やむごとなし	①尊い。②なみなみでない。③大切だ。
ゆかし	①見たい。聞きたい。知りたい。②慕わしい。
ゆゆし	①神聖で恐れ多い。②不吉だ。③はなはだしい。④恐ろしい。ひどい。⑤立派だ。
よしなし	①理由がない。②方法がない。③つまらない。
らうたし	かわいらしい。かれんだ。
わりなし	①道理に合わない。②苦しい。③是非もない。

Ⅲ　対になる語

あだ	移り気で誠意のないさま。はかない。無駄だ。
まめ	誠実で実直なさま。熱心だ。じょうぶだ。
いぎたなし	寝坊なこと。ぐっすり眠りこんでいるさま。
いざとし	すぐに目をさますさま。
いも	男性から，妻・恋人・姉妹などを呼ぶ語。
せ	女性から，夫・恋人・兄弟などを呼ぶ語。
うしろめたし	気がかりだ。心配だ。不安だ。
うしろやすし	安心だ。心配がない。
うつつ	現実。気の確かな状態。
ゆめ	夢。はっきりしない状態。
つきづきし	似つかわしい。ふさわしい。
つきなし	不似合いだ。どうしようもない。
みぐるし	見苦しい。みっともない。
めやすし	無難だ。感じがよい。立派だ。
よし	たいへんすぐれている。身分・教養が高い。
よろし	ふつうである。悪くはない。
わろし	ふつうより悪い。劣っている。感心しない。
あし	ひどく悪い。不快だ。

Ⅳ 慣用的な連語

あ（飽）かず	ものたりない。心残りだ。
あなかま	ああ，やかましい。しずかに。
あらぬ	違う。別の。思いがけない。
ありける	いつもの。例の。以前の。
ありつる	先程の。もとの。例の。
いふかひなし	情けない。みすぼらしい。価値がない。
いはむかたなし	言いようがない。
えさらず	避けることができない。
えならず	何ともいえずすばらしい。
えもいはず	①はなはだしい。ふつうでない。②言いようもなくすばらしい。
音に聞く	うわさに聞く。人づてに聞く。
けしからず	異様だ。常識はずれだ。ひどい。
さても	①(副詞)そういう状態でも。②(接続詞)ところで。さて。
さらでも	そうでなくても。
さらなり	言うまでもない。
さらぬ	①それ以外の。平気な。②避けられない。
さりとも	それにしても。いくらなんでも。
さりぬべし	当然だ。ふさわしい。立派だ。相応だ。
さるは	それというのは。だがしかし。
さるべき	「さりぬべき」と同意。(「さりぬべき」のほうが強調した言い方。)
さるものにて	一応もっともであって。もちろんで。
しかず	(〜に) 及ばない。(〜に) 越したことはない。
せむかたなし	どうしようもない。
な（名）にお（負）ふ	①名としてもつ。②有名である。評判である。
ひとやりならず	だれのせいでもない。自分からしたことだ。
ややもせば	ともすれば。ややもすると。
やらむかたなし	心を晴らしようがない。
ゆふ（夕）さる	夕方になる。

ようせずは────────	もしかすると。悪くすると。
世をそむ（背）く────────	出家する。俗世間を捨てる。
れいならず────────	ふつうでない。病気だ。

V　呼応の副詞

さらに・つゆ────────	下に打消語（「ず」「なし」など）を伴って，その打消の意味を強める。「けっして・全然・すこしも・まったく……ない」の意。
をさをさ────────	打消語を伴って，ほとんど……ない。
な────────	「な……そ」の形で，禁止の意を表す。相手に頼みこむような禁止の意（……てくれるな）で，不可能なことをあえて禁止したい気持ちを表す場合が多い。
ゆめ────────	「ゆめ……な」の形で，強い禁止の意（けっして……な）を表す。
え────────	下に打消語を伴って，不可能の意（……することができない）を表す。
よも────────	下に打消推量の助動詞（「じ」「まじ」）を伴って，「まさか……ないだろう」「よもや……ことはあるまい」の意を表す。
よし────────	「よし……とも」の形で，「たとえ……ても」という仮定の意を表す。
いかで────────	下に「む」「ばや・がな」を伴って，強い意思，強い願望の意（なんとかして……よう）を表す。
いさ────────	下に「知らず」を伴って，「さあどうだかわからない」の意になる。

演習問題

No.1 （解答 ▶ P.16）

次のA～Eの語群の中で，下線部分の漢字の読みが他と異なるものをそれぞれア～エの中から選んだ場合の組合せとして，最も適当なのはどれか。

A　ア　<u>行</u>幸　　イ　<u>行</u>状　　ウ　<u>行</u>住　　エ　<u>行</u>脚
B　ア　<u>回</u>顧　　イ　<u>回</u>向　　ウ　<u>回</u>教　　エ　撤<u>回</u>
C　ア　荘<u>厳</u>　　イ　<u>厳</u>父　　ウ　<u>厳</u>重　　エ　戒<u>厳</u>
D　ア　殺<u>生</u>　　イ　<u>生</u>粋　　ウ　<u>生</u>涯　　エ　<u>生</u>国
E　ア　<u>庫</u>裏　　イ　国<u>庫</u>　　ウ　書<u>庫</u>　　エ　在<u>庫</u>

	A	B	C	D	E
①	イ	エ	ア	エ	ア
②	ウ	ウ	エ	エ	エ
③	ウ	イ	イ	ア	エ
④	エ	ウ	イ	イ	イ
⑤	エ	イ	ア	イ	ア

次の文の組合せのうち，下線部の漢字の用法が２つとも正しいのはどれか。

① 太陽の日差しを浴びて草木が<u>生長</u>する。

　長時間にわたり，ご<u>清聴</u>いただき感謝いたします。

② 昔をふりかえり<u>懐古</u>録を執筆する。

　不況のため大量の人員が<u>回顧</u>された。

③ 黒板に左右<u>対照</u>な図形を描いた。

　平安時代の文学を研究<u>対象</u>とする。

④ 企業は利潤を<u>追究</u>し活動する。

　事故の責任を徹底的に<u>追及</u>する。

⑤ 世の転変に諸行<u>無情</u>を感じる。

　彼は今，<u>無常</u>の喜びを感じている。

No.3

（解答 ▶ P.16）

次のA～Eのうち, 下線部のカタカナを漢字に改めたとき, 双方の漢字が同一であるものを選んだ組合せとして, 妥当なのはどれか。

A　抵抗を<u>ハイ</u>して強行する。―――虚礼を<u>ハイ</u>する。

B　呪文を<u>トナ</u>える。―――進化論を<u>トナ</u>える。

C　洗濯物が<u>カワ</u>く。―――のどが<u>カワ</u>く。

D　必勝を<u>キ</u>する。―――努力も水泡に<u>キ</u>する。

E　夜を<u>テッ</u>して作業する。―――脇役に<u>テッ</u>する。

① A　C

② A　D

③ B　D

④ B　E

⑤ C　E

次のA～Eの四字熟語のうち， 説明が妥当なもののみを挙げているのはどれか。

A 堅忍不抜_{けんにんふばつ}：無理に耐え忍ぶと，かえってうまくいかなくなることのたとえ。

B 玉石混交_{ぎょくせきこんこう}：よいものと悪いものとが入りまじっていることのたとえ。

C 臥薪嘗胆_{がしんしょうたん}：目的を達成するために厳しい苦労や努力をすることのたとえ。

D 晴耕雨読_{せいこううどく}：俗事にわずらわされず，悠々自適に暮らすことのたとえ。

E 閑話休題_{かんわきゅうだい}：むだばなしをしながら，休むことのたとえ。

① A B C

② A C E

③ A D E

④ B C D

⑤ B D E

次の四字熟語の□にはすべて動物を表す漢字が入るが，これらのどれにも該当しないものはどれか。

□視眈々　　竜頭□尾　　□口牛後　　□突猛進

① 猪

② 鶏

③ 馬

④ 蛇

⑤ 虎

文章理解
（国語）

概説

1　現代文

●**文章の種類**　(1) **評論** − 物事の価値，優劣などを批評し，意見を述べたもの。

(2) **随筆** − 見聞，感想などを自由な形式の文章に表したもの。

(3) **小説** − 作者の想像力によって人物，事件などを通して，人生や社会の真実を描き出そうとするもの。

現代文については，およそ上に挙げた3つのジャンルの文章が使用され，要旨，論旨を問うもの，内容から考えられる標題（タイトル）づけ，傍線部の意味を問うものなどが出題され，中でも要旨，論旨を問う問題が多い。各ジャンルで書かれる内容，目的に違いがあるので，問題を解くときの参考にしてもらいたい。

2　古　文

古文については，出題量が英文にとってかわられているものの，まだまだ出題されているものである。内容を理解する際に，現在とは意味の違う語句，古文独特の語句，歴史的仮名づかいといったものをおさえておく必要がある。

3　漢　文

漢文も，出題数はかなり少ないが，裁判所などでいまだに1問は出題されている。読み方の基礎，返り点，再読文字などはおさえておこう。

4　空欄補充

文章の中の空欄に適語，あるいは文を入れていくのが空欄補充である。共通する（あるいは単独で）1つの語（句）を問う，複数の語（句）を埋めるための組合せを問うといったさまざまな形で出題されている。

5　文章整序

　一文，あるいは短い文章を文意の通るように並べ替えるのが文章整序である。このときの注意点として，

1　各文のつながり（文脈）をとらえる

2　指示語・接続語をてがかりとする

3　文章の内容（文意）を考える

といった点に心掛ける。

第1章 現代文の内容把握

　現代文，特に論説・評論文の内容把握は，例えば，逆接の接続語「しかし・だが」などに必ず注目するとか，いくつかの**読解のポイントに習熟しておく**必要がある。漫然と文章を読んでいたのでは何一つ読み取れない。したがって，**下記の４つの解法のポイント**をしっかりと身につけてほしい。その上で，語句の意味の正確な理解があれば，まさに"鬼に金棒"である。

☞ 解法のポイント① 　文章の冒頭や末尾に注目して，主題文をとらえよ。

（例文１）　頭括型（主題文→説明・論証）

　　日本の山水美が火山に負うところが多いということは周知のことである。国立公園として推された風景のうちに火山に関係したもののはなはだ多いということもすでに多くの人の指摘したところである。火山はしばしば女神に見立てられる。実際美しい曲線美の変化を見せない火山はないようである。（寺田寅彦『日本人の自然観』）

（例文２）　尾括型（説明・論証→主題文）

　　「断腸の思い」とは，「はらわたがちぎれるほど悲しい」という意味であるが，それは知識として知っただけで，本当にそのようなつらい経験をしていなければ，わかったとは言えない。ある言葉がわかるためには経験が必要である。

（解説）

　　その文章の主張（結論）が集約されている文を「主題文」といい，上の例文のように，文章の冒頭や末尾に置かれるのが普通である。冒頭・末尾の両方に置かれる文章のタイプを『双括型』と呼ぶ。

☞ 解法のポイント② 　「対比」に注意して，筆者の主張を読み取れ。

（例文）

　　一概に田舎というものの，実は田舎にも二通りある。一つは付属的の地方であって，一つは独立した地方である。前者は大きい都会の周囲に散在している地方で，万事都会の勢力下に在って，あたかも都会に付属しているかの如き観あるを指していうのであるが，後者は，単独の発達を遂げるには，それぞれ独立した地方の精神というものがなくてはならぬ。したがって，地方的特色というものは都会に付属した田舎よりは，独立した田舎に濃いわけである。（島崎藤

村『歓楽の時，活動の時』）

（解説）

　相反する二つの考えや事柄を，その異同を明らかにするために比べることを「対比」という。対比には，①二つの違いを明らかにするだけの場合，②二つを対照して，一つを支持する場合，の二つがあるが，例文は②。同じ田舎でも，「付属的な地方」よりも「独立した地方」を「地方的特色」の濃厚なものとして支持している。

◈ 解法のポイント③　　逆接の接続語を押さえて，論理の筋道をつかめ。

（例文）

　日本の社会では，いわゆる「世間」なるものが重視されているが，世間という言葉の意味は，きわめてあいまいである。たしかに，世間はその長所として社会生活を送る上で人々の行動を規制し社会生活を円滑にする。<u>しかし</u>，短所として世間という名の下に人々の行動を過度に統制する危険性をはらんでいる。世間の評価を気にするあまり，自己主張をさしひかえるなどの弊害は起こっていないか。<u>だから</u>，<u>私は世間というあいまいな言葉による規制に異を唱えるものである</u>。

（解説）

　「だが・しかし」など逆接の接続語は，論理の曲がり角を示すシグナルである。絶対に見逃してはならない。例文では，「しかし」のあとに「世間」の持つ危険性が指摘されているが，これはあとの「だから」以下に述べられる結論の根拠となっている。

◈ 解法のポイント④　　指示語の指示内容を確認して，正しく文脈をたどれ。

（例文）

　「未開社会」と比べれば，西欧は科学技術において「圧倒的に進歩している。しかし，<u>その</u>他の面で西欧が全面的にすぐれていると言えるだろうか。社会的弱者の位置づけや生のありようなどを見れば，決して西欧のほうが進んでいるとは断言できない。<u>こうして</u>それぞれの文化には固有の価値があって単純に優劣をつけることはできないという「文化相対主義」の視点が生まれたのである。

（解説）

　例文の「その他」の「その」は，科学技術を指し，「こうして」は，ここまでに述べられている「文化相対主義」の視点が生まれたよりどころを指示している。指示語が出てきたら，ちょっと立ち止まり，その**指示内容を確認する**習慣をつけておきたい。

❗ 注意点

　「母性原理とは何か」のような問題提示の言葉（設疑法）が出てきたら，必ずその答えを探そう。すぐあとにある場合と，その文章や段落の末尾にあって主題文となる場合とがあり，後者はきわめて重要。この答えは，空欄補充の問題ともなり得る。

Q　例題①

次の文章の主旨として，妥当なものはどれか。

　英語には，「お手紙を拝見しました」の「お」や「拝」に当たる表現はないが，ただ，「君の手紙を受け取った」と書いたのでは，やはり，失礼になるのであって，「君の手紙をありがとう」とする。敬語がないのなら，乱暴でいいということではない。ほかの形による表敬表現は必要なのである。ところが，このごろの日本人は敬語をすてただけで，その代償となる表敬表現を添えないことが少なくない。それで，たいへんな失礼になる。人間関係がぎすぎすしてきて，みんながおもしろくない。

①　日本人は，敬語をよく使うが，表敬表現の発達していないイギリス人と比べてより礼儀正しいとは言えない。

②　日本人は，敬語を不用とするのなら，円滑な人間関係を保つための十分な配慮がなされるべきである。

③　現代の日本を，無礼で乱暴な社会にしないためには，何よりも敬語尊重の精神が大切である。

④　日本人は，敬語を放棄するならば，それに代わる表敬表現様式を持たなければならない。

⑤　日本の敬語表現は複雑で，今の若い人は使いきれないから，もっと簡素化することが必要である。

出典：外山滋比古『英語の発想・日本語の発想』ＮＨＫ出版

ヒント

　この文章は，いわゆる「敬語」の問題を英語の発想と対比しながら文化的に考察したものである。次の(1)・(2)に目をつけよう。

(1)　4行目の「ところが」（逆接）に注意。その前後の文脈が，この文章の主旨となる。

　　（英語）　敬語がないのなら………表敬表現は必要なのである。

　　　　　　ところが

（日本語）　敬語をすてただけで，………表敬表現を添えない。

↓

人間関係に角が立つ

(2)　４・５行目の「表敬表現」は，キーワード。これは，敬意を表す表現の意。ここでは「君
　　の手紙をありがとう」を指している。つまり，敬意を表す表現にはいろいろの形があり，「お」
　　や「御」を用いる「敬語」もこれに含まれる。

Ａ　解答・解説

①　**妥当ではない**。「表敬表現の発達していない」が誤り。発達していないのは，敬語表現。したがっ
　　て，イギリス人に対する誤った認識の下では，日本人との比較は成立しない。「表敬表現＝敬語
　　表現」ではないことに注意する。

②　**妥当ではない**。後半の「円滑な人間関係を保つための十分な配慮」は，一応妥当に見えるが，
　　具体性を欠いている。本文では，「その代償となる表敬表現を添え」ることが必要，と明確に述
　　べられている。④と比較してみよう。

③　**妥当ではない**。末尾の「敬語尊重の精神」が誤り。この文章は，日本人が敬語をすてただけで，
　　その代償としての表敬表現について全く考えていないことを問題としているのであって，「敬語
　　尊重」については何も語られていない。

④　**妥当である**。敬語を放棄するなら，他の表敬表現様式を持て——これが，この文章の主旨。こ
　　のことについては，「手紙をありがとう」が敬語の代わりをする英語の例から，十分に納得する
　　ことができよう。

⑤　**妥当ではない**。敬語の「簡素化」が誤り。このことは，やはり敬語を考えていく上で大事な
　　ことであるが，ここでは何も触れられていない。③の「敬語尊重」同様，書かれていないことは
　　無視する。オーバーな表現にも，ひっかからないこと。

（答）　④

参考

　作者は，この文章の前後の部分で，「表敬表現」について，次のように述べている。

(1)　イギリス人の表敬表現……顔見知りの新聞売りから新聞を買うとき，あいさつをする。また，
　　通りすがりの人と手や肩がちょっと触れ合ったとき，「ソリー」と言う。

(2)　われわれの文化では，表敬表現の重点が言語におかれ，イギリスの文化では非言語形式のエ
　　チケットに重きがおかれている。

Q　例題②

次の文章の要旨として，妥当なものはどれか。

　科学者と芸術家の生命とする所は創作である。他人の芸術の模倣は自分の芸術でないと同様に，他人の研究を繰返すのみでは科学者の研究ではない。勿論両者の取扱う対象の内容には，それは比較にならぬほどの差別はあるが，そこにまたかなり共有な点がないでもない。科学者の研究の目的物は自然現象であって，その中になんらかの未知の事実を発見し，未知の新見解を見出そうとするのである。芸術家の使命は多様であろうが，その中には広い意味における天然の事象に対する見方とその表現の方法において，なんらかの新しいものを求めようとするのは疑いもない事である。

① 隔たりの大きい科学者と芸術家の場合にも，かなりの共通点が見られるが，仕事に情熱を燃やすなどはそのひとつである。
② 科学者は自然現象の中に未知の事実を見いだそうとし，芸術家は天然の事象に対して新しい見方や表現方法を求めようとする。
③ 科学者と芸術家の取り扱う対象の内容には甚だしい差異があるが，両者の生命とする所は創作である。
④ 他人の芸術の模倣は自分の芸術ではなく，他人の研究に追随するのみでは科学者の研究とは言えないはずである。
⑤ 科学者の生命とする所は未知の事実の発見であり，芸術家のそれは言うまでもなく創作である。

出典：寺田寅彦『科学者と芸術家』岩波書店

ヒント

　この文章は，まったく別々の立場に見える科学者と芸術家の共通点について考察したものである。次の(1)・(2)の点に着目しよう。

(1) 書き出しの「科学者と芸術家の……創作である。」は，「〜は〜である」という構造である。とすれば，これは主題文であることに，ほぼ間違いない。

(2) 「創作」とは，それまでなかったものを初めてつくり出すこと。それでは，科学者と芸術家は新しく何をつくり出すのか。文脈をたどって読み取る。

（主題文）　<u>科学者</u>と<u>芸術家</u>の生命とする所は<u>創作</u>である。

↓

×他人の芸術の<u>模倣</u>　×他人の研究の<u>繰り返し</u>。

↓

（共有点・創作の内容）

- 科学者——自然現象の中，未知の事実の<u>発見</u>，未知の<u>新見解</u>。
- 芸術家——天然の事象に対する<u>見方と表現</u>，<u>新しいもの</u>を求める。

A 解答・解説

① **妥当ではない。** 選択肢の後半部の「仕事に情熱を燃やす」は，本文には書かれていない。模倣や追随をせず，新発見にいどむ態度などから，このような解釈が出てくるかもしれないが，直接述べられていないことは取り上げないこと。

② **妥当ではない。** ここに述べられているのは，「創作」の内容である。この文章の主旨は，主題文に言い尽くされている。「科学者と芸術家の生命とする所は創作である。」が要旨。くどいようであるが繰り返しておく。

③ **妥当である。** 後半部の「両者の生命とする所は創作である」は主題文に一致する。早く正解を見つけようとしてあせり，主題文の存在を忘れてしまう人が多い。こういう人には，どの選択肢も正解のように見えてくるものだ。

④ **妥当ではない。** この選択肢の内容は，主題文を補う形でそのあとに書かれている。つまり，科学者と芸術家の生命とする所は，他者の追随や模倣ではなく「創作」だ，と言っているのであり，もちろん，主題（＝要旨）そのものではない。

⑤ **妥当ではない。** 後半部に「芸術家のそれは言うまでもなく創作」とあるが，この文章では，「創作」は科学者と芸術家に共通する「新しくつくり出すこと」の意に用いられている。したがって，それは科学者の生命でもある。

（答）　③

参考

　この文章は，初め『科学者の目指すところと芸術の目指す処』という題で発表されたもので，科学者と芸術家は互いに別々の世界で働いているが，第三者からは両者は肉親のように近い，と主張した。なお，寅彦は旧制第五高等学校（今の熊本大学）で夏目漱石から英語を教わり，深い影響を受けた。物理学者の寅彦は「科学随筆の草分け」とも呼ばれている。

Q 例題③

> **次の文章の内容に合致するものとして，最も妥当なものはどれか。**
>
> 　私は，この世に生まれた以上何かしなければならん，といって何をしてよいか少しも見当がつかない。私はちょうど霧の中に閉じ込められた孤独の人間のように，立ちすくんでしまったのです。そうしてどこからか一筋の日光がさしてこないかしらんという希望よりも，こちらから探照灯を用いてたった一筋でよいから先まで明らかに見たいという気がしました。ところが不幸にしてどちらの方角をながめてもぼんやりしているのです。ぼうっとしているのです。あたかも袋の中に詰められて出ることのできない人のような気持ちがするのです。
>
> ①　袋詰めの状態で，そこから脱出するすべを持たない私は，少しでも心の平静を保とうと努力した。
> ②　自己の存在に確信が持てない私は，生きてゆく方向を見失い，どうにもならない状態におちいっていた。
> ③　人生の指針は主体的につかむべきだと認識した私は，他者からの助言などは一切受け入れまいと考えた。
> ④　思わぬ挫折にすっかり自信を失った私は，自暴自棄におちいり，どうしようもない絶望感におそわれていた。
> ⑤　留学生として英国に渡った私は，いろいろ悩んだ末，一人の日本人として独自の道を歩もうと決意した。
>
> 　　　　　　　　　　　　　　　　出典：夏目漱石『私の個人主義』

ヒント

　この文章は，作者が大学卒業時に抱いていた不安を告白したものである。次の(1)・(2)に目をつけよう。

(1)　書き出しの「私は，この世に……見当がつかない」が主題文であることに気づけば，内容の読み取りは容易なはず。第二文以下は，その内容を比喩を用いてふくらませたもので，方角を見失ってとまどっている様子が強調されている。

(2)　「ようだ」を用いない比喩（隠喩）は，見逃しやすい。気をつけよう。

（主題文）　私は，………何をしてよいか少しも見当がつかない。

　　　　　　　　　　　　　　　↑

（直　喩）　・霧の中に閉じ込められた孤独の人間の<u>ように</u>（立ちすくむ）

　　　　　　・袋の中に詰められて出ることのできない人の<u>ような</u>（気持ち）

　　　　　　　（生きてゆく方向を見失って，どうにもならない）

　　　　　　　　　　　　　　　‖

（隠　喩）　・どこからか<u>一筋の日光</u>がさしてこないかしらん

　　　　　　　（<u>人生の指針</u>を<u>受動的</u>に与えてほしい）

　　　　　　・こちらから<u>探照灯</u>を用いて<u>たった一筋</u>でよいから先まで明らかに見たい

　　　　　　　（<u>人生の指針</u>を，わずかでもよいから<u>主体的</u>につかみたい）

　　　　　　　　　　　　　　　↓

　　　　　どの方角も，ぼんやりしておぼつかない。

A　解答・解説

① **妥当ではない**。選択肢の後半部に「少しでも心の平静を保とうと努力した」とあるが，このことは，本文に何も語られていない。方向を見失って，立ちすくんでいるさまが，比喩を多用して述べられているだけである。

② **妥当である**。確信が持てるならば，自ら人生の方向を決めることができるはずである。それが持てないために，生きてゆく方向を見失い，何をしてよいか少しも見当がつかない状態にあるのである。

③ **妥当ではない**。「探照灯」の比喩は，「たった一筋」，つまり，わずかでもよいから主体的に自らの人生をつかみたいという意味。「他者からの助言などは一切受け入れまい」は，全く合致しない。

④ **妥当ではない**。まだ何もやってないのだから「挫折」ではない。また，あせってはいるが，投げやりな気持ちになってはいない。「自暴自棄」は言い過ぎである。

⑤ **妥当ではない**。作者は漱石であるが，このようなことは，本文には何も述べられていない。ここでは，生きてゆく方向を見失って，どうにもならない状態におちいっている作者の悩みが語られている。

（答）　②

Q 例題④

次の文章の要旨として，最も適切なものはどれか。

　人間には，グライダー能力と飛行機能力とがある。受動的に知識を得るのが前者，自分でものごとを発明，発見するのが後者である。両者はひとりの人間の中に同居している。グライダー能力をまったく欠いていては，基本的知識すら習得できない。何も知らないで，独力で飛ぼうとすれば，どんな事故になるかわからない。

　しかし，現実には，グライダー能力が圧倒的で，飛行機能力はまるでなし，という"優秀な"人間がたくさんいることもたしかで，しかも，そういう人も"翔べる"という評価を受けているのである。

① 人間は，受動的に知識を得るグライダー能力と，自分で発明・発見する飛行機能力とをあわせ持っているが，両者が共にすぐれていることは極めてまれである。

② グライダーは，推進装置は備えていないが，飛行機と同様に飛翔力があるため，人々はグライダーの特性を忘れ，むりな滑空をして事故を起こすことが多い。

③ 世間に多いのは，知識にすぐれるが，創造力にまったく欠ける型の人間で，それなのに彼らは，優秀とされ，しかも自ら思考する力ありと評価されているのだ。

④ 飛行機能力は，自分でものごとを発明，発見する能力，つまり受動的に知識を得る能力のことを言い，これでは独力の飛行は困難で大事故につながりかねない。

⑤ 現実には，グライダー能力が抜群にすぐれ，飛行機能力はまったくなしという人間も多いが，世間の人々はそういう人に惜しみない声援を送っているようだ。

出典：外山滋比古『思考の整理学』筑摩書房

ヒント

　この文章は，自分で思考する力の大切さを，比喩を用いて強調している。次の(1)・(2)に目をつけよう。

(1)「グライダー能力」と「飛行機能力」という比喩の内容を，まず正しく読み取る。

　　・グライダー能力——受動的に知識を得る能力。（他力）

　　・飛行機能力——（能動的に）自分でものごとを発明，発見する能力。（自力）

　　　→ひとりの人間に同居する。

(2) 第二段落の初めの「**しかし………しかも**」をおさえ，要旨をとらえる。

　　グライダー能力なしでは，飛行機能力は発揮できない。

↓

　　<u>しかし</u>，現実には，飛行機能力なしで，<u>グライダー能力だけの人間</u>（優秀者）がたくさんいる。

↓

　　<u>しかも</u>，（飛べもしないのに）<u>"翔べる"という評価を受けている。</u>

❶ 注意点

● 「優秀な」（本文5〜6行目）の「""」は，知識だけはすぐれているが，独力で思考する力のない人間を「優秀」と評価することへの批判である。

● "翔べる"（6行目）も批判（皮肉）。作者は，このあとの文中で，「知的・知的と言っていれば，翔んでいるように錯覚する」と述べている。

A **解答・解説**

① **適切ではない**。選択肢の前半部は間違っていないが，後半部の「両者が共に」以下の内容は，本文には触れられていない。ここでは，二つのどちらかが偏在している例だけがあげられ，グライダー能力だけの人間が問題視されている。

② **適切ではない**。選択肢の後半部の「むりな滑空をして事故を起こす」が不適切。事故を起こす例としては，グライダー能力をまったく欠いた人が，独力で飛ぼうとする場合があげられている。

③ **適切である**。本文の「しかし……しかも」の文脈が的確に表現されている。末尾の「〜のだ」も，ここの要旨にふさわしい文末表現である。なお，①・②は，いずれもこの文脈とはまったく無関係であるから，明らかに誤りである。

④ **適切ではない**。選択肢の「つまり」以下の「受動的に知識を得る能力」は「グライダー能力」のことであり，明らかに誤り。選択肢中の「大事故につながりかねない」のは，グライダー能力をまったく欠いた人間が，独力で飛ぼうとした場合である。

⑤ **適切ではない**。選択肢の後半部の「世間の人々は………いるようだ。」は，適切ではない。世間の人々は，その人を優秀と認めていることは間違いないが，「惜しみない声援」は，具体性がなく，また，言い過ぎである。

（答）　③

Q　例題⑤

次の文章の要旨として，妥当なものはどれか。

　普通の生活者は，その追求しているものが，社会通念の上における虚栄や，社会通念の上における実利のみである。一個の林檎のなかにその販売価格を見るのが商人であり，その味を考えるのが一般消費者である。美術家は，その色彩と形の美しさを見る。純粋の消費者，純粋の美術家というものは存在しないが，比較的に言えば，生活者は林檎の色彩に無関心である。美術家が，その形と色彩の特色を抜き出して，抽象化し，純粋化して紙の上に描いたときに，はじめて生活者は，その形と色の喜びを理解する。

①　虚栄や実利のみを追い求める普通の生活者は，美術家の描いた林檎の絵を通して，はじめてその形と色の喜びを理解する。

②　普通の生活者は林檎の色彩に特に関心を示すが，美術家はその色彩と形の美に注目するのが常である。

③　一個の林檎について，商人はその値段に，一般消費者はその味に，それぞれ興味を抱くが，普通の生活者は美術家の絵を見て，その形と色の喜びを享受する。

④　純粋な消費者，純粋な美術家というものは存在しないから，美術家といえども生活者としては林檎の味にも関心を示す。

⑤　生活者は実利にしか目が行かないから，美術家がいくらすばらしい絵を描いても理解を得られることはないであろう。

出典：伊藤整『近代日本人の発想と諸形式』岩波文庫

ヒント

　この文章は，美術家と生活者とを対比して，それぞれが追求するものの違いを明らかにしている。次の(1)・(2)に着目しよう。

(1)　生活者と美術家との対比に注意し，それぞれの特色をつかむ。

　　　・生活者——追求するのは，虚栄と実利のみ。

　　　　（林檎……商人→販売価格・一般消費者→味）

　　　・美術家——林檎……色彩と形の美しさを見る。〈本文3行目「さを見る。」まで〉

(2) 後半部（要旨）の主語は「生活者」であることに注意。

　　　・生活者——林檎の色彩に無関心。

　　　（しかし）美術家の作品を見て，はじめて形と色の喜びを理解する。

　　　　　　　┌（美術家の制作過程）　　　　　　　　　　　　　　　　　　　┐
　　　　　　　└　　　形と色彩の特色の抽出→抽象化・純粋化→紙上に描く　　┘

❗ 注意点

- 例題④には，「しかし………しかも」の接続語が用いられていて，文脈をとらえやすかったが，この文章には接続語はない。こういう場合は，上の（しかし）のように，文脈をたどりながら，適切な接続語を補ってみよう。特に「**だが・しかし**」が大事。上の例で言うと，「生活者は林檎の色彩に無関心である。（だが・しかし）美術家の作品を見て………」というふうに。この部分が，この文章の要旨に当たる。
- 「社会通念」（本文1行目）は，社会一般に行われている考え方，の意。

A　解答・解説

① **妥当である**。この文章の要旨は，本文後半部「生活者は」以下に書かれているが，その内容が的確にまとめられている。「生活者は，その形と色の喜びを理解する」がポイントである。

② **妥当ではない**。選択肢前半の「生活者は林檎の色彩に特に関心を示すが」の「関心を示す」が誤り。この文章では「無関心である」と言っている。この態度は，美術家の描く作品を見て，はじめて変化する。

③ **妥当ではない**。商人や一般消費者と普通の生活者とが対比されているが，商人や一般消費者は，虚栄や実利のみを追求する普通の生活者に含まれる。選択肢後半部は要旨に合っているが，この混同が決定的ミス。

④ **妥当ではない**。林檎を食べる美術家にとって，その味は生活者と同様に捨てがたいものであろう。とすれば，この文の内容は容認できるが，文章全体の要旨とはほとんどかかわりのない，文章の一部の解釈である。

⑤ **妥当ではない**。要旨とは正反対のことを述べている。美術家が，「その形と色彩の特色を抜き出して，抽象化し，純粋化して紙の上に描いたとき」，生活者ははじめて，その形と色の喜びを理解する，と作者は述べている。

（答）　①

Q 例題⑥

次の文章の主旨として，妥当なものはどれか。

　私のこれまで書いて来たものはいわゆる「私小説」と呼ばれるべきものであるかもしれないが，私はついぞ一度も，私小説本来の特性であるところの，他人の前に何もかも告白したいという痛切な欲求からそれを書いたことはなかった。私はむしろ漠然と，わが国特有ともいうべき，その種の小説のこぢんまりした形式が自分には居心地よいような気がしたので，それに似た形式の中で自分勝手な作り事を書いていたのだ。私の作品は——といって悪ければ，それらの作品を書いた感興の多くは，——フィクションを組み立てることにあった。私は一度も私の経験したとおりに小説を書いたことはない。

① 私が今まで，経験したとおりに小説を書いてきたのは，そのこぢんまりした形式が性に合っていたからである。

② 私はこれまで，いわゆる「私小説」に似た形式の中で，自分勝手な作り事をものしていたのだ。

③ 私はずっと，フィクションを組み立てることが不得手で，もっぱら自分の想像したことを書き続けている。

④ 私は一度も，自分自身を洗いざらい告白する小説を書いたことはなく，もっぱら「私小説」を作っていた。

⑤ 私は「私小説」作家と呼ばれているが，事実，自己の生活体験を素材として心境を吐露するわざにたけている。

出典：堀辰雄『小説のことなど』筑摩書房

ヒント

　堀辰雄の小説は，個人的な体験を踏まえてはいるが，いわゆる「私小説」ではない，と自ら語った文章。次の(1)・(2)に着目する。

(1) 「〜はなかった」，「〜ていたのだ」，「〜はない」などの文末表現に注意して，作者の言おうとしていることをつかむ。

(2) 「私小説」とは何か。その特性を読み取る。

　〈第一文〉　私の小説は，「私小説」と呼ばれるべきものかもしれないが，一度も<u>他人の前に何もかも告白する小説（私小説）</u>を書いたことはない。

〈第二文〉 私は，私小説に似た形式の中で自分勝手な作り事を書いていたのだ。

〈第三文〉 私の作品はフィクション（作り事）を組み立てることにあった。

〈第四文〉 私は一度も経験したとおりに小説（私小説）を書いたことはない。

↓

（要約） 私は**一度も**私小説を書いたことはなく，書いたのは作り事なのである。（少しの告白もない，すべてが虚構に属する小説を書いた。）

A 解答・解説

① **妥当ではない。**選択肢前半部の「経験したとおりに小説を書いてきた」は，〈第四文〉から事実と反対であることがわかる。なお，後半部の「そのこぢんまりした」も，〈第二文〉では「私小説のこぢんまりした」の意で，まったく意味が通らない。

② **妥当である。**〈第二文〉と〈第三文〉の要点，つまり，全文の要旨がまとめられている。なお，「ものして」の「ものする」は，ある事をする，特に詩や文章を作り上げることをいう。

③ **妥当ではない。**選択肢前半部の「不得手で」は，述べられていないし，よしんば「不得手」なら，後半部「自分の想像したこと」を書き続けるのは無理なはず。前後の部分が矛盾していて文を成さない。

④ **妥当ではない。**選択肢前半部の「自分自身を洗いざらい告白する小説」は「私小説」。だから，後半部の「『私小説』を作っていた」は，まるでつじつまが合わない。「洗いざらい」は，何から何まで全部，の意。

⑤ **妥当ではない。**作者は，「私小説」に似た形式を借りて作り事（フィクション）を書いていたと述べている。この選択肢は，前半部も後半部も本文の内容とまったく矛盾している。

（答） ②

参考

(1) 「私小説」とは，作者自身を主人公として，自己の生活体験とその間の心境や感慨を吐露して（隠さずに述べて）いく小説。〈大正〜昭和初期の主流小説〉

(2) 文学で「自然主義」とは，現実をありのままに描写しようとする立場をいい，上の「私小説」は，この立場から始まった。

Q 例題⑦

次の文章の要旨として，妥当なものはどれか。

　自由という言葉は，元来は中国語であるが，わが国でも古くから使われているようである。その意味するところは，「自由きまま」といういい方が暗示するように，本書で問題にしている甘えの願望とかなり密接な関係にあると見える点が興味深い。すなわちわが国で従来自由といえば，甘える自由，すなわちわがままを意味したと考えられる。それは決して甘えからの自由とはならなかった。…この点は，明治以後，自由が訳語となった freedom ないし Liberty の場合と正反対であって，西洋における自由は人間の尊厳を示すものでこそあれ，非難されるべき筋合いのものではなかった。このために自由という日本語は近年，西洋的なよい意味と日本的な悪い意味の両者をあわせ持つようになり，その概念が極めて曖昧模糊としたものになっている。

① 　自由という言葉は，もともと中国語であるが，わが国では甘える自由，つまりわがままの意に用いられた。

② 　西洋における自由の概念は，わが国における従来の意味とは全く正反対であって，人間の尊厳に深くかかわっていた。

③ 　自由という日本語は，近年，よい・悪いの相反する二つの意味をあわせ持ち，その概念がはっきりしなくなった。

④ 　日本人は，自由自由と言って自分勝手なことをやっているが，この態度は西洋人から批判されても仕方がないだろう。

⑤ 　自由という日本語は，ある時は日本的な意味に，ある時は西洋的な意味に都合よく使い分けられるようになった。

出典：土居健郎『「甘え」の構造』弘文堂

ヒント

　この文章は，「自由」という日本語の概念のあいまいさについて考察している。次の(1)に目をつけよう。

(1) 「西洋的自由」と「日本的自由」とが対比されている。本文5行目の終わりの「…この点」の「…」は，文章の省略を表している（ここから第二段落）。

- ●日本的自由＝甘える自由＝わがまま（悪い意味）
- ●西洋的自由＝人間の尊厳を示すもの（よい意味）

> 正反対

↓

このため

- ●近年，日本語の「自由」＝二つの意味が混同している。

→「曖昧模糊（あいまいもこ）」としたもの←結論

❗ 注意点

① 　7行目「このために」は，上の図でわかるように，わが国従来の「自由」と明治以降わが国に入ってきた，西洋の「自由」とが混同されたことを指している。

② 　freedom と Liberty とは，ほとんど同義。ただ，前者が「まったく抑圧のない状態」であるのに対して，後者には「解放された自由。好むがままに行動できる自由」の意味が含まれる。

A 解答・解説

① **妥当ではない**。「わが国では，わがままの意に用いられた」は，第一段落の内容そのままであり，要旨である第二段落の結論はまったく含まれていない。ゆえに，要旨とはなり得ない。

② **妥当ではない**。①同様，文章の一部だけを取り上げ，要旨にまったく触れていない。すなわち，西洋における自由の概念は，第二段落の前半に述べられており，要旨を述べた後半部には触れていないため，要旨とは言えない。

③ **妥当である**。一つの語の概念が，正反対な二つの意味をあわせ持つようになることは，「どっちの意味が正しいのか」といった迷いを生じる結果となる。そのことを，本文では「概念が極めて曖昧模糊としたものにな」ったと言っている。要旨と合致する。

④ **妥当ではない**。ここでは，自由という語の概念について考察しているのであって，日本人の態度などについては何も触れられていない。「悪い意味」「よい意味」という表現に引きずられないこと。

⑤ **妥当ではない**。ここでは，日本語の「自由」は，二つの意味をあわせ持つようになりその概念が曖昧模糊となったとあるだけで，その意味の都合のよい使い分けなどについては述べられていない。上の④と同じタイプの誤答である。

（答）　③

Q 例題⑧

次の文章の要旨として，妥当なものはどれか。

　巨大な樫(かし)の木は，けっして一夜のうちに成長しない。苗の時代において，かれはなおはなはだつまらぬ雑草にすぎなかった。さて，いくつかの季節がすぎ，かれが十分に樫の木であったとき，周囲はなおその巨木について，なんらの著しい注意を持たない。なぜといって，かれはずっと昔からそこに育ち，仲間の小さな芽ばえとともに，すこしずつ伸びていったものにすぎないから，この同じ事情によって，天才は郷党から認められない。郷党はかれについて，過去のいっさいのことを知っている。その古い過去において，かれは放蕩(ほうとう)であり，なまけものであり，不良少年であり，くだらぬ文学雑誌の投書家であった。そして，なお今でさえ，かれらの前にうろうろしている，昔ながらの同じ人物にすぎないのだ。「あのばかを村第一と江戸で言ひ」という川柳こそは，じつに郷党の目に映じた天才の姿を言い尽くしている。

① 天才は，同郷の人々から見れば昔ながらの同じ人物にすぎないから，彼らに理解されることは容易ではない。

② 巨大な樫の木は，天才と同じくだれからも注目されないことが多く，不遇な一生を送ることが多い。

③ 天才は，彼の味方であるはずの郷里の人々にさえ「あのばか」と軽蔑される。まして他国の人々から蔑視されるのは当然であろう。

④ 天才の評価は，郷土において著しく卑小にされ，他国において著しく拡大されるのがふつうである。

⑤ 天才は，若いころは不良少年であったり，三流の文学雑誌の投書家であったりするのがふつうである。

出典：萩原朔太郎『天才と郷党』筑摩書房

❓ ヒント

　この文章は，「天才」に対する郷党の偏見について語ったものである。ここで「天才」とは作者自身と考えられる。次の(1)・(2)に目をつけよう。

(1) 「樫の木」の比喩に目をつけ，その意味をつかむ。

(2) 大きく二つの段落に区切り，主題文をとらえる。

〈第一段落〉（初め〜認められない。）

- （比喩）巨大な樫の木（＝天才）は，そこに生い育ったがゆえに，その木を<u>見慣れ</u>ている周囲から注目されない。
- （主題文）（同様に）<u>天才は郷党から認められない。</u>

↓

〈第二段落〉（郷党はかれ〜終わり）

- （主題文の補足）郷党は，天才を彼がそこに生い育ったがゆえに、昔ながらの同じ人物としか認めない。
- （川柳）「あんなばかを江戸ではえらいと言う。よそだからわからないのだ。」→<u>郷党の目に映じた天才の姿</u>を言い尽くしている。

A 解答・解説

① **妥当である**。主題文をきっちり押さえた内容で，要旨として正しい。作者の萩原朔太郎は，郷里の人々に「絶えず注視され，批判され，そして事々に嘲笑され侮辱された」と，別の文章中に述べている。

② **妥当ではない**。選択肢中の「だれからも」という表現が不適切。本文では「周囲」とあり，たまたまそこへやってきた旅人から注目されることもあり得る。注目しないのは，その木を見慣れた「周囲」の人である。

③ **妥当ではない**。選択肢後半部の「まして他国の……」以下がおかしい。まず，このことは本文では述べられていないから。また，そのことは別としても，その天才を初めて見る他郷の人々は，逆に彼に注目することが川柳から読み取れる。

④ **妥当ではない**。選択肢後半部の「他国において著しく拡大されるのがふつうである」には，ここではまったく触れられていない。なお，そのことを別とすれば，これはあり得ることで，結局，どちらの天才観も，的を射ていないことになろう。

⑤ **妥当ではない**。この内容は，文章の第二段階の前半に述べられているが，主題文を押さえた内容ではないから，要旨とはなり得ない。

（答）　①

Q 例題⑨

次の文章の主旨として，妥当なものはどれか。

　僕らは客観的に見ればせいぜい百年とは生きられない短命な生物でありながら，永遠を思い，宇宙について考え，意識の上では世界と自己とを対立する対等のものと考えるのです。子供は自分を世界の中心と考えます。自分の生れる前に世界が存在したことも，自分がなくなったあとに世界がそのまま存続することも彼には理解できません。そしてこうした子供の錯覚は，大人になっても決して，僕らの心からまったくなくなることはありません。なぜならこれが人間の外界を理解する態度のなかでもっとも自然なものだからです。人間の死というあたりまえなはずの事実が僕らにあれほど大きな衝動を与えるのもこのためであり，また僕らが太陽を直視できないように，自分の死を考えることができないのも，おそらくそのためです。

　教養とはこうした人間の自然状態からの脱出なので，一方で人間の存在の限界をはっきり意識するとともに，そこに人類という大きな集団の一員たる自覚をつかむことです。

① 　自分の死について考えることができないのは，外界理解の態度の中でもっとも自然なことの一例である。
② 　人間は客観的に見れば短命な生物であるが，教養によって世界と自己とを対等のものと考えることができる。
③ 　人間が太陽を直視できないように自分の死を考えられないのは，自分を世界の中心と考えるからである。
④ 　人間は大人になっても外界の事物を，その客観的性質に相応しない形で知覚するものである。
⑤ 　教養とは，有限である人間存在の限界を意識し人類の一員であるという自覚を得ることである。

出典：中村光夫『教養について』筑摩書房

ヒント

この文章は，「教養」の意味・内容について考察したものである。

次の(1)・(2)に着目して，文章の要旨をとらえよう。

(1) 第一段落・第二段落の両方に「**こうした**」という指示語が用いられている。いずれも，指示する範囲が広いから，ここで先を急がず，じっくりその内容を確認する。

(第一段落) 「こうした子供の錯覚」

　　　　　　　└→　自分を世界の中心と考える＝自分がやがて死ぬことや，世界が自分の生死を超越した存在であることなどを理解できない

(第二段落) 「こうした人間の自然状態」

　　　　　　　└→　子供のころの外界に対する錯覚を，大人になっても引きずっている

(2) 第一段落と第二段落の意味のつながりに目をつける。第二段落は，第一段落のまとめである。

(第一段落)　僕らは………（具体的表現）〈説明〉

　　　　　　　（つまり）　　　　↓

(第二段落)　教養とは……（抽象的表現）〈主題文〉

❗ 注意点

● 第一段落のポイントは，「そしてこうした子供の錯覚は，………なくなることはありません。」である。その前後が，「錯覚の内容」および，その理由だから。そして，第二段落の「こうした」は，第一段落のこのポイントを受けている。とすれば，第二段落は，第一段落の内容を受けて，「教養」の定義づけをしていることになり，これがこの文章の主題文に当たる。

● 「教養とは……ことです。」は，「AとはBである」という，定義づけの文型である。ここでは，「A＝教養」だから，「教養」はこの文章のキーワードと言える。

A 解答・解説

① **妥当ではない**。第一段落の末尾の「そのため」は，本文6行目の「これが人間の外界を理解………自然なものだから」を指示しているから，この選択肢は内容としては正しいが，文章の主旨は「教養の定義」だから取り上げられない。

② **妥当ではない**。選択肢後半部の「教養によって」以下は，本文の内容とはまったく逆になっており，「教養によって」人間は，「世界と自己とを対等のもの」と考える，自然状態から脱出できるはずである。

③ **妥当ではない**。①と同様に，ここで述べられていることは，第一段落の内容としては間違ってはいないが，本文の主旨は「教養」の定義づけであり，それはここに述べられているような自然状態からの脱出である。

④　**妥当ではない。**選択肢の「外界の事物を，その客観的性質に相応しない形で知覚する」とは，錯覚することであり，これは人間が大人になっても子供の錯覚をひきずっていることを言っている。これは第一段落の内容で，主旨にはなれない。

⑤　**妥当である。**選択肢の「教養とは………ことである」は，「教養」の定義づけ。(1)人間存在の限界の意識，(2)人類という大きな集団の一員であるという自覚，などのポイントが含まれているから，これが正解。

（答）　⑤

📎 参考

〈「教養」の辞書的意味〉

(1)　教え育てること。

(2)　学問，幅広い知識，精神の修養などを通して得られる創造的活力や心の豊かさ，物事に対する理解力。また，その手段としての学問・芸術・宗教などの精神活動。

(3)　社会生活を営む上で必要な文化に関する広い知識。

　　※　(2)・(3)がポイント。「教養」は，単なる知識でないことに注意する。

Coffee Break
明治のチャリンコ

　夏目漱石は，帝国大学文科大学(現東大)英文科に入学以来，卒業まで首席を通したらしい。もっとも，学生は彼ひとりだったという。明治26（1893）年のことだ。

　漱石は大学に入るまでは，鉄棒やらボートやら，けっこう楽しんでいたようだ。ロンドン留学中は，現地で自転車のけいこもやった。国（文部省）からお金をもらって勉強に行ってる人が，いいご身分だなんて言うなかれ。彼はそのお金が足りなくて神経衰弱になり，夏目は気がおかしくなったといううわさまで日本に流れてきたらしい。

　36歳の漱石が自転車に乗ろうとしたのは神経衰弱を癒すためのものであった。ときに，明治35(1902)年。このころ，日本では青春小説のヒロインの女子大生が，黒髪をなびかせて，自転車でわが世の春を謳歌していた。(小杉天外『魔風恋風』の口絵)

　彼女の名は「初野（はつの）」であった。

次の文章の下線部の意味として，妥当なものはどれか。

　芥川龍之介が高等学校のとき，教室で先生の目を盗んで読んでいた本を，とりあげてみると，中国の小説であった，という挿話を彼の没後にその先生自身が語っていたことがあります。

　言うまでもなく，彼は翻訳で読んでいたのではありません。中国のいわゆる小説本は普通の漢文の知識では読めない難しいものときいていますが，それを教室で隠し読みする芥川は漢文の本などは，寝ながらでも読めたはずです。

　田山花袋のように生活からじかに文学をつくりだしたような印象を与えている作家も，実に漢詩と和歌に深い素養を持ち，彼の文学観の根本はそれらによってつくられていることが，このごろ次第に人々の注目をひくようになりました。

　当時の人々にとって，漢文が読めたり書けたりすることぐらい，いわば当たり前のことで，自慢したり意識したりするまでもないことでした。大切なのは，その上に，英語を勉強して西洋のさまざまな事物をとり入れたことで，漢文はあまりやりすぎると頭がかたくなって，西洋風のものが理解できなくなるように思われていました。

　こういう持ち主自身によって，価値を認められず，しかも彼の血肉になっている深味のある世界は，いまから考えてみれば，真の意味の教養でした。

① 英語を主体とする西洋的な文章の教養
② 日本の伝統的詩歌と西洋の事物についての教養
③ 日本の古典の和歌や物語についての教養
④ 西洋のさまざまな事物についての教養
⑤ 漢文を中心とする伝統的な文章の教養

出典：中村光夫『明治・大正・昭和』岩波書店

💡 ヒント

　例題⑨に続いて「教養」を主題とした文章であるが，ここでは「漢文」中心の教養についての考察であることに注意する。次の(1)・(2)に目をつけて下線部の意味をとらえよう。

(1) ５つの段落それぞれの主題（主語）の変化に注意して，文脈をとらえる。

(2)　第五段階の初めの「こういう」の指示内容を，しっかりとつかむ。

　　〈第一・二段落〉　芥川龍之介の「漢文力」

　　　　●芥川龍之介は，旧制の高校時代，中国の小説を隠し読みしていた。

　　　　●それは翻訳ではなく原文で，龍之介は漢文の本など楽に読める力を持っていた。

　　〈第三段落〉　田山花袋の素養（漢詩＋和歌）

　　　　●田山花袋は，漢詩と和歌に深い素養を持っていた。

　　〈第四段落〉　当時の漢文の位置

　　　　●当時の人々にとって，漢文はいわば常識であった。

　　　　●漢文は，西洋文化理解の妨げとなると思われていた。（マイナス面）

　　〈第五段落〉

　　　　●こういう 持ち主自身〈龍之介・花袋ら当時の人々〉によって，

　　　　　①　価値を認められず，（だが，しかし），

　　　　　②　その血肉となっている深味のある世界

　　　　　　　　　　　⇩

　　　　　漢文中心の教養＝真の意味の教養

❗ 注意点

● 　第一段落から第三段落に書かれた具体的な事例は，第四段落の前半部にまとめられている。芥川龍之介や田山花袋の先輩に当たる森鷗外や夏目漱石などはもちろん，幼くして漢文を学び，漱石は漢文学を通じて文学愛好癖をつのらせた。

● 　第三段落の初めの「生活からじかに文学をつくりだした」は，花袋が自然主義文学の代表的作家であり，実生活に材をとった小説を多く書いたことを言っている。

A　解答・解説

①　**妥当ではない。**第四段落の「英語を勉強して西洋のさまざまな事物をとり入れた」にまどわされない。ここで言う「真の意味の教養」とは，第五段落に見るとおりである。英語の価値が認められていたことは当然である。

② **妥当ではない**。選択肢の「日本の伝統的詩歌」については，花袋の素養の一つとして和歌が
あげられているだけである。また，「西洋の事物」については，日本人が先進国からとり入れた
ものとしてあげられているにとどまる。中心は漢文である。

③ **妥当ではない**。②で考察したとおり，和歌は花袋の素養の一つとしてあげられているにとど
まり，「物語」については，一言も触れられていない。この選択肢は，「物語」が入っているだけ
で，完全な誤りである。

④ **妥当ではない**。②で検討したとおりで，「西洋のさまざまな事物」は，明治の日本人が先進国
に追いつくため，あれもこれも懸命になって摂取したもの。消化不良を起こしても，「血肉」な
どにはなっていないはず。

⑤ **妥当である**。選択肢の「漢文を中心とする伝統的な文章」は，「真の意味の教養」に合致する。
なお，「真の意味の」と言ったのは，それが「彼の血肉」となっており，単なるにわか仕込みの
知識などではないからである。

（答）　⑤

Coffee Break

「山のアナ・アナ」物語

　　山のあなたの空遠く
　　「幸(さいわい)」住むと人のいふ。(ウ)
で始まる，「山のあなた」の詩（カール・ブッセ作・上田敏訳）は，あまりにも有名。
　だが，この詩をもっともっと全国的に広めたのは，落語家「歌奴(うたやっこ)」（現：三代目円歌）である。
　「授業中」という題の新作で，先生が生徒に指名して教科書のこの詩を読ませると，
　　「山のアナ・アナ・アナ……」
と，あせりにあせってしまい，爆笑のうず。
　他に浪曲調でうなって読む生徒などもいて，「授業中」は，うけにうけた。昭和30年代のころである。
ちなみに，この年，トヨペット・クラウンが発売され，日本人の平均寿命，男64歳，女68歳であった。
　なお，この詩の続き，4行目の「涙さしぐみかへり来ぬ」の「来ぬ」は「きぬ」と読む。「こぬ」と
読むと「こない」の意になる。

演習問題

次の文章の内容に合致するものとして，妥当なものはどれか。

人間の力で自然を克服せんとする努力が西洋における科学の発達を促した。何ゆえに東洋の文化国日本にそれと同じような科学が同じ歩調で進歩しなかったかという問題はなかなか複雑な問題である。

日本では，まず第一に，自然の慈母の慈愛が深くて，その慈愛に対する欲求が満たされやすいために，住民は安んじてそのふところに抱かれることができる，という一方ではまた，厳父の厳罰のきびしさ恐ろしさが身にしみて，その禁制にそむき逆らうことの不利をよく心得ている。その結果として，自然の十分な恩恵を甘受すると同時に自然に対する反逆を断念し，自然に順応するための経験的知識を収集し蓄積することにつとめてきた。この民族的な知恵もたしかに一種のワイスハイトであり，学問である。しかし，分析的な科学とは類型を異にした学問である。

たとえば，昔の日本人が集落を作り，架構を施すには，まず地を相することを知っていた。西欧科学を輸入した現代日本人は，西洋と日本とで自然の環境に著しい相違のあることを無視し，したがって伝来の相地の学を蔑視して，建てるべからざる所に人工を建設した。そうして克服したつもりの自然の厳父のふるった鞭のひと打ちで，その建築物がいくじもなく壊滅する，それを眼前に見ながら，自己の錯誤を悟らないでいる，といったような場合が近ごろ頻繁に起こるように思われる。

西欧諸国を歩いたときに自分の感じたことの一つは，これらの国で自然の慈母の慈愛が案外に欠乏していることであった。洪積期の遺物と見られる泥炭地や砂地や，さもなければ，はげた岩山の多いのに驚いたことがあったが，また一方で，自然の厳父の威厳の物足りなさも感ぜられた。自然を恐れることなしに，自然を克服しようとする科学の発達には真に格好の地盤であろうと思われたのである。

こうして発達した西欧科学の成果を，なんの骨折りもなくそっくり継承した日本人が，もしも日本の自然の特異性を深く認識し自覚した上で，この利器を適当に利用することを学び，そうして，ただでさえ豊富な天恵をいっそう有利に享有すると同時に，わが国に特異な天変地異の災禍を軽減し回避するように努力すれば，おそらく世界じゅうでわが国ほど都合よくできている国はまれであろうと思われるのである。

① 日本において西洋式の科学が発達しなかったのは，自国が自然に恵まれているということを忘れてしまったからである。

② 自然を恐れることなしに自然を克服しようという科学の発達に都合よくできているのは，実は日本である。

③ 西洋においての科学の発達は，自国の自然の特異性を深く認識し自覚したうえで研究を重ねたからである。

④ 日本の自然は天災が多く，またその一方で豊富な天恵を享受することも多いという特異性をもっていた。

⑤ 日本において西洋式の科学が発達しなかったのは，民族的なワイスハイトに執着したためである。

No.2

（解答 ▶ P.17）

次の文章の要旨として，妥当なものはどれか。

　日本人は生活を美化する。見た眼に美しくするためには，生活の直接の目的さえも犠牲にしたのだ。食品でないものを食事の皿にならべ，美しく寒い部屋でほとんど暖房のない冬を忍ぶことのできる国民は他にない。

　然し，美のために何ごとでも忍ぶことのできた国民は，同時に観念のためには，何事も忍ばない国民であった。殉教も，宗教戦争もおこりようがない。超越的な神が考えられなかったように，すべての価値も人生を超越しなかった。価値の意識は常に日常生活の直接の経験から生みだされたのであり，本来感覚的な美的価値でさえも容易に生活を離れようとはしなかったのである。屏風，扇子，巻物，掛軸……日本画の伝統的な枠は，西洋画の抽象的な額ぶちではなかった。そしておそらくそのことと，たとえば個人の自由が絶対化されず，容易に家族的意識の中に解消されるということとの間には，密接な関係がある。日常生活の経験が二人の個人の平等の根拠になりえないだろうことは，前にいったが，それは必ずしも昔の話ではなく，今の話である。

① 日本人は超越的な神を持たなかった代わりに感覚的な「自然」を畏れ，そこでは思想的な文化ではなく感覚的な文化が洗練された。

② 日本人の美意識の高さは，ともすれば表層や型にこだわって内実をおろそかにするという弊害を生んだ。

③ あらゆる価値が，美意識ですら，日常と切り結んだ日本では，超越的な神も生まれず個人の自由も絶対化されなかった。

④ 日本人の美的感覚の鋭さは西欧など他の文化に類を見ず，日本文化の最も誇れる一面と言える。

⑤ 西欧で殉教や宗教戦争が起こり得たのは，人々が超越的な神に人生や日常を超えた価値を見出したからである。

次の文章の内容として，妥当なものはどれか。

　死ということは人類にとっての大きい課題である。動物のなかで自分が死すべき存在であること
を自覚しているのは，おそらく人間だけであろう。死をどう受けとめ，どう理解するか，というこ
とから宗教が生まれてきた，ということもできる。考古学の調査によっても，人間は相当古い時か
ら，葬送の儀礼をもっていたことがわかる。

　そんなに古い時のことを考えなくとも，私が子どもの頃の祖父母は，まだ地獄や極楽のことを信
じていた，と言える。死んで浄土に行くということは，相当に強い願いであり，信念でもあった。
来世の存在に対する確信が，今世の生を支えていた。キリスト教国においても，「復活」というこ
とが信仰のなかで重要な意義を占めている。死後に復活し最後の審判を受ける。このことがこの世
に生きる生の在り方を支えていた。

　多くの宗教が教えるところは，死を単純な「終り」として見るのではなく，ある人の存在は死に
よって完全に消滅してしまうのではない，という点にある。死に対するそのような確信が，その人
の生の在り方に強い影響を与えるのである。「死生観」という表現があるのも肯けることで，生と
死とをまったく切り離して「観」することは不可能なのである。

① 　自分がいずれ死ぬ運命にあるということを自覚している動物の一つに，人間が含まれる。

② 　人間が葬儀の習慣を持ったのは，ごく最近になってからだということが，調査によってわかっ
　　ている。

③ 　仏教における死生観とキリスト教における死生観はまったく違うものであり，それが日本と
　　西洋の自然科学の発展のスピードの違いとなって現れた。

④ 　死によって人間の存在は完全に消滅してしまうわけではない，という考え方は，多くの宗教
　　に共通するところであり，それが生を支えていた。

⑤ 　近代以降，科学のみならず宗教においても「生」と「死」は厳密に区別されてきたのであり，
　　それが人々の人生観を大きく変化させた。

No.4

(解答 ▶ P.18)

次の文章の主旨として，妥当なものはどれか。

　さて，人間の欲望のうちで，もっとも基本的なものは物質的欲望であろうが，まずこれを観察しただけでも，ただちに，欲望が無限だという先入観が誤りであることが理解できる。人間にとって最大の不幸は，もちろん，この物質的欲望さえ満足されないことであるが，そのつぎの不幸は，欲望が無限であることではなくて，それがあまりにも簡単に満足されてしまうことである。食物をむさぼる人にとって，何よりの悲しみは胃袋の容量に限度があり，食物の美味にもかかわらず，一定度の分量を越えて食べられない，という事実であろう。それどころか，しばしば人間の官能の喜びは逆説的な構造を示すものであって，欲望が満たされるにつれて快楽そのものが逓減し，ついには苦痛にまで変質してしまうということは，広く知られている。いわば，物質的な欲望の満足は，それがまだ成就されていないあいだにだけ成立し，完全に成就された瞬間に消滅するという，きわめて皮肉な構造によって人間を翻弄する。

① 食欲というものは満たされると消滅したり逓減したりして，本当の意味で容易に満たされない。

② 人間のほとんどの欲望は無限ではなく簡単に満足されてしまうものなので，われわれは翻弄されてしまう。

③ 人間の物質的欲望は簡単に満足されてしまい，欲望が満たされるにつれ快楽は失われるというパラドックスを内包する，皮肉な構造を持つ。

④ なかなか成就されない人間の物質的欲望は，やがて苦痛にまで変質してしまうことがある。

⑤ 人間の欲望のうちで最も基本的なものは物質的欲望であり，その一例が食欲である。

次の文の内容に合致するものはどれか。

　いままで僕は宇宙というのを大きい方に考えていました。宇宙はものすごく大きい，限りないものだと考えていたのだけれど，こんどは無限に小さいものに眼を開かれたのです。我々一人ひとりのからだは，すごく精緻な構造をもっていて，人と人との差がまったくない。人間という種に関しては，ありとあらゆる臓器，末端に至るまで同じ構造をもっていて，しかもそれを顕微鏡で拡大するとまた全部同じで，どんどん拡大していってもなお，無限に小さいものがある。この驚きが医学生の時の驚きでした。

　医学を勉強するにしたがって人間のからだというのは一筋縄ではいかないものすごい構造をもっていることがだんだんわかってきました。特に僕みたいに専門を精神医学に決めますと，脳の構造とか脳神経学の知識が必要になってきます。いろいろな機械や探索機を使って脳の研究をするわけです。いくら精緻に研究しても，これが無限にわからないのです。細胞ひとつをとっても——僕は医者になってから，もう三十五年たっていますが，その間に組織学はすごく進歩しています。しかし——いまだに細胞の構造のごく始めの部分をちょっと人間が齧ったくらいのもので，中の液体の動きもわからなければ，ましてなぜそれが生命を持っていて増殖していくかということになりますと，何も分からない。

　これは科学をやった人は誰でも感じることなんでしょうけれど，せいぜい五千年の人類文明の歴史の中で人間が知りえたこと，科学的な知識の集成というのは，大したことじゃない，この大したことがない，ということがだんだんわかってくる。いまハイテクノロジーの時代で，科学というのは万能だと特に若い方なんか信じていて，コンピューターさえあれば何もかもわかると思っていらっしゃるかもしれないけれど，しかしコンピューターというのは人間のインプットがなければ動かない。人間の知識とは何か，と考えますと，人間のたかだか五千年の歴史で知りえたことにすぎないわけです。

① 細胞の構造一つとってみても研究は進んでおらず，科学には期待できない。

② ハイテクノロジー時代で人間は本来持っていた能力をなくしてしまった。

③ 人間の体は極小の部分までも構造上の個体差が現れ，それが無限に続く。

④ たかだか五千年の歴史で科学が何も達成できていないのは当然だ。

⑤ 人間のからだの構造は不思議で無限を感じさせるが，それは同時に科学の限界を気づかせるものでもある。

No.6

（解答▶P.19）

次の文章の内容に合致するものとして，最も適当なものはどれか。

　モオツァルトは，主題として，一息の吐息，一息の笑いしか必要としなかった。彼は，大自然の広大な雑音から，なんともいえぬたおやかな素早い手つきで，最小の楽音を拾う。彼は，何もわざわざ主題を短くしたわけではない。自然は長い主題を提供することがまれだからにすぎない。長い主題は，工夫された観念の産物であるのが普通である。彼にとって必要だったのは主題というような曖昧なものではなく，むしろ最初の実際の楽音だ。ある女の肉声でもいいし，偶然鳴らされたクラブサンの音でもいい。これらの声帯や金属の振動を内容とするある美しい形式が鳴り響くと，モオツァルトの異常な耳は，そのあらゆる共鳴を聞き分ける。凡庸な耳には沈黙しかない空間は，彼にはあらゆる自由な和音で満たされるだろう。ほんのわずかな美しい主題が鳴れば足りるのだ。その共鳴は全世界を満たすから。想像の中では，音楽は次々に順を追うて演奏されるのではない。一幅の絵を見るように完成した姿で現れると，彼が手紙の中で言っていることは，そういうことなのではなかろうか。こういうことが可能なためには，無論，作曲の方法を工夫したり案出したりするような遅鈍なことでは駄目なのであるが，モオツァルトは，その点では達人であった。三歳のときから受けた厳格な不断の訓練は，彼のあらゆる手段の使用を，ほとんどクラブサン上の指の如きものに化していた。

　僕はハイドンの音楽もなかなか好きだ。形式の完備整頓，表情の清らかさという点では無類である。しかし，モオツァルトを聞いた後，ハイドンを聞くと，個性の相違というものを感ずるより，何かしら大切なものが欠けた人間を感ずる。この感じはおそらく正当ではあるまい。だが，モオツァルトがそういう感じを僕に目ざますということは，間違いないことで，彼の音楽にはハイドンの繊細ささえ外的に聞こえるほどの驚くべき繊細さがたしかにある。心が耳と化して聞き入らねば，ついていけぬようなニュアンスの細やかさがある。ひとたびこの内的な感覚を呼び覚まされ，魂の揺らぐのを覚えた者は，もうモオツァルトを離れられぬ。

① モオツァルトは，長い主題の中に世界の課題を追求した。

② モオツァルトは，自然の雑音の中に楽音の内的感覚を追求した。

③ モオツァルトは，厳格な訓練を通しニュアンスの繊細さを追求した。

④ モオツァルトは，自然の中に人間そのものの感覚を追求した。

⑤ モオツァルトは，ハイドンを否定し独自の主観を追求した。

第2章 古文の内容把握

　古文は，まず慣れることが大切である。そのためには歴史的仮名遣いに注意して，文章を声を出して繰り返し読むこと。古文には現代と同じ言葉や語法も多く使われているから，よく読むことが大切で，それと並行して，次の①～⑤の〈解法のポイント〉を十分に理解し，あわせて，他の参考書などで基礎知識を補強していけば，いっそう親しみがわいてくるはずである。

◇ 解法のポイント① 　主語（動作主）を確かめながら文脈をたどる。

(1) 「名詞＋の　→　述語」の形に目をつける。

　※　山の端に日のかかるほど，〔山の稜線に夕日がかかる時分に，〕（更級日記）

(2) 初めに示された主語を手がかりにする。

　※　昔，男ありけり。馬のはなむけせむとて人を待ちけるに，来ざりければ，〔昔，男がいた。（その男が）送別の宴を張ろうということで人を待っていたのに，（その人が）来なかったので，〕（伊勢物語）

◇ 解法のポイント② 　基礎的な文法知識を活用する。

(1) 係り結び

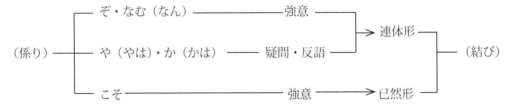

(注)「ものをこそ思へ」は命令形ではない。「ものを思ふ」を強めた表現である。「こそ（係助詞）→思へ（已然形）」が係り結び。

(2) 尊敬語と謙譲語

●**尊敬語**　動作をする人を敬う表現（直接的）。

　※　親王おはします。〔親王がいらっしゃる。〕→ 親王（動作主）を高める。

●**謙譲語**　動作を受ける人を敬う表現（間接的）。

　※　（AがBに）まゐらす。〔（AがBに）さしあげる。〕→B（渡す相手）を高める。

（注）　「二方面敬語」に注意する。（AがBに）まうさせたまふ。〔（AがBに）申し上げなさる。〕
→尊敬語「たまふ」がA（動作主）を高め，謙譲語「まうさす」がB（言う相手）を高
める。つまり，A・B二人を同時に敬っているのだ。

（3）　**重要助動詞・助詞**

- 「ましか（せば）……まし」→事実に反することを仮に想像する（反実仮想）。

　※　鏡に色形あら<u>ましか</u>ば映らざら<u>まし</u>。〔もし鏡に（固有の）色や形があったとし<u>たら</u>，
何も映らないであろうに。（色も形もないから映るのだ。）〕（徒然草）

- 「……もぞ（もこそ）……」→悪い事態を予測し，不安・心配を表す。

　※　雨<u>もぞ</u>降る。〔雨が降る<u>かもしれない</u>。<u>そうなるといけない</u>。〕（徒然草）

- 「や（やは）・か（かは）……**連体形**」→反対の内容を疑問の形で問いかける。反語。

　※　この君よりほかに，まさるべき人<u>やは</u><u>ある</u>。〔このお方以外に，まさっている人がある
<u>だろうか</u>，<u>いやありはしない</u>。〕「ある」は「あり」の連体形，係り結び。

- 「**な**……**そ**」→禁止。「な」は禁止の意を表す副詞である。

　※　声高に<u>な</u>のたまひ<u>そ</u>。〔大声でおっしゃ<u>らないでください</u>。〕（竹取物語）

◇ **解法のポイント③**　　特に古今異義語に注意して，語句の意味をとらえよ。

（1）　**文脈を正しくつかんで，その語句の意味を考える。**

　※　明らかなる月日の<u>影</u>をだに見ず。〔明るい月や日の（ア姿・形　イ光　ウ影法師）さえも
見ない。〕（源氏物語）　イが正解。この意味が，この語の原義。

（2）　**古今異義語に注意して，その意味を的確にとらえる。**

　※　この酒をひとりたうべんが<u>さうざうし</u>ければ，〔この酒をひとりで飲むのが，（アもの寂し
い　イ周囲がうるさい）ので，〕　アが正解。「もの足りない」とも訳す。

◇ **解法のポイント④**　　文章の構成に注意して，意見・感想をつかめ。

（1）　**書き出しに注意**　※折節のうつりかはるこそ，ものごとにあはれなれ。……〔季節が移り
変わっていくさまは，何事につけても，しみじみとした情趣が感じられる。……〕（徒然草・
第19段）　この段は，「**結論（感想）→説明（事実）**」のタイプ。

（2）　**文章の終わりに注意**　………。少しのことにも，<ruby>先達<rt>せんだち</rt></ruby>はあらまほしき事なり。〔………。ちょっ
としたことについても，案内役はあってほしいものである。〕（徒然草）　この段は，上とは
逆の「**説明（事実）→結論（感想）**」のタイプ。

◈ 解法のポイント⑤　和歌は, 掛詞に注意せよ。

※　霞立ち木の芽もはる（＝脹る〈ふくらむ〉・春）の雪降れば花なき里ぞ花散りける

〔霞が立ち，木の芽もふくらむ　春の季節の雪が降ると，まだ花が咲かない里も，花が散って

いるように見える。〕─→「はる」は，「脹る」と「春」の二つの意味がかかる。

（紀貫之『古今集』）

Q 例題①

> 次の文章の内容に合致するものとして，最も妥当なのはどれか。
>
> 　ありがたきもの。舅にほめらるる婿。また，姑に思はるる嫁の君。物よく抜くるしろがねの毛抜き。主そしらぬ人の従者。つゆの癖かたはなくて，かたち，心，ありさまもすぐれて，世にあるほど，いささかのきずなき人。同じ所に住む人の，かたみに恥ぢかはしたると思ふが，つひに見えぬこそ，かたけれ。物語，集など書き写す本に墨つけぬ事。よき草子などは，いみじく心して書けども，かならずこそきたなげになるめれ。男も，女も，法師も，契り深くて語らふ人の，末までなかよき事。
>
> ① 　姑にかわいがられている嫁君は，姑に素直に感謝した方がよい。
>
> ② 　主人の悪口を言わない従者は，めったにいないものである。
>
> ③ 　容貌，性格，立居振舞の良さの三拍子が揃っていれば，世間と円滑に交わることができる。
>
> ④ 　物語や歌集などを書き写す場合は，原本に忠実に書き写すのが原則である。
>
> ⑤ 　男と女は将来を深く約束していれば，その関係は長く続くものである。
>
> 　　　　　　　　　　　　　　　　　　　　　　　出典：清少納言『枕草子』

ヒント

「ありがたきもの」をあげている段で，そのうち人間関係が多く取り上げられている。次の⑴・⑵に着目しよう。

⑴　「ありがたきもの」の「ありがたし」は，現代語と形が同じだからと言って「感謝すべきだ」のように訳さない。この古語は，「有り難し」つまり，**「めったにない・珍しい」**の意である。現代語と形は同じで，意味の違う語に注意をはらおう。

⑵　この段の組み立てに目をつけよう。①から⑦は，すべて「めったにない」に通じている。

　　①　〜婿。

　　②　〜嫁。

　　③　〜従者。

　　④　三拍子揃った完全無欠の人。

　　⑤　最後まで見抜かれずに通す人。

　　⑥　本に墨をつけない事。（「よき草子」も含む。）

　　⑦　男・女などが最後まで仲のよい事。

（述部）
↓
めったにないもの

❗ 注意点

- 「主そしらぬ人の従者」の「人の従者」は一語と見る。「主人の悪口を言わない」ところの「人の従者」の意。「主そしらぬ人」の従者ではない。

- 「同じ所に住む人の，かたみに………と思ふが」の「の」は，同格である。「―― 人で，かたみに ―― 思う人が」と訳す。主語を示す「が」の前に，名詞「人」を補って訳す。

- 「見えぬこそ，かたけれ。」は，係り結び。「かたけれ」は「かたし」の已然形。あとの「かならずこそ………なるめれ。」も同じ。「めれ」は「めり」の已然形である。

Ａ 解答・解説

① **妥当ではない。**「ありがたきもの」の「ありがたし」を，現代的に感謝の意にとった，解釈上の根本的な誤りである。

② **妥当である。**「主そしらぬ人の従者」は，「ありがたきもの」。「めったにいない」と言っているから，本文の内容に合っている。

③ **妥当ではない。** 選択肢後半部の「世間と円滑に交わることができる。」は，本文では述べられていない。この本文では，「三拍子が揃った」人はめったにいない，とだけ言っている。

④ **妥当ではない。** 上と同類の誤り。選択肢後半部の「書き写す」態度については，本文では何も触れていない。原文に墨をつけないことなど，めったにないとだけ述べている。

⑤ **妥当ではない。**「末までなかよき事。」を「ありがたきもの」としている。「長く続く」の反対で，本文とは逆になっている。

（答）　②

（現代語訳）

　めったにないもの　しゅうとにほめられる婿。また，しゅうとめにかわいがられるお嫁さん。毛のよく抜ける銀の毛抜き。主人の悪口を言わない従者。少しの癖や欠点もなくて，容貌，性格，立居振舞もすぐれていて，世間とまじわっていく時，ちょっとの非難すべき点のない人。同じ所に住んでいる人で，お互いに相手をすぐれた者として遠慮し合っていると思う人が，最後まで（自分の本性を相手に）見抜かれないで通す人は，めったにないのだ。物語，家集など書き写すもとの本に墨をつけないこと。りっぱな綴本（冊子）などは，非常に注意して書くのだが，それでもきっと（墨がついて）きたならしくなるようだ。男も，女も，法師も，深い約束をして親しくしている人が，終わりまで仲のよいことは，めったにない。

Q　例題②

次の文章の内容に合致するものとして，最も適当なものはどれか。

　今は昔，いつのころほひのことにかありけむ，清水に参りたりける女の，幼き子を抱きて御堂の前の谷をのぞき立ちけるが，いかにしけるやありけむ，児を取り落として谷に落とし入れてけり。はるかに振り落とさるるを見て，すべきやうもなくて，御堂の方に向かひて，手をすりて，「観音助け給へ」となむまどひける。

　「今は亡き者」と思ひけれども，「ありさまをも見む」と思ひて，まどひ下りて見ければ，観音の「いとほし」とおぼしめしけるにこそは。つゆ，傷もなくて，谷の底の木の葉の多く落ち積もれる上に落ちかかりてなむ臥したりける。

　母喜びながら抱き取りて，いよいよ観音を泣く泣く礼拝し奉りけり。

　これを見る人みな，あさましがりてののしりけり，となむ語り伝へたるとや。

① 清水寺に参拝した女が，不注意からそばにいた幼い子どもを谷に落としてしまい，観音に祈ったところ無事であり，かけつけた子どもの母親は喜んで観音を礼拝した。

② 清水寺に参拝した女が，自分の子どもをはずみで谷に落としてしまい，観音に祈ったところ子どもは無事であったが，周囲の人はあさはかであると口々にののしった。

③ 清水寺に参拝した女が，そばで一緒に谷をのぞいていた子どもをうっかり谷に落としてしまったが無事であり，周りの人は意外なことにびっくりして大声で騒ぎ立てた。

④ 清水寺に参拝した女が，自分の子どもをあやまって谷に落としてしまい，観音に祈ったところ子どもは無事であり，喜びながら子どもを抱き取った。

⑤ 清水寺に参拝した女が，抱いていた子どもを谷に落としてしまい，観音に祈ったところ子どもは無事であり，女の母親は喜んで泣きながら観音を礼拝した。

出典：『今昔物語』

ヒント

　清水観音の御利益で，谷に落ちた幼児の命が助かった話である。次の(1)・(2)に着目して，内容を正しく読み取ろう。

(1) 「清水に参りたりける女」の行動や思いを押さえて，話の筋道をとらえる。
(2) 観音の霊験（不思議な働き）の内容を，具体的につかむ。

❗ 注意点

● 「清水に参りたりける女の，………立ちける<u>が</u>」の「の」は同格（現代語訳の――線部参照）。
「ける」と「が」の間に名詞または，その代用をする「の」を補って訳す。

● 第四段落の「あさましがる」，「ののしる」は古今異義語（現代語訳参照）。

A 解答・解説

① **適当ではない。** 本文の「清水に参りたりける女」と「母喜びながら」の「母」は，同一人物であるから，選択肢の「かけつけた子どもの母親」は，文脈に合っていない。

② **適当ではない。** 選択肢末尾の「あさはかであると口々にののしった。」は誤訳。「あさましがる」「ののしる」は，古今異義語。選択肢③の訳が正しい。

③ **適当ではない。** 選択肢の「そばで一緒に谷をのぞいていた子ども」は，誤り。本文では「幼き子を抱きて御堂の前の谷をのぞき立ちけるが」とある。幼児は抱かれている。

④ **適当である。** 選択肢の「清水寺に参拝した女が」が主部であり，「喜びながら子どもを抱き取った。」は，その述部に当たり，正しく文脈がとらえられている。

⑤ **適当ではない。** 選択肢終わりの部分の「女の母親は」は誤り。これは①の間違いに通じている。「母」と「清水に参りたりける女」の「女」は，同じ人物である。

(答) ④

(現代語訳)

　今ではもう昔のことだが，いつごろのことであったろうか，<u>清水寺に参詣した女で，幼い子ども</u><u>を抱いて御堂の前の谷をのぞいて立っていたのが</u>，どうしたはずみにだろうか，その子を取り落として谷に落とし込んでしまった。（子どもが）はるか下の方にふり落とされるのを見て，（女は）どうしようもなくて，御堂の方に向かって，手をすり合わせて，「観音様，どうかお助けください」と，とり乱してお願いした。

　（女は）「（子どもは）もはや死んでしまった者」と思ったけれども，「（せめてどうなったのか）そのありさまを見届けよう」と思って，うろたえて下りていってみると，観音様が気の毒だと思われ，助けてくださったのであろう。（子どもは）まったく傷もなくて，谷底の木の葉が多く積もっていた上に（ふんわりと）落ちて横になっていた。

　母親（女）は喜びながら抱き上げて，なおいっそう観音様を泣きながら礼拝申しあげた。

　この（子どもが奇跡的に助かった）事件を見た人はみな，<u>不思議なことだと大騒ぎをして話し合った</u>，と語り伝えているということである。

次の文の趣旨として，妥当なのはどれか。

　　人の心すなほならねば，偽りなきにしもあらず。されども，おのづから正直の人，など
かなからん。おのれすなほならねど，人の賢を見てうらやむは尋常なり。至りて愚かなる
人は，たまたま賢なる人を見て，是を憎む。「大きなる利を得んがために，少しきの利を受
けず，偽りかざりて名を立てんとす」とそしる。おのれが心に違へるによりて，この嘲り
をなすにて知りぬ，この人は下愚※の性移るべからず，偽りて小利をも辞すべからず，か
りにも賢を学ぶべからず。狂人の真似とて大路を走らば，則ち狂人なり。悪人の真似とて
人を殺さば，悪人なり。驥※※を学ぶは驥のたぐひ，舜を学ぶは舜の徒なり。偽りても賢を
学ばんを賢といふべし。

　　※下愚：きわめて愚かな者
　　※※驥：千里を走る駿馬

① 　きわめて愚かな人は賢い人の行いを偽りだとして憎み，悪口をいう。偽ってでも賢い人
　の行いをまねる方がいいのだが，愚かな人はそれができないのである。

② 　大きな利益を得るために，小さな利益を無視することが賢い人の生き方である。しかし，
　愚かな人はそれが理解できず，ただ強欲だと非難するだけである。

③ 　人の性はそもそも善ではないが，まれに正直な人がいる。このような人は愚かな人から
　偽善者といわれても賢者の生き方を手本として毅然として生きていくのである。

④ 　人間は生まれつき素直ではなく，賢くもないが，賢い人の行いをまねることはできる。
　しかし，多くの人はこれを偽善として排斥するが，愚かなことというべきである。

⑤ 　人は賢い人の行いをまねることによって賢くなったような錯覚を抱くが，しょせん人間
　はまねだけでは本物になることはできないと悟るべきである。

　　　　　　　　　　　　　　　　　　　　　　　　　　出典：吉田兼好『徒然草』

ヒント

「賢」にならって生きよ，かりそめにもこざかしい批判などしてはならないと強く主張した文章である。次の(1)～(3)に目をつけよう。

(1)　「賢い人」に対する三種類の人が対比されているが，作者の批判の的になっているのはだれか。

おのづから正直の人＞人の賢を見てうらやむ人（普通の人）＞<u>賢を憎みそしる人（至りて愚かなる人）</u>→最高＞普通＞<u>最低</u>

※　賢を憎みそしる人＝賢をまねることができない人

(2)　「狂人の真似………舜の徒なり。」の比喩は，何のたとえか。

・狂人の真似とて……狂人なり。

・悪人の真似とて……悪人なり。

・驥を学ぶは………驥のたぐひなり。

}<u>Aをまねる者はAの仲間である。</u>

(3)　作者の言おうとしていることが，端的に述べられている文（主題文）は，どれか。

（比喩）「Aをまねる者はAの仲間である。」

↓

（賢を学ぶ者は，賢の仲間である。）

↓

（主題文・結論）　<u>偽りても賢を学ばんを賢といふべし。</u>

注意点

● 　本文5行目に「知りぬ」とあるが，直後の「この人は」から「学ぶべからず。」までが，わかった内容である。倒置した形で強調されている。

● 　「学（まな）ぶ」は，「学（まね）ぶ」。つまり，「まねする」ことである。

● 　主題文（結論）の位置は，古文も現代文同様，**文章（段落）の初め・終わりに位置する**。何か主張している文章だなと思ったら，初めや終わりに注意して，できるだけ早く主題文をつかむのが，正解への近道である。

A　解答・解説

① **妥当である**。選択肢の「偽ってでも賢い人の行いをまねる方がいい」は，主題文の内容そのものである。前半部の「きわめて愚かな人」についての記述も妥当。

② **妥当ではない**。選択肢にある「大きな利益，小さな利益」は，きわめて愚かな人のいう，賢い人に対する悪口の一部。本文の趣旨とは関係がない。

③ **妥当ではない**。「愚かな人」から偽善者と言われる人は，「正直な人」ではなく，「賢い人」である。「正直な人」のあり方については，本文では述べられていない。

④ **妥当ではない**。選択肢の「賢くもないが」は誤り。また，「多くの人は………排斥するが」とあるが，「排斥する」のは，愚かな人である。

⑤ **妥当ではない**。作者は，素直に賢い人を見習って生きよ，と主張しているだけであり，この文に述べられている内容についての考察は，なされていない。

（答）　①

（現代語訳）

　人間の心は，すなおなものではないから，偽りもないではない。そうはいうものの，まれには正直な人が，どうしていないはずがあろうか，いや必ずいる。自分がすなおでなくても，他人が賢いのを見て自分もそうなりたいとうらやむのは世間一般のことである。（しかし，）きわめて愚かな人は，たまたま賢い人を見て，これを憎む。「大きな利益を得ようとして，少しの利益を受けつけず，偽って立派に見せて，名声を得ようとするの（偽善者）だ」と悪口を言う。（賢い人のすることが）自分の考えと一致しないことによって，こんな非難をすることで，（次のことが）わかってしまう，この人はきわめて愚かな本性で決して賢く変わることができず，人に偽っても小さな利益を辞退することもできないし，かりそめにも賢い人のまねをすることができない人物なのである。狂人をよそおって大通りを走るなら，その人はとりもなおさず狂人である。悪人のまねだといって人を殺すなら，そのまま悪人なのである。一日に千里を走る駿馬をまねる馬はその同類であり，聖人である舜をまねる者は聖人の仲間なのである。（したがって，）偽ってでも賢人を学ぼうとする人は，賢人と言ってよいのである。

演習問題

次の文中の下線部の意味として，正しいものはどれか。

　<u>すさまじきもの</u>。昼ほゆる犬。春の網代。三四月の紅梅の衣。牛死にたる牛飼ひ。児亡くなりたる産屋。火おこさぬ炭櫃，地火爐。博士のうちつづき女子生ませたる。方たがへにいきたるに，あるじせぬ所。まいて節分などはいとすさまじ。

① 恐ろしいもの

② 悲しい気持ちにさせるもの

③ 美しいもの

④ 不調和で興ざめたもの

⑤ 趣のあるもの

次の文の主旨として，妥当なものはどれか。

何事も入りたゝぬさましたるぞよき。よき人は，知りたる事とて，さのみ知り顔にやは言ふ。片田舎よりさし出でたる人こそ，万の道の心得たるよしのさしいらへはすれ。されば，世にはづかしきかたもあれど，自らもいみじと思へる気色，かたくななり。

よくわきまへたる道には，必ず口重く，問わぬ限りは言はぬこそいみじけれ。

① 何でも知っているような顔をしている人にかぎって，実際は知らないことが多いものだ。

② ものによっては，街に住んでいる人より田舎から出てきた人のほうが，よく知っていることがある。

③ 田舎から出てきた人は，いろいろなことを知っているにもかかわらず，恥ずかしがってそれを表に出さない。

④ たとえ知っていることでも言葉を慎んで，人から尋ねられないかぎりは自分からは言わないほうがよい。

⑤ 物事をよく知っている人に，わからないことを聞くのは恥ずかしいことではないのだから，納得するまで尋ねたほうがよい。

（解答 ▶ P.20）

ゆきゆきて，駿河の国に至りぬ。宇津の山に至りて，わが入らむとする道は，いと暗う細きに，つたかへでは茂り，もの心細く，すずろなるめを見ることと思ふに，修行者会ひたり。「かかる道は，いかでかいまする」と言ふを見れば，見し人なりけり。京に，その人の御もとにとて，文書きてつく。

駿河なる宇津の山べのうつつにも夢にも人にあはぬなりけり

和歌の心理を表わす語として，最も適当なものは次のうちどれか。

① 思慕

② 夢想

③ 憧憬

④ 望郷

⑤ 懐古

　このわたり天の香具山の北の麓なり。この山いと小さく低き山なれど，いにしへより名はいみじう高く聞こえて，天の下に知らぬ者なく，ましていにしへをしのぶともがらは，書見るたびにも思ひおこせつつ，年ごろゆかしう思ひわたりし所なりければ，このたびはいかでとく登りてみんと，心もとなかりつるが，いと嬉しくて，

　　　いつしかと思ひかけしも久かたの天の香具山今日ぞ分け入る

皆人も同じ心に急ぎ登る。坂路にかかりて左の方に，一町ばかりの池あり。いにしへの埴安の池思ひ出でらる。されど，そのなごりといふべき所のさまにはあらず。

　上の文の内容として，最も適当なものは次のうちどれか。

① 　天の香具山は登るのが大変な山で有名だ。
② 　有名な天の香具山に今日こそはと思って登った。
③ 　天の香具山の北の麓は大変美しいところである。
④ 　有名な天の香具山は登る人がとにかく多くて困る。
⑤ 　天の香具山よりも横の池のほうがたいそう有名だ。

No.5　　　　　　　　　　　　　　　　　　　　　　　　　　　　　　（解答 ▶ P.21）

　人のものを問ひたるに，知らずしもあらじ，ありのままに言はんはをこがましとにや，心惑はすやうに返り事したる，よからぬことなり。知りたることも，なほ定かにと思ひてや問ふらん。また，まことに知らぬ人もなどかなからん。うららかに言ひ聞かせたらんは，おとなしく聞こえなまし。

　人はいまだ聞き及ばぬことを，わが知りたるままに，「さてもその人のことのあさましさ」などばかり言ひやりたれば，「いかなることのあるにか。」と，押し返し問ひにやるこそ，心づきなけれ。世にふりぬることをも，おのづから聞き漏らすあたりもあれば，覚束^{おぼつか}なからぬやうに告げやりたらん，あしかるべきことかは。

　かやうのことは，もの慣れぬ人のあることなり。

筆者が人にものを教える場合に大切だと言っていることは，次のうちどれか。

①　嘘をつかないこと。

②　すべては言わないこと。

③　相手の立場を考えること。

④　人に応じて答え方を変えること。

⑤　謙虚な気持ちで接すること。

　恵心僧都，年高くわりなき母を持ち給ひけり。志は深かりけれども，いと事もかなはねば，思ふばかりにて，孝養することもなくて過ぎ給ひにけるほどに，しかるべき所に仏事しける導師に請ぜられて，布施など多く取り給ひたれば，いとうれしくて，すなはち母のもとへ相具して渡り給へり。

　この母，世のわたらひ絶え絶えしきさまなり。いかに喜ばれむと思ふほどに，これをうち見て，うち後ろ向きて，さめざめと泣かる。いと心得ず。君，うれしさのあまりかと思ふあいだに，とばかりありて母の言ふやう，「法師子を持ちては，我，後世を助けらるべきこととこそ，年ごろは頼もしく過ぎしか。目の当たり，かかる地獄の業を見るべきことかは。夢にも思はざりき」とて言ひもやらず，泣きにける。

　これを聞きて，僧都発心して，遁世せられける。ありがたかりける母の心なり。

この文章から読み取れるものとして，最も適当なものはどれか。

① 　恵心僧都の母親は気難しいところもあったが，子供のことをとても深く考えている人物であった。

② 　恵心僧都の母親は病気で生死の間をさまよっているようなときでも，自分の子供のことを考え，適切な忠告をした。

③ 　恵心僧都は，最初は母がうれしくて泣いているのだと思っていたが，実は母親は恵心僧都のしていることが情けなくて泣いていたのであった。

④ 　恵心僧都の母親は子供のことを生活の頼りにしようと思っていたが，それが無理であることを知り，さめざめと泣いた。

⑤ 　恵心僧都は病床の母の涙を見て尊い母の心を知り，悟りを得ようと決意し，修行に専念した。

No.7

（解答▶P.22）

　鶯は，ふみなどにもめでたきものにつくり，声よりはじめてさまかたちも，さばかりあてにうつくしきほどよりは，九重のうちになかぬぞいとわろき。人の「さなんある」といひしを，さしもあらじと思ひしに，十年ばかりさぶらひてききしに，まことにさらに音せざりき。さるは，竹ちかき紅梅も，いとよくかよひぬべきたよりなりかし。まかでてきけば，あやしき家の見所もなき梅の木などには，かしがましきまでぞなく。よるなかぬもいぎたきなき心地すれども，今はいかがせん。夏・秋の末まで老いごゑに鳴きて，「むしくひ」など，ようもあらぬ者は，名を付けかへていふぞ，くちをしくくすしき心地する。それもただ，雀などのやうに常にある鳥ならば，さもおぼゆまじ。春なくゆゑこそはあらめ。「年たちかへる」など，をかしきことに，歌にも文にもつくるなるは。なほ春のうちならましかば，いかにをかしからまし。人をも，人げなう，世のおぼえあなづらはしうなりそめたるをばそしりやはする。鳶・烏などのうへは，見入れきき入れなどする人，世になしかし。されば，いみじかるべきものとなりたれば，とおもふに，心ゆかぬ心地するなり。

筆者の鶯に対する見方として最も適当なものは，次のうちどれか。

① 鶯は欠点ばかり目について，とても残念に思われる。

② 鶯は長所より欠点の方が多く，見苦しい鳥だ。

③ 鶯はすばらしい鳥だが，欠点があるのが惜しまれる。

④ 鶯はすばらしい鳥であって，欠点など見あたらない。

⑤ 鶯は他の鳥と同じように，長所も短所ももっている。

（解答 ▸ P.22）

　今日は親知らず，子知らず，犬もどり，駒がへしなどいふ北国一の難所を越えて疲れ侍れば，枕引きよせて寝たるに，一間隔てて表の方に，若き女の声二人ばかりと聞こゆ。年老いたる男の声も交りて物語するを聞けば，越後の国新潟といふ所の遊女なりし。伊勢参宮するとて，この関まで男の送りて，明日は故郷に返す文したためて，はかなき言伝などしやるなり。「白波の寄する汀に身をはふらかし，海士の子の世をあさましう下りて，定めなき契り，日々の業因いかにつたなし」と，もの言ふを聞く聞く寝入りて，あした旅立つに，我々にむかひて，「行方知らぬ旅路の憂さ，あまりにおぼつかなう悲しく侍れば，見え隠れにも御跡を慕ひ侍らん。衣の上の御情けに，大慈のめぐみを垂れて結縁せさせ給へ」と涙を落とす。「不便のことには侍れども，我々は所々にてとどまる方おほし。ただ人の行くにまかせて行くべし。神明の加護かならず恙なかるべし」と，言ひ捨てて出でつつ，哀れさしばらくやまざりけらし。

　　一家に遊女も寝たり萩と月

曽良に語れば書きとどめ侍る。

　上の文の内容として，最も適当なものは次のうちどれか。

① 遊女たちは芭蕉を旅の僧だと思い，この機会を仏道の一つの縁にしたいと思った。

② 遊女たちは伊勢へ行く年老いた男とも別れて，明日からは寂しい思いをする。

③ 芭蕉たちは，遊女たちに頼まれて伊勢まで同行することにした。

④ 芭蕉たちは北国一の難所を遊女と年老いた男とともに越えた。

⑤ 遊女たちの身の上話が聞こえてきて，芭蕉はその内容に同情し，涙した。

No.9

（解答▶P.23）

次の文の出典である作品及びその作品に関する説明として，妥当なのはどれか。

　丹波に出雲と言ふ所あり。大社を移して，めでたく造れり。しだのなにがしとかやしる所なれば，秋の比，聖海上人，その外も，人数多さそひて，「いざ給へ，出雲拝みに。かいもちひ召させん」とて，具しもて行きたるに，各拝みて，ゆゆしく信おこしたり。御前なる獅子・狛犬，背きて，後さまに立ちたりければ，上人いみじく感じて，「あなめでたや。この獅子の立ちやう，いとめづらし。深き故あらん」と涙ぐみて，「いかに殿原，殊勝の事は御覧じとがめずや。無下なり」と言へば，各怪しみて，「誠に他にことなりけり。都のつとに語らん」など言ふに，上人なほゆかしがりて，おとなしく物知りぬべき顔したる神官を呼びて，「この御社の獅子の立てられやう，定めて習ひあることに侍らん。ちと承はらばや」と言はれければ，「その事に候ふ。さがなき童どもの仕りける，奇怪に候ふことなり」とて，さし寄りて，据ゑなほして往にければ，上人の感涙いたづらになりにけり。

① 　この文は，宇治拾遺物語の一部であり，仏教の教義を民衆にわかりやすく伝えることを意図して書かれたものである。

② 　この文は，更級日記の一部であり，華やかな貴族社会に生きる女性の喜怒哀楽を自らの経験を交えて描いたものである。

③ 　この文は，徒然草の一部であり，登場人物の単純な思い込みが生んだ笑い話を冷静な筆致で描いたものである。

④ 　この文は，大鏡の一部であり，平安時代後期の歴史の裏面を問答形式により簡潔に描き出そうとしたものである。

⑤ 　この文は，雨月物語の一部であり，怪異と幻想に彩られた独特の世界を格調の高い文章により創造しようとしたものである。

次の文の内容に合致するものとして，最も妥当なものはどれか。

　この世に，いかでかかることありけむと，めでたくおぼゆることは，文にこそはべるなれ。「枕草子」に返す返す申してはべるめれば，こと新しく申すに及ばねど，なほいとめでたきものなり。遥かなる世界にかき離れて，幾年あひ見ぬ人なれど，文といふものだに見つれば，ただ今さし向かひたる心地して，なかなか，うち向かひては思ふほども続けやらぬ心の色もあらはし，言はまほしきことをもこまごまと書き尽くしたるを見る心地は，めづらしく，うれしく，あひ向かひたるに劣りてやはある。

　つれづれなる折，昔の人の文見出でたるは，ただその折の心地して，いみじくうれしくこそおぼゆれ。まして亡き人などの書きたるものなど見るは，いみじくあはれに，年月の多く積まりたるも，ただ今筆うち濡らして書きたるやうなるこそ，返す返すめでたけれ。

　何事も，たださし向かひたるほどの情ばかりにてこそはべるれ，これは，ただ昔ながら，つゆ変はることなきも，いとめでたきことなり。

① 物語というものは，直接経験していないことを読み手に感じさせたり，昔のことも鮮やかによみがえらせたり，ほんとうにすばらしい経験を人に与えてくれる。

② 昔の書物をひもといていると，会ったこともない人に対面したり，亡くなった人とも親しく話をしているような気がしてきて，ほんとうに感動してしまう。

③ 手紙というものは，何年も会っていない人と直接向かい合っている感じがするし，昔親しかった人からもらったものも，時が経っても少しも変わることがなく，ほんとうにすばらしい。

④ 文章を書いていると，若い頃感動した経験や親しかった人たちの懐かしい思い出などが思い起こされて，ほんとうに胸が一杯になってしまう。

⑤ 昔の人が残した日記や記録などを読んでいると，昔も今も人の情は変わらないことがわかってきて，ほんとうに親しい人と会話しているような気がしてくる。

MEMO

第3章 漢文の内容把握

漢文の内容把握は，返り点や送り仮名などに従って，文章を正しく訓読することがその前提となるのだから，読み方に習熟していない人は，171〜172 ページの**漢文訓読**や，教科書・参考書などを活用して，十分に練習することが大切である。

◇ 解法のポイント① 　間違えやすい句形を読み分けよ。

(1) 否定形

（二重否定）　不可不〜＝〜（せ）ざるべからず〔〜しなければいけない〕

（二重否定）　未必不〜＝未だ必ずしも〜せずんばあらず〔必ずしも〜でないとはかぎらない。多分〜であろう〕→「不・未」など否定語が二つ重なると肯定の意となる。

（部分否定）　不常〜＝常には〜せず〔常には（いつでも）〜するわけではない〕

（全部否定）　常不〜＝常に〜せず〔常に（いつでも）〜しない〕

(2) 反語形

（一般形）　豈〜（哉）・安〜（哉）＝豈に（安くんぞ）〜んや〔どうして〜だろうか。いや，決して〜ではない〕

（特殊形）　敢不〜乎＝敢えて〜ざらんや〔どうして〜しないだろうか。いや，きっと〜する〕

　　　　可〜乎＝〜べけんや〔〜することができようか，できはしない〕

　　(注) 要するに「反語形」は，強烈な否定であることを覚えておく。

(3) 感嘆形

（感嘆詞に注意）　嗚呼〜哉＝ああ〜なるかな〔ああ，〜であるなあ〕

（文末の助詞に注意）　不亦〜乎＝また〜ずや〔なんと〜ではないか〕

◇ 解法のポイント② 　漢文特有の複合語に注意せよ。

- 所謂＝いわゆる〔世に言うところの・ここで言うところの〕
- 以為＝おもえらく〔思うことには・〜と思う〕
- 於是＝ここにおいて〔そこで〕
- 是以＝ここをもって〔こういうわけで〕
- 如何＝いかん〔どうであろうか。どんなか。〕
- 所以＝ゆえん〔ア理由・わけ　イ手段・方法〕

◈ 解法のポイント③　「対句」に着目して，語句の意味・内容を的確につかめ。

（漢詩の例）

<u>白日</u>　<u>依山</u>　<u>尽</u>　（白日山に依って尽き）〔輝く太陽は山かげに沈んでいき〕

↕　↕↕　↕

<u>黄河</u>　<u>入海</u>　<u>流</u>　（黄河海に入りて流る）〔黄河の水は海に流れ注いでいく〕

（漢文の例）

<u>天地者</u>（は）<u>万物之逆旅</u>（げきりょ）・<u>光陰者</u>（は）<u>百代之過客</u>（かかく）（天地は万物の逆旅にして，光陰は百代の過客なり）〔天地は万物を迎えては送り出す旅館のようなものであり，月日は永遠に旅をつづける旅人のようなものである〕

> **(注)**　日常のことわざにも，対句形式のものが多い。
>
> 〈例〉　・男は度胸（どきょう），女は愛敬（あいきょう）　・昨日の友は，今日の敵

◈ 解法のポイント④　詩文の構成（起承転結）に着目して，主題・要旨をとらえる。

(起句)　春眠　暁（あかつき）を覚えず〔春の眠りは心地よく，いつ夜が明けたのかも気づかない〕

(承句)　処々　啼鳥（ていちょう）を聞く〔目ざめると，すっかり朝。あちこちで鳥の声がする〕

(転句)　夜来　風雨の声〔(思えば) 昨夜は雨まじりの風が吹いていたことだ〕

(結句)　花落つること知りぬ多少ぞ〔どれほど花が散り落ちたことであろうか〕

> **(注)** この詩の主題は，昨夜，風に散ったであろう花を思いやり，やがて去りゆく春を惜しむ気持ちをうたったもの。「転」は詩の眼目，「結」には結論が示される。

◈ 解法のポイント⑤　文章の種類に対応して，効果的に読め。

(1)　漢文の読み方

(a)　重要な句形とその意味に十分注意して，正しく訓読する。

(b)　文脈の上から，省略されている語句を補い，文章の大意や要旨をつかむ。

(2)　漢詩の読み方（起承転結を除く）

(a)　一句の字数や全体の句数を確かめ，詩の種類を見分ける。

（詩の種類の見分け方）

　ア．一句の字数から　→　五言・七言

　イ．全体の句数から　→　**四句＝絶句，八句＝律詩**

　ウ．字数・句数から　→　五言絶句（律詩）・七言絶句（律詩）

(b)　五言句は「〇〇－〇〇〇」，七言句は「〇〇－〇〇－〇〇〇」に分けて読む。

(c)　場面・季節・時刻などを押さえて情景をとらえ，作者の心情をつかむ。

(d)　「律詩」は，二句を一組としてとらえて，意味をつかむ。絶句の「転」に当たるのは第五・六句。「結」に当たるのは第七・八句である。

漢文訓読　（解答 ▶ P.25）

以下に漢文の訓読の基礎的なことをあげておく。□に読む順番を記入してみよう。

一　返り点

① レ点　すぐ上の一字に返って読むときに用いる。

歳月不レ待レ人。（ず　タ）

有レ備無レ患。（レバ へ　シうれヒ）

人不レ学不レ知レ道。（ざ　バ　ず ラ）

□　□レ　□　□レ　□レ　□

□　□レ　□レ　□

□　□　□レ　□　□レ　□レ　□

② 一・二点　二字以上隔てて上に返って読むときに用いる。

我学二漢文一。（ブ ノ ヲ）

得二天下英才一、教二育之一。（テ ノ ヲ ス ヲ）

□　□二　□　□一

□三　□　□　□二　□　□一、□二　□三　□一

③ 上・下点（上・中・下点）　一・二点をはさんで上に返って読むのに用いる。

不レ入二虎穴一、不レ得二虎子一。（ずンバ ラ ニ ず ヲ）

悪下称二人之悪一者上。（にくム スル ノ ヲ ヲ）

不下為二児孫一買中美田上。（ためニ じ ノ ハ ヲ）

□レ　□二　□　□一、□レ　□二　□三　□一

□下　□二　□　□一　□　□上

□下　□二　□一　□　□中　□　□上

④ 一レ点・上レ点　レ点と一・二点や上・下点とが複合する場合に用いる。

君子不二以レ言挙一レ人。（ハ もっテ ヲ ゲ ヲ）

如下北辰居二其所一、而衆星共上レ之。（ごとシ しんノ いテ ノ ニ ノ きょうスルガ ニ）

□　□　□三　□二レ　□一　□レ

□下　□　□三　□二　□一、□　□　□三　□二レ　□一上

二　再読文字　訓読の時に同じ字を二度読む文字。

① 未（いまダ……ず）　まだ……ない。いままで……ない。

未レ有二封侯之賞一。

↓　□レ □二 □ □ □一

② 将・且（まさニ……（セント）す）　……しようとする。
いまだに……になろうとする。

将レ送レ君。　↓　□レ □レ

且レ至レ燕。　↓　□レ □レ

③ 当（まさニ……ベシ）　……しなければならない。当然……するべきである。

人当レ惜二寸陰一。

↓　□レ □二 □一

④ 応（まさニ……ベシ）　……しなければならない。当然……のはずである。

君自二故郷一来、応レ知二故郷事一。

↓　□二 □ □一 、 □ □レ □二 □ □一

⑤ 宜（よろシク……ベシ）　……するほうがよい。……したほうがよい。

宜下以二修身一為上レ本。

↓　□下 □二 □ □一 □上レ □

⑥ 須（すべかラク……ベシ）　必ず……しなければならない。ぜひとも……する必要がある。

人須レ重二礼儀一。

↓　□レ □二 □一

Q　例題①

次の漢詩で作者は何を思っているのか。その心情の説明として最も適当なものはどれか。

牀前看月光
疑是地上霜
挙頭望山月
低頭思故郷

① 霜が降りるような寒さとそれを強調するような月光のわびしさを感じている。

② 寝床でうとうとしながら月光を眺めその心地よさに喜びを感じている。

③ 霜と見間違えるような月光を見つつ自分の故郷に思いをはせている。

④ 寒空の月光を見つつその美しさに頭の下がる思いがしている。

⑤ 故郷で見る月光はよその土地で見るそれとは感じ方が全くちがうと思い直している。

出典：李白『静夜思』

？ ヒント

　旅の身の孤独なわびしさを思い，ホームシックにとらわれている作者の，せつない望郷の詩（五言絶句）。次の(1)・(2)に目をつけよう。

(1)　まず，結句（第四句）に注目する。結句は，文字通り全体の内容を「むすぶ」役割を果たすもの。

　　では，この詩の結句はどうか。

　　　　「頭を低れて故郷を思ふ」

　　　　　→（異郷の）月を見て故郷を思う→主題「望郷・思郷」

(2) 作者の位置を確かめる。

- 「故郷を思ふ」──→作者＝旅（他郷の地）
- 「牀前」「山月を望み」──→作者＝宿舎の窓から異郷の月を見ている。

！ 注意点

- 転句と結句とは，**対句**になっている。
  頭を挙げて←→頭を低れて　　山月を望み←→故郷を思ふ
- 「疑ふらくは是れ………かと」は，「それは………かと疑われるほどである」の意味。
  「………であるかと疑う」「………かと思う」などとも訳せる。

A 解答・解説

① **適当ではない**。「霜が降りるような寒さ」は，「疑ふらくは是れ地上の霜かと」を間違って解釈したものである。

② **適当ではない**。この詩は，しんみりとした望郷のうた。月光を眺めての「心地よさ」「喜び」などは論外である。

③ **適当である**。選択肢の「霜と見間違える」は，「疑ふらくは是れ地上の霜かと」の解釈として当たっている。

④ **適当ではない**。②と同様，主題からはずれている。作者が思っているのは，懐かしい故郷である。

⑤ **適当ではない**。作者は他郷にあって月を見，ふるさとをしのんでいるのである。ここをしっかりと押さえること。

(答)　③

■書き下し文■

(起句)　牀前月光を看る　　　　(承句)　疑ふらくは是れ地上の霜かと
(転句)　頭を挙げて山月を望み　(結句)　頭を低れて故郷を思ふ

(現代語訳)

　　(題)　静かな夜のもの思い

(起句)　ベッドの前にさし込んでいる月の光を見ている。

(承句)　それは，地上に降った霜かと疑われるほどの白いかがやきである。

(転句)　ふり仰いでは山の上にかがやく月を望み，

(結句)　顔をふせては，故郷をなつかしく思い出す。

Q　例題②

次の文で，子貢が述べたことの主旨として，妥当なものはどれか。

子貢曰ハク、「君子之過ッや、如シ二日月之食一スルガ焉。過ッや也、人皆見レ之ヲ。更ムル也、人皆仰グ二之ヲ。」

① あやまちを犯してしまった場合，かくしだてしないのはよいが，自分の真価を問われるようなミスは，あえて人に知らせないのがよい。

② 人間のあやまちは，日食や月食のような自然現象ではなく，各人それぞれの判断力によってさけられるものである。

③ あやまちを犯しても，それをかくさず，すぐに改めれば，その人の真価を傷つけないものである。

④ 人のあやまちは，日食や月食で太陽や月が全部かくされてしまう場合もあるように，成りゆきにまかせるのがよい。

⑤ 人間のあやまちはすべて本人の責任であるから，その事情をよく知らない他人の批判など気にすることはない。

出典：『論語』

② ヒント

あやまちに対する君子の態度を述べた文章で，人間の修養上，肝要な一事を教えたものである。次の(1)・(2)に目をつけよう。

(1) 「日月の食するが如し」の「如し」は比喩。「君子の過ち」と「日月の食」とは，どういう点が似ているか。

　　日食月食→かくさない。だれにでもはっきり見える

(2) 「人皆之を仰ぐ」の「之」は，何を指すか。「之＝君子」である。人が日や月を仰ぐように，君子を尊敬する，と述べているのだ。

⑥ 参考

● 「小人の過つや必ず女（かざ）る」——「小人があやまちをした場合，言いわけやごまかしをして，作り飾る」の意。問題文と同じ編で，子夏（しか）という人はこう述べている。「君子」の場合とは，まさに対照的。「小人」とは，つまらない人間のことである。

A　解答・解説

① **妥当ではない**。選択肢後半部の「自分の真価を」以下については，本文では何も述べられていない。しかも，その内容は本文の主旨に反する。

② **妥当ではない**。「日食・月食」は，君子のあやまちの比喩として用いられており，その解釈は，まったく見当はずれである。

③ **妥当である**。選択肢終わりの部分の「その人の真価を傷つけない」は，まちがってもすぐ改めれば，君子として元どおり尊敬されることを言っている。

④ **妥当ではない**。選択肢に「成りゆきにまかせる」とあるが，これは本文の主旨とは，ほぼ逆なことを言っている。この態度は，あまりにも無責任であり，比喩の解釈も誤っている。

⑤ **妥当ではない**。選択肢で言っているこのようなことは，本文ではどこにも述べられていない。この文では，「日食・月食」の比喩の正しい解釈が正解への第一歩である。

(答)　③

■**書き下し文**■

　子貢曰はく，「君子の過つや，日月の食するが如し。過つや，人皆之を見る。更むるや，人皆之を仰ぐ。」と。

（現代語訳）

　子貢がいった，「学徳の高いりっぱな人は，あやまちを犯した場合は，（隠しだてをしないから）日食や月食のようなもので，世間の人はだれでも明らかにそれを知るものだが，そのあやまちを改めると，（日食や月食が終わって，もとの光にかえった日や月を仰ぐように）人々はだれもがみな以前の君子として仰ぎ尊敬するものである。」

次の漢文の内容として，最も適当なものはどれか。

楚人に盾と矛とを鬻ぐ者有り。之を誉めて曰はく、

「吾が盾の堅きこと、能く陥すもの莫きなり。」と。又其の

矛を誉めて曰はく、「吾が矛の利なること、物に於いて陥さざる無き

なり。」と。

或るひと曰はく、「子の矛を以つて、子の盾を陥さば、

何如。」と。其の人応ふること能はざるなり。

① 矛と盾を売る者は，その両方をほめて，これらを売ることができた。

② ある人が矛と盾の両方をほめたので，これを売る者は喜んだ。

③ その矛がその盾をついたらどうなるかという質問に，売る者は答えられなかった。

④ 売っている者は矛をほめたが，ある人は盾はよくないと言った。

⑤ 矛と盾両方をほめたそのことに，ある人がそれはちがうと意見した。

出典：韓非子『難一篇』

ヒント

相手の立場を、「矛と盾の理屈と同じではないか」と批判した寓話である。次の(1)・(2)に着目しよう。

(1)　矛と盾を売る人が、なぜ返答につまったのか、その理由を考える。

> ・どんな矛でも突き通せない盾
> ・どんな物でも突き通せる矛
> ┐→ <u>両立不可能</u>

矛　盾

(2)　「矛と盾を売る」人と、「ある人」との関係を確かめる。

> ●街頭などで武器を売る商人（売らんがための誇大宣伝）
> ↑↓ 対
> ●見物人の一人（誇大宣伝の矛盾をつく批判者）
> ※「ある人」は、群衆の代弁者とも言える。

🛇 注意点

● 「<u>無不陥</u>」（陥さざる無き）は、二重否定。「陥す」意味の強い肯定である。

● 「<u>吾盾之堅，莫能陥也</u>」と「<u>吾矛之利，於物無不陥也</u>」は、対句仕立てである。

● 「陥子之盾何如」の「何如」は、二文字で「いかん」と読む。「どうなるか」の意。

A 解答・解説

① **適当ではない**。「売ることができた」は、まったくの誤り。この商人は、返答につまって退散したはずである。

② **適当ではない**。「ある人」は、批判者であり、「ほめる」どころか、結果的にはけなした人である。

③ **適当である**。この話のポイントが的確にまとめられている。選択肢後半部に「売る者は」と主語を置いたのは正確でよい。

④ **適当ではない**。「売っている者」は矛はほめているが、「ある人」は「盾はよくない」などとは言っていない。

⑤ **適当ではない**。選択肢後半部の「それはちがうと意見した」が、適当ではない。「ある人」は商人の言葉の矛盾を突いただけである。　　　　　　　　　　　　　　　　（答）　**③**

　楚人に盾と矛とを鬻ぐ者有り。之を誉めて曰はく、「吾が盾の堅きこと、能く陥す莫きなり。」と。又た其の矛を誉めて曰はく、「吾が矛の利なること、物に於いて陥さざる無きなり。」と。或ひと曰はく、「子の矛を以つて、子の盾を陥さば、何如。」と。其の人応ふる能はざるなり。

（現代語訳）

　楚の国の人に、盾と矛とを売っている者がいた。（その人が）自分の商品をほめて「わたしの盾の堅いことといったら、これを突き通すことのできる物はない」と言い、さらにまたその矛をほめて「わたしの矛の鋭利なことといったら、どんな物でも突き通してしまう」と言った。（これを聞いていた）ある人が「あなたの矛でもって、あなたの盾を突いたら、どういうことになりますか」と言った。（盾と矛を売っていた）その人は何とも答えることができなかった。

演習問題

No.1　　　　　　　　　　　　　　　　　　　　　　　　　　　　　　　　（解答 ▶ P.26）

次の漢詩に表れている作者の心情を簡潔に述べたものとして，最も適当なものはどれか。

勧_{すすム}レ君_ニ金屈卮_し

満酌不_レ須_{もちヒ}レ辞_{スルヲ}

花発_{キテ}多_シニ風雨_一

人生足_ニル別離_一

① 友人である自分の酒が飲めないのか。

② 花に嵐のたとえのように人生別離がつきものだ。

③ 酒で身を持ち崩し酒飲みの友との別れにまで至った。

④ 花に降る雨を見つつ友人と酒が飲めることは幸せだ。

⑤ 友人との会話に酒がすすみもう飲めない。

次の漢詩の内容として，最も適当なものはどれか。

客舎[二一]スルコト幷州[一ニ]已[ニ]十霜

帰心日夜憶[二フ]咸陽[一ヲ]

無[レ]クモ端[メバ]更[ニ]渡[二ル]桑乾[ノ]水[一ヲ]

卻[かへ]ツテ望[二メバ]幷州[一ヲ]是[レ]故郷

① 幷州への旅は十年も前から思っていた。

② 咸陽へ帰りたいと願う気持ちはあまりなかった。

③ 今度北方に行くことになり旅もここで終わる。

④ 十年の旅の生活は幷州だけではすまなかった。

⑤ 今では幷州が自分の故郷のように思えてくる。

次の漢詩から読み取れる作者の境遇として，最も適当なものはどれか。

楚人歌二竹枝一
游子涙沾レ衣ヲ
異国久シク為レ客ト
寒宵頻リニ夢レ帰ルヲ
一封書未レダ返ラ
千樹葉皆飛ブ
南過グレバ二洞庭水一
更ニ応ニまさ消息稀一まれナル

① 故郷を思いつつも，通り越してさらに南へ向かわねばならない。
② 夢に故郷を思い出すが，自分の消息を知らせる手段がない。
③ 楚の人が歌う竹枝の詩を，旅先から封書で書いている。
④ 故郷から南の洞庭湖で，旅先での思い出を封書に書いている。
⑤ 旅に出て消息の知れない友人を，はるか南にまで探しに来た。

次の漢文の中で狙公（猿好きの男）はどのような細工をしたのか。その内容として，最も適当なものは次のうちどれか。

宋ニ有二狙公一者。愛レ狙ヲ養レ之ヲ成レ群。

能ク解二狙之意一ヲ、狙亦タ得二公之心一ヲ。損二

其家口一ヲ、充二狙之欲一ニ。俄ニハかニシテ而匱ぼシ焉。

将ニ限ラント二其食一ヲ。恐二衆狙之不レ馴ランコトヲレ

於レ己ニ也や、先ヅあざむキテ誑レ之ニ曰ハク、「与二若芋一ヲ、

朝ニハ三ニシテ而暮四ニセバルかトレ足乎。」衆狙皆

起チテ而怒ル。俄ニシテ而曰ハク、「与二若芋一ヲ、朝ニハ

四ニシテ而暮レニハ三ニセバルかト足乎。」衆狙皆伏シテ

而喜ブ。

① 猿の気持ちを理解できるのに，わからないふりをした。
② 猿の食料を減らすため，朝夕の量を入れ替えて言った。
③ 猿の食欲を満たすために，とちの実を増やした。
④ 猿がけんかをするので，朝夕の行いを改めさせた。
⑤ 猿に食料を与えるため，自分の朝夕の食料を入れ替えた。

No.5

（解答▶P.27）

次の文の内容として，最も適当なものはどれか。

智者ノ千慮ニモ、必ズ有二リ一失一。聖人ノ所レ不レ知、未ダ必ズシモ不レ為二ルサ愚人ノ所レ知ルル也一。愚人之所レ能、未ダ必ズシモ非二ズンバアラ聖人之所レ能一也。理ニ無二クラルコト専在一而学ニ無二キ止マルノ境一也。然ラバ則チ問フコトケン可レクや少カ耶。

① 聖人の知恵の及ばないところでこそ，愚人の知恵が生まれる。

② 聖人の関知しないことを，逆に愚人は必ず気にしている。

③ 聖人の知らないことは，もちろん愚人も知るはずがない。

④ 聖人の知らないことでも，愚人が知っている場合がある。

⑤ 聖人の知恵の及んでいるところには，愚人の知恵が反映されている。

孫楚が王済に言っていることとして最も適当なものは，次のうちどれか。

孫楚字子荊、才藻卓絶少カリシ時

欲二隠居一、謂二王済一曰、当レニ云フニ「欲二枕レ石漱一レ流。」誤リテ云二「漱石枕一レ流。」

済曰、「流非レ可レ枕、石非レ可レ漱」

楚曰、「所二以枕一レ流、欲レ洗二其耳一、所二以漱一レ石、欲三厲二其歯一」

① 若いうちから隠遁しようとするのは悪いことではないはずだ。

② 石に漱ぎ流れに枕するのは人としての苦行を経験するためだ。

③ 流れに漱ぎ石に枕するのは人として自然な行いだ。

④ 川の流れで耳を洗い石で歯をみがくということを言ったのだ。

⑤ 「漱石枕流」は間違った物言いであるので改めよう。

No.7

（解答 ▶ P.28）

陳渉が言ったことの主旨として，妥当なものはどれか。

陳渉少時、嘗与人傭耕。輟耕
之塁上、恨恨久之曰、「苟
富貴、無相忘。」傭者笑而応曰、
「若為傭耕、何富貴也。」陳渉
太息曰、「嗟乎、燕雀安知鴻
鵠之志哉。」

① 小人物は，自分の心の底に眠る大志に気づかずにいるということ。

② 貧困生活を続けていると，どんな大人物でも心がなえてしまうということ。

③ つまらない人物には，大人物の遠大な志はわからないということ。

④ 小さな人間も立派な人間も，しょせんは人間だということ。

⑤ 小人物も，大人物のように夢を抱けば，いつかは救われるということ。

次の文章の主旨として，妥当なものはどれか。

所-以ノ謂フ人皆有ニ不レ忍ビ人ニ之
心者ハ、今、人乍チ見レバ孺子ノ将ニレ入二
於井、皆有リ怵惕惻隠之
心。非ザル所-以テ内ニ交ハリヲ於孺子之
父母ニ也。非ザル所-以テ要メムル誉ヲ於郷
党朋友ニ也。非ザル悪ミテ其声ヲ而
然スル也。

① 人間には，その本性として他人の不幸を平気で見すごすことができない，思いやりの心が備わっている。

② 人間にとって，すべて幼児は深いいつくしみと愛情の対象であり，そこには功利打算の入り込む余地はない。

③ 人間は常に他人の目を意識して行動する。その意味で他人への親切などは，ほとんど売名行為に近いのだ。

④ 人間が他人の不幸を見のがすことができないのは，自分も人に助けてもらいたく思う本性によるものである。

⑤ 人間は，よい本性と悪い本性とを持ち合わせているが，悪い本性はできるだけおさえるのが道徳的だと言える。

MEMO

第4章 空欄補充

　文章読解問題である以上，空欄を補う語句（あるいは文）は，やはりその**文章の主題・要旨にかかわるキーワード**であるはずである。だから，この章でも，前の「内容把握」の方法が大いに役立つ。逆接の接続語，末尾の段落，「対比」されている語句などに常に目を光らせて，早く，的確に正解を選び取ろう。

☞ 解法のポイント① 　末尾の空欄は，冒頭部の前置きや主題文を手がかりにせよ。

（例文）

　　人間には二通りの人がある。というと，片方と片方は紅白みたいに見えますが，一人の人がこの両面を有っているということが一番適切である。人間には二種の何とかがあるということをよくいうものですが，それは大変間違いだ。そうすると片方は片方だけの性格しか具えていないようになる。議論する人はそういう風になるから，あとがどうも事実から出発していない議論に陥ってしまう。とにかく二通りの人間があることを言うが，これは（　　　　　　　）というのが，これが本当のことでしょう。

（夏目漱石『模倣と独立』）

（解説）

　冒頭の——線部が主題文で，その後半部がポイント。そして，末尾の空欄を含む一文「とにかく二通りの人間……これが本当のことでしょう。」は，この主題文の繰り返しである。とすれば，（　　）には「この両方を有っている」などが入るはずである。

☞ 解法のポイント② 　文中の対比に着目して適語を考えよ。

（例文）

　　頭がよくて，そうして，自分を頭が　A　と思い利口だと思う人は先生になれても科学者にはなれない。頭の悪い人のように，大自然の前に愚かな赤裸の自分を投げ出し，そうしてただ大自然の直接の教えにのみ傾聴する覚悟があって，初めて科学者になれるのである。しかしそれだけでは科学者にはなれないこともももちろんである。やはり観察と分析と推理の正確周到を必要とするのは言うまでもないことである。つまり，頭が　B　と同時に頭が　C　ことが科

学者となれる条件である。

（寺田寅彦『科学者とあたま』）

（解説）

　「頭の悪い人」は，自分の頭のよさに頼る「頭のよい人」とは違い，大自然の教えにのみ耳を傾けるから，この人こそ科学者にうってつけと思ったら，末尾の「しかし……やはり……」で，話は逆転する。最後の「つまり」以下が結論である。A＝よい，B＝悪い，C＝よい，が入る。B・Cは逆でも意味は通るが，適任者は，まず頭の悪い人だ。

◈ **解法のポイント③**　空欄前後の指示語・接続語に注意し，正しく文脈を把握せよ。

（例文・解説）

A　「この………（　　　　　）………これ………」
　　　└─→「この」「これ」など，**前後の指示語の指示内容**を，まず確かめる。

B　「………しかし，………（　　　　　）………」
　　　　　└─→「しかし」以降は，**前とは逆の文脈**のはず。ここに着目する。

C　「………，（　　　　　），………」
　　　└─→点線部と空欄部が並立している場合，**同じイメージの語**が適当。

❗ **注意点**

A　指示語は，「このように」にも十分注意する。これはいくつかの文や段落全体などを受けることが多く，指示内容の正しい把握が正解への前提となることが多い。

B　接続語は，「つまり・すなわち」も，かなり重要である。これは言い換えや要約を表し，「AすなわちB」と言ったら「A＝B」の意味である。

C　「並立」は，「明るく，元気な～」のような形をとる。

◈ **解法のポイント④**　文学的文章は，人物の性格，行動，思想の対照・対立をつかめ。

（例文）

　（重罪を犯して死罪を宣告された父の身代わりになりたいと願書を出した，長女いちら五人の子供は，母（女房）と共に奉行所に出頭した。）尋問は女房から始められた。しかし名を問われ，年を問われた時に，かつがつ返事をしたばかりでそのほかのことを問われても，「一向

に存じませぬ」,「恐れ入りました」と言うよりほか，何一つ申し立てない。次に長女いちが調べられる。当年十六歳にしては，少し幼く思える。やせ肉の小娘である。しかしこれはちとの臆する気色もなしに，一部始終の陳述をした。

（森鷗外『最後の一句』）

〔解説〕

　「恐れ入る」ばかりの母（女房）と，「臆する」ことなく，「一部始終の陳述」をする長女いちとの対照に着目する。この部分のあとに空欄があるとすれば，この対照・対立が問われると思ってよい。なお，「臆する」とは，おじけづくことである。

Q　例題①

次の文中の空欄に当てはまる文として，妥当なものはどれか。

　一般に，私たちの日常においては，言葉はもっぱら「代用」の具に供されている。例えば，私たちが風景について会話を交す，と，本来は話題の風景を事実に当たって相手にお目にかけるのが最もわかりやすいのだが，その便利が無いために，私たちは言葉をかりて説明する。この場合，言葉を代用して説明するよりは，一葉の写真を示すにしかず，写真に頼るよりは目のあたり実景を示すに越したことはない。このように，代用の具としての言葉，すなわち，単なる写実，説明としての言葉は，文学とは称し難い。なぜなら，写実よりは実物の方が本物だからである。（　　　　　　　　　　　　）単なる説明を文学と呼ぶならば，文学は，音を説明するためには言葉を省いて音譜を挿み，風景の説明にはまた言葉を省いて写真を挿めばよい。

① 単なる説明が文学なら音譜など不必要である。

② 原野の風景よりも写実の方が文学に近い。

③ 単なる写真は，「代用」の具である言葉におとる。

④ 美しい実景の説明には，実物を添えるのが効果的である。

⑤ 単なる写実は実物の前では意味を成さない。

〈注〉写実＝事物を客観的にありのままに写し取ること。

出典：坂口安吾『FARCE に就て』

ヒント

　本文ではこのあと，「代用」の具ではない，「純粋な言葉」について論が展開していく。次の(1)・(2)に目をつけよう。

(1) **指示語・接続語に注意**して，文脈を的確にとらえる。

- 1行目「例えば」（3〜4行目「説明する」まで）＝私たちは風景を,言葉をかりて説明する。

- 4行目「この場合」＝風景を言葉をかりて説明する場合。

- 6行目「すなわち」＝「代用の具としての言葉＝単なる写実，説明としての言葉」

- 6〜7行目「なぜなら………だから」＝「単なる写実は文学ではない」理由。

(2)　空欄の前後の文脈に特に注意して，実際に入る文を推しはかる。

●　風景の説明（実景＞写真＞言葉）→<u>単なる写実・説明≠文学</u>

↓

（理由）<u>写実より実物が本物</u> ＝ <u>言い換え</u>→（　　　　　　　　　　）。

A　解答・解説

①　**妥当ではない。**本文8行目で「音を説明するためには言葉を省いて音譜を挿_{はさ}」め，と述べている。「言葉」が不要なのだ。

②　**妥当ではない。**選択肢のようなことは，本文では述べられていない。

③　**妥当ではない。**「写真」は，言葉よりましとあるから，選択肢文末の「おとる」は逆である。ただし，「単なる写真」の「単なる」の意味は不明であるが。

④　**妥当ではない。**選択肢後半部の「実物を添える」は，意味・内容が明らかではない。「美しい実景」の「美しい」は，本文には用いられていない。

⑤　**妥当である。**空欄直前の文に，「写実よりは実物の方が本物」とある。ここの空欄の内容は，直前の文の言い換えと考えてよい。

（答）　⑤

参考　「純粋な言葉」

作者は，上の文章を通して，「言葉には言葉の，音には音の，そしてまた色には色の，おのおの代用とは別な，もっと純粋な，絶対的な領域があるはずである」ということを述べようとしている。

だが，代用の具に供される言葉以外に，純粋な言葉などあるはずのものではなく，「純粋な言葉」とは，「高い精神から生み出され，選び出され，一つの角度を通して，代用としての言葉以上に<u>高揚</u>せられて表現された」ものを言う。

なお，作者は「古池や蛙飛び込む水の音」という芭蕉の名句を「一切の理屈を離れて，ただ一つの<u>高揚</u>が働いている」と評している。

Q　例題②

次の文中の空欄に当てはまる文として，妥当なものはどれか。

　文学の世界には，はじめに言葉ありき，みたいなハッタリがどうしてもある。科学的にいえば無臭なはずの鉄の匂いを，鉄の匂いとして嗅げるような人たちを描いてみたいというモチーフで，わたしはひとつの小説を書いた。『錆色の町』という小説は，題が決まってから，人物がどんどん動きはじめた感が残っている。

　──春は鉄までが匂った。その小説の結びに，わたしはそう書いた。その表現を，ある文芸評論家は，作者の思い入れだと書いた。それはその通りかも知れないけれど，文学とは離れて，わたしはちょっぴり不満だった。

　工場の仲間にそのことを話したら，彼らは鉄だけではなくて，削っているときには真鍮や銅やアルミニュームの匂いを嗅ぎわけてみせると断言した。真鍮を削っているときに煙草を吸うとふだんよりは甘いのは，工場の人間なら誰でも知っている。

　（　　　　　　　　　）髪に白いものが目立ちはじめたのはお互いだが，言葉を選んで，余分なことは言わぬふうな堀沢さんが，どんなところでどんなふうにして二十数年の人生を塗り込めてきたかを，わたしは，強く知りたいと思ったのだった。

① 本当は鉄が匂う訳がないのだ。

② 技術屋にハッタリは通用しない。

③ 言葉を失ってしまう瞬間はあるのだ。

④ 鉄までが匂い立つ春が僕は好きだ。

⑤ 匂うのは鉄だけでないのである。

出典：小関智弘『春は鉄までが匂った』

ヒント

　この文章は，小説『錆色の町』（さびいろ）の作者の創作談の一節。「ハッタリ」がキーワードである。次の(1)・(2)に目をつけよう。

(1) 空欄が文章の終わりの方にあるから，初めから文章の筋道をしっかりとたどり，空欄に入る言葉を正しくとらえる。

(2) 書き出し，結びの部分にヒントはないか。特に，この文章では「文学の世界には，ハッタ

リがある」という書き出しが印象的。ここでは何を「ハッタリ」と言っているのか，それは本当にハッタリか。この辺に注目して文脈をつかもう。

〈第一段落〉　小説「錆色の町」のモチーフ
　　　　　　──（文学の世界のハッタリ）無臭な鉄の匂いを，鉄の匂いとして嗅げるような人たちを描いてみたい。
〈第二段落〉　「春は鉄までが匂った」（小説の結び）
　　　　　　──某文芸評論家の評（作者の思い入れだ）
　　　　　　──作者の感想（ちょっぴり不満だった）
〈第三段落〉　工場仲間の話（鉄の匂いは，ハッタリではない。）
　　　　　　──鉄だけではなく，真鍮・銅・アルミニュームにも匂いがある。
　　　　　　──これは，工場の人間なら誰でも知っている。
〈第四段落〉　（　　　　　　　　　　　）
　　　　　　──無口な堀沢さんの二十数年の人生を知りたい。

A　解答・解説

① **妥当ではない**。工場の人々は，真鍮や銅・アルミニュームも匂うという。だから，匂う訳がないとする，この選択肢は論外である。
② **妥当である**。「鉄の匂いを嗅げる」は，工場で働く技術屋さんにとっては真実で，ハッタリでも何でもないのだ。
③ **妥当ではない**。前段に続く言葉としては，なんとも唐突でほとんど意味を成さない。文脈からまったく外れている。
④ **妥当ではない**。文脈に合わない。「鉄までが匂い立つ春」という表現は，いかにも浮き浮きした気分で，これは全然そぐわない。
⑤ **妥当ではない**。書き出しの「鉄の匂いとして嗅げるような人」とは，科学的な匂いを超えた，技術屋の生きざま（ロマン）について表現したものである。　　　　　　　　　　　（答）　②

参考

「はじめに言あり，言は神と共にあり，言は神なりき」（新約聖書「ヨハネによる福音書」第一章より）
──「はじめに言（ロゴス）があった」とあるロゴスは，理性・法則・言葉などを意味し，世界の根底にある理性的な法則または生命力と解されるものである。イエスこそ，そのロゴスが現実の人となったお方であるというところから言われた言葉。
「はじめに言葉ありき」は，上の第一文。創世は神の言葉（ロゴス）から始まった。言葉はすなわち神であり，この世界の根源として神が存在するという意。

Q 例題③

次の文のＡ，Ｂに入る語句の組合せとして，最も妥当なのはどれか。

誤用かどうかがまさに微妙な例もある。たとえば，ある本のなかに，「肩の調子が悪いので，その日はがまんした」という場合の「ので」は誤用で，「のに」とあるべきだという指摘が出てくる。問題は（　Ａ　）「がまんした」のかだ。そこがはっきりしないのが，この文の欠点である。肩が痛いけれども，その日は医者にも行かずに，じっと痛みをこらえて過ごした，という意味ならば，たしかに「調子が悪いのに」とすべきだろう。しかし，試合に登板する予定だったが，肩に痛みが走ったため，はやる気持ちをおさえて，投球するのをひかえた，という意味だとも考えられる。その場合は，もとの文は舌ったらずの面はあるにせよ，「ので」という助詞の用法が誤っているとはいえないことになる。

「この会社の社長は，今から五十年前に，古田氏が初代社長に就任してから，今度の山本氏は八代目である」という文はどうだろう。「山本氏は」のところを「山本氏で」とすれば一件落着に見える。しかし，「山本氏は」と書いたのは，そこをとりあげたかったからではないか。その点，この修正案では，（　Ｂ　）ほうに重点が移った感じがある。「今度の山本氏は，五十年前に古田氏が初代社長に就任してから八人目の社長にあたる」とすれば，そこは解決する。

	Ａ	Ｂ
①	何を	初代社長の
②	何を	何代目かという
③	なぜ	何代目かという
④	なぜ	初代社長の
⑤	どう	初代社長の

出典：中村明『悪文－裏返し文章読本』ちくま学芸文庫

ヒント

この文章は，誤用かどうか微妙な例を二つあげ，それぞれ考察している。次の点に着目しよう。

● この文章は，一段落一例。そして，相互に関連はない。したがって，空欄Ａ・Ｂは段落ごとに解決すればよい。

〈第一段落〉

「肩の調子が悪い<u>ので</u>，その日はがまんした」

↓

①　「のに」が適切。(悪いのに痛みをこらえた)

②　「ので」でよい。(悪いので投球するのをひかえた)

⇩

「「………を」の内容が問題」

〈第二段落〉

「この会社の社長は，………<u>山本氏は八代目である</u>」

↓

①　「山本氏で」と直す。(「八代目」が重点)

②　「今度の山本氏は，………八人目の社長である」(「山本氏」が重点)

⇩

「叙述の重点の移動」

❗ 注意点

● 　第二段落は，①・②の主部（主語）の移動に注意。①「この会社の社長は」→②「山本氏は」。これで，②の文が，「山本氏」を強調していることがわかる。

A　解答・解説

A　空欄の直後の「がまんした」は，どういうこと，あるいは何をがまんしたのか，その説明が欠けている。その内容いかんで，「のに」も「ので」も使える。とすれば，①・②の「何を」が正解ということになる。

B　空欄の前の部分に「そこをとりあげたかったからではないか。」とあるから，ポイントは「山本氏」。ところが修正案では「八代目の社長」とあり「何代目か」というほうに重点が移っていることに注意する。

↓

(結論)　Aは，①・②が該当するが，Bは①「初代社長の」が誤りであり，②「何代目かという」しか該当しない。ゆえに，②が正解。

(答)　②

Q　例題④

次の文中の空欄A〜Cに入る語句の組合せとして，妥当なものはどれか。

　夫の愛を獲得したベアトリチェは，夫の代理として他の都市を訪問したり，随分と忙しくなり，自信もできるし，とりまきも増える。従って，彼女はもはやサライを必要としなくなる。サライは淋しいけれど，仕方のないことだと思う。

　そんなとき，彼らはレオナルドがロドヴィコ公のために作った巨大な馬の像の前で出会う。サライの期待に反して，ベアトリチェはこの作品をあまり評価しない。サライは，彼女の頭のなかが宝石や金ピカの服でいっぱいになり，例の（　A　）が無くなったのかと思った。しかし，そうではなかった。彼女はこの作品が「芸術作品というより努力のかたまりだ」と指摘し，レオナルドは（　B　）自意識過剰になって，せっかくの才能が金縛りになってしまう，だからこそサライのもつ「粗野なところと，無責任さが，必要なの」と言う。…「すべて偉大な芸術にはそれが必要よ。…サライ，レオナルド先生がいつも何か荒々しいもの，（　C　）を持ち続けられるよう，おまえに気をつけていてもらいたいの」と大切なことを語る。彼女の「ものさし」は無くなっていなかったのだ。

	A	B	C
①	「賢明さ」	忙しすぎると	何か心の支えになるもの
②	「ものさし」	責任を感じすぎると	何か責任に縛られないもの
③	「いたわり」	我慢しすぎると	何か挑戦的で冒険的なもの
④	「謙虚さ」	疲れすぎると	何か大きくて超越的なもの
⑤	「やさしさ」	努力しすぎると	何か心を揺り動かすもの

出典：河合隼雄『子どもの宇宙』岩波書店

ヒント

この文章では，登場するベアトリチェの芸術観が中心となっている。次の(1)・(2)に着目しよう。

(1)　登場人物の関係に注意して場面をとらえ，ベアトリチェは，芸術には何が必要だと言っているかを読み取る。

（第一段落）　これまでの経緯

　　　　　　○ベアトリチェ──→サライは不必要（←夫の愛を獲得・多忙）。

　　　　　　○サライ──→仕方ない。

（第二段落）　二人の再会

　　　　　　○二人，レオナルド作の銅像前で出会う。

　　　　　　○ベアトリチェの作品評

　　　　　　　●あまり評価しない

　　　　　　　　　└──→サライ，期待外れ。例の（A）がなくなったか。

　　　　　　　●この作品は，むしろ「努力のかたまり」。

　　　　　　　　　　　　└──→（B）自意識過剰・才能金縛り。

　　　　　　○サライへの要望

　　　　　　　●すべて芸術作品には，サライの持つ「粗野・無責任さ」が必要。

　　　　　　　●レオナルドが荒々しいもの，（C）を持ち続けられるよう注意する。

　　　　　　　　　└──→彼女の「ものさし」は健在！！

　　　　　　　　　　　　　　⇩

> 　レオナルドが，がちがちになって作った銅像など，「努力のかたまり」に過ぎない。芸術作品には，サライの持つ「粗野・無責任さ」が必要である。

🅾 注意点

- 　末尾の「ものさし」とは，彼女特有の目に見えない「価値判断の基準」をいう。ベアトリチェの柔軟な物の考え方は，羽振りのよい境遇になっても失われていない。

- 　8行目「金縛り」は「かなしば（り）」と読む。きつく縛られて身動きできない状態をいう。

(2)　空欄の前後の語句に注意して，該当する語句を考える。

　A　直後の「が無くなったのか」に着眼する。これは，文章の末尾の「『ものさし』は無くなっていなかったのだ。」と対応している。

　B　直後の「自意識過剰」がポイント。あとの「才能が金縛りになってしまう」も重要。そうなって才能が振るえない理由は，「サライのもつ，『粗野なところと，無責任さが，必要』」から読み取れる。

　C　ここは，直前の「荒々しいもの」を押さえて考えると，②・③・④などが入りそう。A・Bとの関連で，最終的に決めるとよい。

A 解答・解説

A　本文の末尾の「『ものさし』は無くなっていなかった」は，6行目の「無くなったのか」の答えとなっており，これが決め手。②以外に適切なものなし。

B　②が動かないとすれば，ここも②。「せっかくの才能が金縛り」になるのは，責任の感じすぎという文脈は妥当である。

C　A・Bが②だから，ここも当然②。責任を感じて，がちがちになっているレオナルドにとって必要なものは，まさに②と言える。③とまでは言っていない。

　　以上，A〜Cの考察から，②の組合せが正解である。

（答）　②

No.1 (解答 ▶ P.29)

次の文章の空欄に当てはまる語として，最も適当なものはどれか。

　儀式はともすると，その中に流れる精神が忘れられ，様式だけが継承される。つまり，儀式が形骸化する。「儀式ばった行為だけで，精神がない」などという場合の儀式は形骸化されたものであり，本来の儀式の意味とは異なっている。我々の自我を，—その合理性や同一性などを—破壊することなく，それに新しい生命を吹き込む儀式を見いだすこと。これが現代人に課せられている責務の一つである。

　大学を卒業するにあたって数人の友達が一緒に旅行することになった。集合場所に集まったとき，楽しい旅行に出るにしては，何か不安な感じがみなの間に漂った。旅行を続けるうちに事態は明らかになった。そのうち三名が，旅行の間に自分か一行のうちのだれかが事故で死ぬ夢を，出発の際に見ていたのである。あるいは，他の一人は出発のとき，不安な虫の知らせがあるように感じた。見送ってくれた父親と二度と会わないのではないかという不安が，ちらっと胸をよぎった者もあった。このような不安や夢などを語り合いながら旅が続けられ，そして，旅行は無事に終わった。一同は夢のお告げが当たらなかったことを笑い合った。

　ところで，この旅行を私は彼らの（　　　　　　　）であると思った。学生生活というものの永遠にかえらない終結。社会人としての新しい出発。この時期に彼らは一つの内面的な死の体験をしなければならなかった。しかし，固い合理的な精神から見れば，卒業ということも「別にたいしたことではない」し，意味があるにしても，これによって社会人として認められる一つのステップにすぎなかった。大学の主催する卒業式は，もちろんナンセンスであった。そのような一面化した意識を補償し，死の体験を演出するものとして，無意識は死の夢を送ってきた。彼らの旅行は死と再生の体験につきものの「旅」として，一つの儀式へと高められていったのである。つまり，真の意味の「卒業式」となったのだ。

① 卒業の儀式

② 過去との決別

③ 精神の自立

④ 自由へのステップ

⑤ 未来への旅立ち

次の文章の空欄に当てはまる文として，最も適当なものはどれか。

　ゲエテの「ファウスト」の冒頭に，「人間は努めているかぎり迷うにきまったものだ」という天上の言葉があります。子供には迷いなく，考えることを停止してしまった大人という子どもにも迷いはありませぬ。ゲエテのこの言葉は，持続的な探求力にとっては，成就とか完成とかはないということで，いわば永遠の推敲に対する祝福であり，人生に処する勇気なのです。

　もっとも迷いから脱却するために，我々は導いてくれる人や本を求める。しかしどういう現象がそこに起こるか。思想的に文学的に最高の指導者，最良の書といわれるものに接して，我々は果たして「安心」を得られるか，迷うものはみな「安心」や「解決」を欲するのですが，最高の師や書は決して「安心」や「解決」を与えないという事実こそ重要であります。

　世には様々の悩みを訴えると，即座に判断して，かくすべしと教えてくれる人があります。宗教家とか身上相談専門家とか，そういった種類の人間がいますが，私には信用できないのです。一人間が，一人間の運命に対して何事ができるか。たとい些事であっても，それは恐怖です。

　私自身にとって，最高の師，最良の書とは，私の迷いをただちに解いてくれるものでなく，逆に私の迷いを突き放して，いっそう深い迷いの中に追放するような性質のものでありました。しかし感動すべきことは，そのときその師もその著者も，私もろとも，やはり迷いの底へ身をおとしてくれるということでした。つまり私の身に即して，彼らもまた迷い悩む。こうして，人生の深さ，人間の不安なる状態を教えてくれるのです。最大の宗教家の著書から，私はしばしばこういう叫びを聞きました。「（　　　　　　　　　　　　　）」と。しかしこの率直な声が，どれほど私の慰めになったか。

① 　私はいつもあなたを理解している。

② 　私にはあなたを慰める力はない。

③ 　私はいつもあなたの味方である。

④ 　あなたはどんな時も私を必要とする。

⑤ 　あなたは必ず救われる。

次の文中の空欄A～Cに当てはまる語句の組合せとして，適切なものはどれか。

　かつて日本で子供が神に近いと見なされていたということは，子供がただ純真だとか無垢だというのではなしに——荒ぶる神でもあるものとして——同時に荒々しく残酷であるということ，つまり根源的自然をも体現していることを意味している。ともあれ，いま私たちにとって必要なことは子供の世界あるいは宇宙を大人の眼から見た規準やあるべき姿のなかに閉じこめるのではなく，そうした宇宙の独自性と始源性をトータルに捉えることであろう。そしてそのとき，子供の世界は大人にとっていわば〈異文化〉の世界として現れることになる。

　本田和子氏（『異文化としての子ども』1982年）も言うように，子供への私たち大人のまなざしが，科学的装いをもった発達心理学的な子供観の拘束から自由になるとき，子供は私達大人にとって，その他者性をあらわにする。というのも，子供たちはおのずからの反秩序性の体現者であり，いわば〔　A　〕の外にある存在として，その存在自体が秩序を問いかえしているからである。子供の逸脱的な在り様が人々を脅かし，大人たちを正体不明の不安に陥れるのである。

　子供のこのような侵犯に対して，大人＝秩序はおのれを守ろうとする。そして，子供たちの本来の姿を排除する装置を作り出す。他方，子供たちのほうも，本来の姿を覆いかくして秩序のなかに組みこまれることで，自分の場所を確保しようとする。ところが，無自覚にそれが〔　B　〕と呼ばれ，それを促すものが教育とされたのではなかったか。むしろ必要なのは〔　C　〕である。そのとき子供は，私たち大人が世界を捉えなおし世界と新しい関係を結ぶために大きな示唆を与えてくれるだろう。ただ，子供の主題化は，その場合でさえも子供不在になる陥穽に陥りやすいので，その点に気をつけなければならないが。

	A	B	C
①	世　界	秩　序	新たな秩序の構築
②	秩　序	装　置	子供たちを排除する装置を破壊すること
③	文　化	発　達	子供をはっきり他者あるいは異文化として見なすこと
④	装　置	学　校	子供とよりいい関係を築くこと
⑤	自　然	勉　強	子供たちを頽廃から救ってやること

MEMO

第5章 文章整序

「文章整序」の問題は，文章が千差万別だから一筋縄では正解は得られない。だからといって，あせってもがくだけでは，ますます深みにはまってしまう。そうならないためには，以下の**①～⑤の解法のポイントを活用**し，自信を持って正解への作業を進めよう。

例えば，ポイントの③の方法がなかなかうまくいかない場合，④や⑤のやり方も適宜使ってみる——「消去法」を用いて，ともかく正解に近づく——こんな態度を養うこと。

☞ 解法のポイント① 　大ざっぱに主題をつかめ。

例えば，「現代文明」について述べた文章なら，

(1) 「現代の文明危機の本質的特徴は……」などの記述に目をつけ，「主題＝現代文明の危機について」のような形でとらえるとよい。

(2) 主題をとらえたら，**「だから，どうした，どうする」と追求しながら読んでいく**と，結論に至る道筋がつかめてくるものである。その「道筋」が，いわゆる「文脈」で，選択肢の文はそれに従ってつないでいくと，正解に近づくことができるはずである。

☞ 解法のポイント② 　まず文頭を絞りこめ。

◇　まず，選択肢を見て文頭の選択がいくつに絞られているかを確認する。選ぶ際は文末も視野に入れ，文頭と文末が呼応しているものを選べばベストである。

（選択肢の一例）

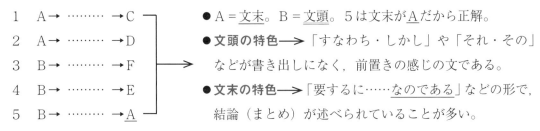

1　A→ ……… →C	● A＝<u>文末</u>。B＝<u>文頭</u>。5は文末が<u>A</u>だから正解。
2　A→ ……… →D	**● 文頭の特色**━→「すなわち・しかし」や「それ・その」
3　B→ ……… →F	などが書き出しになく，前置きの感じの文である。
4　B→ ……… →E	**● 文末の特色**━→「要するに……<u>なのである</u>」などの形で，
5　B→ ……… →<u>A</u>	結論（まとめ）が述べられていることが多い。

◈ 解法のポイント③　　指示語・接続語を見逃すな。

◇　文脈把握の手がかりは，指示語・接続語にあり，選択肢の書き出しの「**それ・この**」あるいは，「**だが・しかし（逆接）**」に特に注意しよう。

（他の注意語句）

● ともかく──▶前を受けて，その問題はひとまずおいて当面の結論を述べる。

● むしろ──▶前を受けて，以下に述べるほうがより適切だという判断を表す。

● なぜか？──▶このあとに理由を述べる文が，「（それは）……からだ」の形で続く。

❶ 注意点

前の文の文末の語句が，後の文の文頭に繰り返される例にも注意しよう。

◈ 解法のポイント④　　選択肢をグループに分けよ。

例えば，「日本美術の特質」について，「西欧美術」と対比して説明する文章の場合，

(1)　選択肢を，まず，「日本美術」について述べているグループと，「西欧美術」のグループ（あるいは，日本でないグループ）とに，大きく二分する。

(2)　次に，それぞれのグループの順位の決定。例えば，日本グループ＝A・C・E，西欧グループ＝B・Dの場合，文脈の上からこのままでよいかどうかを確認する。日本グループの「A→C→E」は「A→E→C」が正確であるかもしれないから。

● なお，初めに抜き出した順と選択肢のそれとが一致した場合でも，文脈は確認すること。

❶ 注意点

「対比」以外に，「筆者の体験」と「それに関する感想・意見」など，「具体的な内容」と「抽象的な内容」とを組分けすることもできる。

◈ 解法のポイント⑤　　確信の持てるつながりを探せ。

◇　これは，文頭などにかかわりなく，文脈を最大限に利用して，速戦即決でいく場合に有効である。そういう時，決まったつながりに下線を引いていくと，わかりやすい。

(1)　A→<u>D→B→C</u>①

(2)　<u>C→D</u>②→B→A

●初め，下線①・②に確信が持てるとすれば，(2) の「D →B」もOKであり，(2) は「<u>C→D→B</u>」とつながる。

Q 例題①

次のA〜Eを意味の通るように並べ替えたものとして，最も適当なものはどれか。

A それだけに，たいていの勝敗は立ち上がりの瞬間に決まるか，さもなくとも，その直後の動きが決定的なはたらきをする。

B 相撲というものは，たしかに大男のやるものだが，立ち上がるまではいくらのそのそしているようにみえても，勝負そのものは実に短い間に決まってしまう。

C 「作戦」ということばが何かのトリックを弄したような連想を伴うので避けるとしても，きょうの相手にはこの手でいこうと，あらかじめ考えを決めることなしに，土俵に上がるなどあり得ない競技なのである。

D たいていは数秒。二十秒もかかると，もうずいぶん長く感じられ，一分もかかるのは，一場所にいくつもない。

E だから，何も考えずに，のっそりと立ち上がるなどというようなことは，まず絶対にないといってよい。

① B → D → E → A → C
② B → D → A → C → E
③ B → D → A → E → C
④ D → B → C → E → A
⑤ D → B → C → A → E

出典：吉田秀和『私の時間』中央公論社

ヒント

この文章は相撲の勝負の，一瞬の秘密を明かしたものである。

(1) 「勝敗（負）」や「立ち上がる」などの言葉が繰り返されている。

(2) 選択肢で，文頭を二種類に絞ることができる。

解法のポイント①の活用

(1) 繰り返しの語句などから，「相撲の立ち上がりの大切さ」が主題であることがわかる。

(2) 他の競技などとの比較（対比）がないから，テーマに照らして一直線にまとめられる。

解法のポイント②の活用

◇　選択肢から文頭は，BかDか。

①　D→文頭としていかにも唐突。これは相撲の勝敗が短時間で決まる具体例である。

②　B→文頭として適切。まず，Dの内容の一般論を述べて前置きの役割を果たす。

↓

文頭＝B（選択肢④，⑤は消去できる。）

解法のポイント③の活用

　次に，①の「B→D→E」か，②，③の「B→D→A」か。どちらかに決まったら，さらにその先を文脈をたどって決めていく。

(1)　まず，「D→E」か，「D→A」かを判断する。

　(a)「D→E」──→Eの書き出しに「だから」とある。しかし，Dの内容は，Eの理由としては十分ではない。また，「D→E」は，落ちつきのないつながりである。

　(b)「D→A」──→Aの書き出しの「それだけに」は，「B→D」の内容を受け，「相撲の勝負は短時間に決まる（それだけに）」と，矛盾なく意味がつながる。

↓

②，③の「D→A」＝適当である。（選択肢①は消去する。）

(2)　とすれば，最後は，②の「A→C→E」か，③の「A→E→C」かを決める。

　(a)「C→E」──→Cの後半部とEは，ほぼ同じ内容であるから，Eの書き出しの「だから」は不自然である。

　(b)「E→C」──→Cの内容は，全文のまとめとして十分である。

↓

③の「E→C」＝適当。（選択肢③のみ残る。）

（答）　③

📎 参考

　下のＢ～Ｃは，正しい順に並べ替えた選択肢である。「Ｂ→Ｃ」，つまり文頭と文末の言葉，およびその照応の関係を，しっかりと見てほしい。「確認」に注意！！

　　Ｂ（前置き）相撲というものは①………実に短い間に決まってしまう。

↓

　　Ｄ（Ｂの具体例）たいていは数秒。………一場所にいくつもない。

↓

　　Ａ（問題提示）それだけに②，………立ち上がりの瞬間……決定的なはたらき……。

↓

　　Ｅ（結論）だから③，………のっそりと立ち上がるなど………絶対にない………。

↓

　　Ｃ（まとめ）………考えを決めることなしに，………あり得ない競技なのである④。

　確認　●下線部①のような書き出しの文は，文章の初めか終わりに置かれることが多い。また，この部分は，この文章の「主題」をも示している。

●下線部②の「それだけに」の「それ」は，直接にはＤの内容を，文脈の上からはＢ・Ｄの内容を受けている。

●下線部③は，「のっそりと……」以下の部分（結論）を導く重要なはたらきをしている。

●下線部④の「……なのである」は，結びの部分の文末としてふさわしい，強調した表現である。

重要語句

○　トリック＝たくらみ。策略。

○　弄する＝自分の目的を達するために，フェア（公正）でない方法を講じる。

次の文章に続けてＡ～Ｆを並べ替えて意味の通った文にするとき，その順序として妥当なものはどれか。

　人間を精神と身体に二分する思考法は，人間を「研究」したり「操作」したりする上において極めて有効であった。近代医学の急激な進歩もそれを基にしている。人体というものを観察の対象とし，それに薬を与えたり，手術をしたりすることによって病気を治療する。このような方法があまりに有効なので，人間を精神と身体に二分することは，まったく正しいとさえ思われるようになった。しかし，果たしてそうであろうか。

Ａ　それによって「秩序」ができる。それは便利であるし，時にはそれを正しいとさえ感じられる。

Ｂ　「全体として見る」と言ったが，これはまず二分法的秩序を一度打ち壊してみることではなかろうか。二分法的な思考法は極めて便利で有効ではあるが，随分と無理をしているものだ。

Ｃ　最近になって増加してきたように思われる心身症は，精神と身体の二分法的思考法に反逆するもののようである。

Ｄ　しかし，多くの場合，その秩序を支えてゆくための無理が何らかの犠牲を要求する場合が多い。しかし，そのような「秩序」を全員が受けいれているときは，それは犠牲として意識されることさえない。

Ｅ　その無理があちこちに出てくるのである。自然科学における二分法に加えて，人間を考えるときも二分法が出てくる。そして，例えば「男らしい」，「女らしい」などという分類ができる。

Ｆ　それは精神（心理）的なことが原因で身体に障害が生じている，などという考え方では解決がつかないのである。人間存在を二分することなく全体として見る必要が感じられるのである。

① 　Ｃ→Ｆ→Ｂ→Ｅ→Ａ→Ｄ

② 　Ｂ→Ｅ→Ａ→Ｄ→Ｃ→Ｆ

③　C→F→A→B→D→E
④　B→A→F→C→D→E
⑤　C→A→D→F→E→B

出典：河合隼雄『とりかへばや，男と女』新潮社

ヒント

この文章は，二分的思考法の問題点について述べている。

(1)　選択肢で，文頭が二種類に限定されている。

(2)　各選択肢の書き出しに，「それ・その」などの指示語が目立つ。「しかし」も重要。

解法のポイント①の活用

(1)　「二分的な思考法」の問題点を指摘し，「全体として見る」ことを提唱している。

(2)　「二分的な思考法」と「全体として見る」ことが対比されている。

解法のポイント②の活用

◇　選択肢から文頭は，CかBか。

(1)　B──→書き出しに，「『全体として見る』と言ったが」とあるが，これはFの文末を受けた表現。だから，Bは文頭とはなり得ない。

(2)　C──→前置き的な内容。十分に文頭となり得る。

↓

文頭＝C　（選択肢②，④は消去できる。）

解法のポイント③の活用

次に，①・③の「C→F」か，⑤の「C→A」か，どちらかに決まったら，さらにその先を文脈をたどって決めていく。

(1)　まず，「C→F」か，「C→A」かを判断する。

(a)「C→F」──→Fの書き出しの「それ」は，Cの文中の「心身症」を指しており，それで内容が矛盾しない。また，「しかし，………そうであろうか」と問題提起した前段落ともうまく結びつく。文頭として不足はない。

(b)「C→A」——→Aの「それ」の指示する内容はCにはなく，全く結びつかない。

↓

①，③の「C→F」＝適当である。（選択肢⑤消去。）

(2)　とすれば，最後は，①の「C→<u>F→B</u>」か，③の「C→<u>F→A</u>」かを決める。

(a)「F→B」——→Bの初めの「全体として見る」は，Fの文末を受けたものである。

(b)「F→A」——→Aの「それ」の指す内容がFにはなく，まったく結びつかない。

↓

①の「F→B」＝適当（選択肢①のみ残る。）

解法のポイント⑤の活用

　　次の解き方は，確実に結びつくものをいくつか見つけ出して正解を得るやり方。この方法でやると，どうなるか。以下，研究してみよう。

(1)　「C→F」——→Fの書き出しの「それ」は何を受けたものか。Fの文中の「精神的」，「身体」「障害」などを押さえて，他の選択肢を見ると，すぐにCの「心身症」「精神と身体」が目につく。「それ」は「心身症」を指しており，この結合は間違いない。

↓

「C→F」＝確実である。

(2)　「F→B」——→Fの文末に「全体として見る必要」とあり，Bの書き出しに「『全体として見る』と言った」とあるから，これは確かにつながる。

↓

「F→B」＝確実である。

(3)　「C→F→B」——→「C→F」「F→B」から自ずと導き出される。

↓

「C→F→B」＝確実である。（選択肢②〜⑤消去。）

⇩

〈解法のポイント③・⑤〉のいずれも選択肢①が正解である。

（答）　①

❗ 注意点

　これは，だめ押しであるが，「C→F→B」のあとに，すんなりEが続く。なぜなら，Eの書き出しの「その無理」は，Bの文末の「無理」を受けていることが明らかであるから。確信ある意味のつながりが見つかったら，次のように下線を引くとわかりやすい。

　①　<u>C→F→B→E</u>→A→D

　③　<u>C→F</u>→A→B→D→E

重要語句

○　二分法＝論理的区分の方法。区分肢が二つになるような区分で，区分された両者はその範囲内で互いに排斥しうるものでなければならない。（例）動物を脊椎動物と無脊椎動物とに分ける類。

○　反逆＝国・主人・世間のやり方などにそむき逆らうこと。ここでは，「心身症」が人間を精神と身体に二分する方法では，まったく解決がつかないことを言っている。

　次のA～Gは，一つの文章を区切って順不同にしたものである。これを最も意味の通るように並べたものはどれか。

A　しかし，国家が学校を作ってそこで教えるようになった文法は禁止の体系である。

B　誤りは，もしそれが誤りであっても理解できるならば，体系の可能性のなかであらわれた誤りであるからだ。誤りだとわかるのは，それは理解できるということの何よりの証拠である。

C　いわゆる文法的な誤りは，その時点では誤りであるとしても，いずれは誤りではなくなるかもしれない。（誤りを作るのは規範であるからだ）。なぜか。

D　文法は法典であり，規則であり，そこに指定された以外の逸脱をぬりつぶしていく言語警察制度を自らのなかに作りあげる作業である。

E　つまり何が言い得るか，表現のためにどのような自由が提供されているかというふうに考える。

F　したがって，このような精神のはたらきが，創作のいとなみとは真反対のところにあることはすぐに理解できる。

G　言語学あるいは言語学者が，言葉に文法があると考えるときの文法はその言語が提供している表現の可能性である。

① C→F→B→A→D→E→G

② G→F→C→B→E→A→D

③ C→B→A→G→E→D→F

④ G→E→C→B→A→D→F

⑤ A→F→C→B→D→G→E

出典：田中克彦『ことばと国家』岩波書店

② ヒント

解法のポイント⑤の活用

　今回は，文頭探しは後回しにして，確信ある結びつきを，まず決めていこう。

(1)　「Ｃ→Ｂ」――Ｃの文末の「なぜか」に着目すると，Ｂの「誤りは………<u>からだ</u>」がその答えであることがわかる。また，どちらにも「誤り」が反復されている。

↓

「Ｃ→Ｂ」＝確実である。（選択肢①消去。）

(2)　「Ａ→Ｄ」――Ａに「国家」「禁止」とあるが，これはＤの「言語警察制度」と結びつく。Ｄの「法典・規則」は，人を拘束するものである。

↓

「Ａ→Ｄ」＝確実である。（選択肢③，⑤消去。）

(3)　とすれば，あとに②と④が残り，書き出しの部分の比較検討だけが残る。

　(a)　「Ｇ→Ｆ」――Ｆの「このような精神のはたらき」の「この」の指示する内容はＧには見当たらず，Ｆの書き出しの「したがって」も不自然な表現になる。

　(b)　「Ｇ→Ｅ」――Ｇの文末の「……提供している表現の可能性」を言いかえたものがＥの「何が言い得るか，表現のためにどのような自由が提供されているか」に当たり，「つまり」はこの言いかえを表す接続語であることがわかる。

↓

④の「Ｇ→Ｅ」＝確実である。（選択肢④のみ残る。）

解法のポイント②の活用

　この問題では，文頭候補は二種ではなく三種類。必ず全部に当たること。

◇　文頭は，Ｃか，Ａか，Ｇか。

(1)　Ｃ――文頭としてふさわしくない。いきなり，細部に踏み込んだ感じで，文末には「なぜか」とあり，いきなり問題提起をしている。

(2)　Ａ――書き出しに「しかし」とあり，文頭として全く似合わない。

(3)　Ｇ――「……は……である」という文型で，文頭として適切である。

↓

文頭＝Ｇ　（選択肢①，③，⑤消去。）

解法のポイント③・④の活用

　次に，②の「G→F」，④の「G→E」か。どちらかに決まったら，さらにその先を文脈をたどり，「対比」にも注意して決める。

(1)　まず，「G→F」か，「G→E」か。

　(a)「G→F」──→Fの「このような精神のはたらき」の「この」の指示する内容は，Gにはなく，「したがって」は，まったく文脈に合わない。

　(b)「G→E」──→Gの「言語が提供している表現の可能性」に着目すると，Eは，Gの言いかえであることがわかる。「つまり」は適切な接続語。

↓

④の「G→E」＝適切である。（選択肢④のみ残る。）

(2)　なお，念のため，「G→E→C→B」は，どうか。

　(a)「C→B」──→Cの文末の「なぜか」に着目すると，Bの「誤りは……からだ」は，Cの「なぜか」の答えであることがわかる。

　(b)「G→E→C→B」──→この文章は，「言語学的文法」と「学校文法」とが対比されている。前者は，「誤り」などない文法。後者は，「規則・規範」だから「誤り」のある文法。したがって，「自由」のあるEはGと結ばれ，「誤り」のない，Cに続いていく。ちなみに，「学校文法」関係は，「A・D・F」であり，これは「自由」とか「創作」とかとは「正反対」の立場に立つものである。

↓

④の「G→E→C→B」＝適切である。（④＝正解）

（答）　④

重要語句

○　言語警察制度＝国家が作った学校で教える文法は，「規範」であり，「禁止の体系」であるため，国民はその言葉の「誤り」は厳しく指摘され，それを正すことを強いられる。その違反追及と強制を比喩的に「警察」と言ったもの。一方，言語学では，言葉の性質を「たえず変化することによって，新しい歴史的状況に適応していくもの」ととらえているから，言葉に「誤り」はないということになる。つまり，この文章は，国家が言葉の自由な創造を抑圧することに対する強い批判，抗議である。

Q　例題④

次のA～Fの文を意味の通じるように並べ替えたものとして，最も妥当なものはどれか。

A　そのため，つねに腹ばいになってカメラをのぞいた。そのため胃を悪くした——これはまあ，ゴシップのたぐいだが，さもありなんと思われる。床の間にしろ，いけばなにしろ，違いだなの置きものにしろ，すべて，坐った人物の視線を基準にして，日本のインテリアはしつらえられている。

B　映画の小津監督は，現場であまりに腹ばいすぎたため胃をいためたというゴシップがある。あるいはカメラマンの話だったかもしれない。

C　坐った時の目の高さ，これがいわば日本文化の一つの基準なのである。

D　小津監督は日本のこまやかな美に敏感だった人である。彼はアングルをぐっと低くし，下からなめるように室内を撮ると落ち着くことを発見した。

E　映画やカメラはもちろん西洋からの到来物である。ふつうのカメラ・アングルは，西洋人の立った姿勢，あるいは椅子に腰かけた姿勢に合わせてある。ところがこれでは，日本の風景，とりわけ室内を撮るときにはどうしても落ち着きが悪いのだ。

F　ともかく，なぜ，そんなにしょっちゅう腹ばいになっていたのか。それがふしぎだ。解答は，小津好みのカメラ・アングルのためである。

①　B→C→E→A→F→D

②　B→F→E→D→A→C

③　C→D→A→B→F→E

④　C→E→F→B→A→D

⑤　D→B→E→A→F→C

出典：多田道太郎『しぐさの日本文化』筑摩書房

ヒント

　この文章は，小津監督のカメラ・アングルを例にあげ，座ったときの目の高さが日本文化の一つの基準であることを説明したものである。

(1) 文頭は，B・C・Dの三種に限定されている。

(2) 指示語「そのため」，繰り返されている言葉「腹ばい」が目立つ。

解法のポイント②の活用

◇　文頭は，B・C・Dのどれか。

(1) D──→文頭としては少し落ちつかないし，D→Bは「小津監督」が重複し不自然。

(2) C──→文末の「…なのである」は，結論（まとめ）の文末表現。一般に文章では結論を文章の初めか終わり，またその両方に置くが，このように短い文章では，「前置き→説明→結論」がふつう。したがって，Cは取らない。

(3) B──→落ちつきがあり，文頭として適当である。

↓

文頭＝B（選択肢③，④，⑤消去。）

解法のポイント③の活用

◇　①の「B→<u>C</u>→E」か，②の「B→F→E」か。

(1) 「B→<u>C</u>→E」──→Cは，上の(2)で見たとおり，結論である。前置きのあとに説明ぬきで結論を述べることなど，あり得ない。

(2) 「B→F→E」──→Fの書き出しの「ともかく」は，「そのことは，ひとまずおいて」の意。Bの文末の「あるいはカメラマンの話だったかもしれない（そのことは，ひとまずおいて）」の文脈である。「F→E」のEには，ふつうのカメラ・アングルは西洋には適しているが，日本には合わないことが述べられており，Fの「小津好みのカメラ・アングル」（腹ばい）が不自然でない理由の説明となっている。

↓

②の「B→F→E」＝適当である。（選択肢②のみ残る。）

（答）　②

（補説）

「腹ばい」に着目して考察すると，FがBの前にくることはあり得ず，④は消去，また，E→Aは不適当。E・Aの間にDが入るべきであり，①，⑤は消去となる。

⓪ 参考

　下の文章は，問題文を正しく並べ替えたものである。わかりやすくするために，四段落に区切ってある。①〜⑭は文の番号。「前置き→説明→結論」の文章構成を確かめてほしい。

---

　①映画の小津監督は，現場であまりに腹ばいすぎたため胃をいためたというゴシップがある。②あるいはカメラマンの話だったかもしれない。③ともかく，なぜ，そんなにしょっちゅう腹ばいになっていたのか。④それがふしぎだ。⑤解答は，小津好みのカメラ・アングルのためである。

　⑥映画やカメラはもちろん西洋からの到来物である。⑦ふつうのカメラ・アングルは，西洋人の立った姿勢，あるいは椅子に腰かけた姿勢に合わせてある。⑧ところが，これでは，日本の風景，とりわけ室内を撮るときにはどうしても落ち着きが悪いのだ。

　⑨小津監督は日本のこまやかな美に敏感だった人である。⑩彼はアングルをぐっと低くし，下からなめるように室内を撮ると落ち着くことを発見した。⑪<u>そのため</u>，つねに腹ばいになってカメラをのぞいた。⑫そのため胃を悪くした——これはまあ，ゴシップのたぐいだが，さもありなんと思われる。⑬床の間にしろ，いけばなにしろ，違いだなの置きものにしろ，すべて，坐った人物の視線を基準にして，日本のインテリアはしつらえられている。

　⑭坐った時の目の高さ，これがいわば日本文化の一つの基準なのである。

　※　①→⑭，書き出しと結びの文が，ぴったりと照応していることに注意する。

重要語句

　○　ゴシップ＝興味本位の，うわさ話。

　○　違いだな＝二枚の棚板を左右食い違いにつった棚。床の間のわきに設けられる。

　○　さもありなん＝まさに予測していたことであって，今さら驚くにあたらないことだ。

No.1　　　　　　　　　　　　　　　　　　　　　　　　　　　　　　　　　　　　（解答▶P.30）

次のA〜Eを意味の通るように並べ替えたものとして，最も適当なものはどれか。

A　ところが落語は，歌舞伎から多くのものを学び，その演技術を志向しながら扮装することができない。

B　歌舞伎の役者にとって，描写は表現のための一つの手段である。だから，それらしい扮装をほどこしたうえ，あの一種独特の台詞術を生み出した。

C　そのため，いたずらに描写に頼り，生活的な真実感を追求することに，落語の演技術はのめり込んでしまった。

D　あの台詞まわしは，歌舞伎の求める演技的な現実感を創造するのに，最もふさわしく適切な技術であって，表現のための形式なのである。

E　単なる描写力からだけでは，落語的な真実感も，落語的に優れた表現も生むことができない。そのためには落語は，描写以外の力も借りねばならぬのだ。

① 　B→A→C→E→D

② 　E→A→C→B→D

③ 　B→D→A→C→E

④ 　E→A→B→D→C

⑤ 　B→D→A→E→C

　　　　　　　　　　　　　　　　　　　　　　　　　　　　（解答▶P.30）

次のA〜Gを並べ替えて意味の通る文章にするとき，その順序として妥当なものはどれか。

A　私は子供の頃，よく担任の教師から集中力に欠ける，といって叱られたことをおぼえている。いわゆる注意散漫というやつだ。

B　先日，ある雑誌に目を通していたら，古くからのことわざや格言をもじって楽しむパロディのページが目についた。その一つにいわく。
　　「腹が張ってもいくさはできぬ」

C　古典や，世評の高い書物への尊敬は，私とてそれなりに持ち合わせてはいるものの，ふと，時おり，「腹が張ってもいくさはできぬ」という，苦笑に似たつぶやきがもれてくることがあって，そのことが私をますます散漫な人間にしているのかも知れない。

D　それは現在もそうである。本に関しては，雑食性の胃の強さだけは自慢できる。

E　もちろん，これは，腹がへってはいくさはできぬ，のもじりである。しかし，このパロディもまた単なる冗談としてはすますことのできない真実をふくんでいはしないか。

F　読書に関しても，似たような事大主義がまかり通っているような気がした。腹がへってはいくさはできぬが，また，腹が張りすぎてもいくさはできないのだ。

G　私の読書に関する態度も，すこぶる散漫なもので，あちらへ飛び，こちらをつつき，常に系統だって本を読むということがなかった。

①　B→E→F→A→G→D→C

②　B→F→E→A→D→G→C

③　A→G→D→B→F→E→C

④　A→D→G→C→B→E→F

⑤　A→G→B→E→F→C→D

第3編

文章理解
（英文）

第1章 内容把握

　英語に関する問題の中で，たいていの人にとって長文読解ほど苦手なものはないと言われている。英文を読んでそのまま英語が頭に入って理解できるのは理想的だが，現実は，なかなかそうはいかない。そのようになるまでには，時間をかけてたくさんの英文を読まなければならないためだ。そこでここでは，それほど英文を読み慣れていなくても，内容把握の問題が解きやすくなるように，英文を理解するコツのようなものを身につけよう。

☞ 解法のポイント① 　まず，名詞に注目しよう。

　問題では最初に英文があり，その後，選択肢のうちから正しいものを選ぶように求められている。当然，最初に英文をよく読んで，何が書かれているか理解してから，問題に入るのが普通のやり方だが，英文読解に慣れていない場合には英文を読むのに時間がかかってしまい，それを全部理解してから問題に入ろうとすると，どうしてもその分，問題を考えるための時間が少なくなってしまう。そこで，ここではまず，英文全体を完全に読むのはあとまわしにして，**英文中の名詞を拾い読みして内容を推察する**方法を提案する。

　例：<u>William Shakespeare</u> is the greatest <u>poet</u> and <u>dramatist</u> that <u>England</u> has ever produced.

　上の文中の名詞（下線）は，ウィリアム・シェークスピア，詩人，劇作家，イギリスであるが，ここから，「ウィリアム・シェークスピアはイギリスの詩人で劇作家だ」という内容が想像できる。

　また，文中に同じ名詞が繰り返し出てきたときは，これが本文の主題になっていることが多いので注意したい。名詞にアンダーライン，丸で囲むなどして，出てくる頻度を比較してみよう。

　例：In the last 10 <u>years</u> two million <u>children</u> have been killed in increasingly brutal civil <u>wars</u> and ethnic or religious <u>conflict</u>. For nearly half of the <u>decade</u> … have been talking to <u>children</u> in four of the world's most tragic recent <u>battlegrounds</u>. In their short <u>lives</u> <u>children</u> in the Bosnian <u>city</u> of <u>Mostar</u> … have seen unspeakable <u>barbarity</u>. So have the <u>children</u> in <u>Rwanda</u>,…

　この文章で，名詞はアンダーラインがついているが，この中で children の数が一番多く，これがこの英文での主題となっていることがわかる。そしてその場所の前後を読んで，「200万人の子供たちが殺された」・「最近世界で最も悲劇的な4ケ所の戦場の子供たち」・「ボスニアの子供たち」・「ルワンダの子供たち」と，本文のだいたいの要旨をとらえる。

◇ **解法のポイント②**　要旨は本文の冒頭，または最後にあることが多い。また，要旨の前には，therefore（したがって）などの接続詞が使われるときがある。

　例：One swallow does not make a summer.

　　（本文の最後に）

Therefore, according to this proverb, just because one good thing happens, it does not mean everything will go well. Or just because you have successfully completed one part of a project, it does not mean that the whole project is completed.

　上の文章では，要旨は最後の部分にあり，therefore 以下が筆者の伝えたい内容となっている。

◇ **解法のポイント③**　選択肢の表現が常識的かどうかを分析する。

　日本語の選択肢を読んで，どうみても常識的でない表現があれば，それは除外できる。
例えば，過去の公務員試験の問題にもあった，以下のような選択肢がある。

　例：選択肢4「友達と自転車で走っているときには，お互いの安全を確認するため，**時々後ろを振り返りましょう。**」

　上の例では，走行中，後ろを振り返ることは**明らかに危険**なので，この選択肢は正しくないと判断できる。この場合には，英文を読んで確認しなくてもかまわない。これらのような選択肢があれば，それ以外の選択肢の成否を判断すればよいので，問題は簡単になる。

☞ 解法のポイント④　選択肢の中に，数字や固有名詞のわかりやすいキーワードを見つける。

　選択肢の文中に**数字や固有名詞があったら**，本文中にその英単語のある箇所を見つけて丸で囲む，アンダーラインを引くなどして**マークする**。マークした語のある文章をよく読めば，その選択肢が正しいのかどうかわかる。選択肢中に数字や固有名詞がない場合には，よく文を読んで文中の名詞の中からそれを捜すことになる。

　例：Japan's <u>Prime Minister Junichiro Koizumi</u> .....all the right moves. He's soaring in the polls － his latest disapproval rate was only <u>6 percent</u>.

　選択肢2　「<u>小泉首相</u>の人気はアメリカでも高く，不支持率はたった<u>6パーセント</u>である。」

☞ 解法のポイント⑤　選択肢は通例，英文本文の流れに沿って順番に出されている。

　つまり，選択肢の1番は，それを正しいかどうか判断すべき英文は，本文の最初の部分である。また，最後の選択肢の5番は，英文本文の最後の部分にヒントがある。2番から4番は本文中間部分に順に配置されている。

　例：Traditionally, Columbus ...
　　（本文最後の文の後半に）

, many people have come to regard him as something of a villain. とあり，最後の選択肢5は，「コロンブスは…**悪人であるとする評価が定着している。**」となっている。

　これはまさに，最後の選択肢5番は英文本文の最後に内容が述べられている例である。

　これら解法のポイント①〜⑤を参考にして，次ページからの例題を解いてみよう。

Q　例題①

> This morning I went to meet my uncle to the station who came back from Italy after an interval of fifteen years, I could not find him at once.
>
> 　**上文から言えることは，次のうちどれか。**
>
> ①　イタリアへ行く叔父さんを見送りに行った。
> ②　叔父さんはすぐ見つかった。
> ③　昨日叔父さんはイタリアから帰ってきた。
> ④　叔父さんを駅へ迎えに行った。
> ⑤　50 年ぶりに伯父さんが帰ってきた。

② ヒント

　232 ページの**解法のポイント**①より，文中の名詞を拾ってみると，「今朝」・「叔父さん」・「駅」・「イタリア」・「間隔」・「15 年」となり，意味はだいたいつかめる。本文は 2 行しかないので，選択肢をざっと読んでから，英文をよく読んで落ち着いて考える必要がある。例えば，①の「見送りに行った」に相当する英文は，went to meet（迎えに行った）であり，⑤では「50 年」であるが，英文本文では fifteen years（15 年）である。

A　解答・解説

①　**解法のポイント**⑤の「選択肢は本文の流れに沿って順番に出されている」を参考にしよう。最初の問題なので，本文の冒頭部分にヒントがある。選択肢の中の「イタリアへ行く叔父さん」は誤りで，本文では my uncle ... who came back from Italy......（イタリアから戻った叔父さん）である。また，選択肢の「見送りに行った」は，上の**ヒント**にあるように，went to meet（迎えに行った）であり，誤りである。

②　選択肢の「すぐ見つかった」は，本文最後では，I could not find him at once.（すぐには見つからなかった）ので，誤りである。

③　選択肢の「昨日」は誤りである。本文文頭で，This morning...（今朝）とある。

④　本文 1 行目，I went to meet my uncle to the station...（叔父さんを駅に迎えに行った）とあ

るので，正しい。

⑤　ここはうっかり間違いやすい。前の**ヒント**にあるように，50 と 15 は fifty と fifteen とスペリングが似ているので注意したい。

（全訳）

　今朝イタリアから 15 年ぶりに帰国した叔父に駅まで会いに行ったが，すぐには彼を見つけることができなかった。

（答）　④

Coffee Break

first floor は 1 階，それとも 2 階？
（イギリス英語とアメリカ英語の違い）

イギリスでは 1 階は ground floor といいます。
アメリカでは 1 階は first floor です。
だから，second floor というと，イギリスでは 3 階，
アメリカでは 2 階になりますね。

　そのほか，以下のような例があります。
クッキーは，イギリスでは biscuit，アメリカでは cookie
地下鉄は，イギリスでは tube，アメリカでは subway
エレベーターは，イギリスでは lift，アメリカでは elevator
掃除機は，イギリスでは hoover，アメリカでは vacuum cleaner
ガソリンは，イギリスでは petrol，アメリカでは gas（gasoline）
歩道は，イギリスでは pavement，アメリカでは sidewalk
懐中電灯は，イギリスでは torch，アメリカでは flash light
アパートは，イギリスでは flat，アメリカでは apartment

　たくさんありますね。
「こちらでお召し上がりですか」という表現は，
イギリスでは To take away or eat in? ですが，
アメリカでは For here or to go? となります。

Q 例題②

Just about everyone knows I don't use airplanes. I have been told that, in the USA, about ten percent of those who can afford to take airplanes to go here and there choose not to, travel (if they must) by ground transportation.

上の英文の内容に一致しないものは，次のどれか。

① アメリカには，飛行機嫌いが1割もいる。

② 飛行機に乗らない人は，必ずしも経済的ゆとりがないわけではない。

③ 「私」が飛行機嫌いなのは，周知の事実だ。

④ 「私」は，時間にゆとりがあるときだけ，飛行機以外の輸送手段を使う。

⑤ 経済的ゆとりがあれば，9割の人は飛行機による移動を選ぶ。

ヒント

232ページの**解法のポイント①**に従って，本文中の名詞をあげてみると，「だれでも」・「私」・「飛行機」・「米国」・「10％」・「飛行機」・「陸上輸送」であり，本文は「飛行機」に関する文章であることが想像できる。ここの問題は，「一致しないものはどれか」と聞かれているので注意する。ここでは234ページの解法のポイント④の**「選択肢の中に，数字や固有名詞のわかりやすいキーワードを見つける」**を利用してみよう。キーワードで一番わかりやすいのは数字である。選択肢を見ると①に「1割」と出てくるが，これは英語では ten percent なので，本文中にその語句を見つけてその文を読めば①が本文と一致するかどうかわかる。

A 解答・解説

① 選択肢中にある「飛行機嫌い」は，本文にははっきりとは書かれていないが，about ten percent of those who can afford to take airplanes ... choose not to ...（飛行機に乗る余裕のある人たちの約1割が・・・乗らないように選択する）とあるので，正しい文である。

② 本文では about ten percent of those who can afford to take airplanes ... choose not to, travel (...) by ground transportation.（経済的なゆとりがある人のうちの約1割が飛行機でなく陸上の交通手段を選ぶ）と述べられているので，この選択肢は正しい。

③　本文冒頭の，Just about everyone knows I don't use airplanes.（ほとんどみんなが知っていることだが，私は飛行機を利用しない）から判断して，正しい。

④　選択肢の「飛行機以外の輸送手段を使う」のは，「私」でなく，本文によれば，about ten percent of those who can afford to take airplanes（飛行機に乗るゆとりのある人たちのうちの約1割）である。

⑤　本文の，about ten percent of those who can afford to take airplanes（飛行機に乗るゆとりのある人たちのうちの約1割）が飛行機でなく，陸上交通機関を利用するということは，「飛行機に乗るゆとりのある人たち」のうちの約9割は，飛行機で移動していることになる。

　　以上から，英文の内容に一致していないのは④であると判断される。他の選択肢は，英文本文の表現を少し変えたものであると考えることができる。

（全訳）

　　ほとんど全員が知っているように，わたしは飛行機を使わない。アメリカではあちこち行くのに飛行機に乗る経済的ゆとりのある人たちのうち約10％が，飛行機に乗らず陸上での交通手段で移動することを選ぶ。

（答）　④

Q　例題③

国際的摩擦が起きる原因として，次の英文が主張しているものはどれか。

My own experience in diplomacy[*1] has taught me that there is nothing more important in international relations than a real dialogue[*2]. Most conflicts arise from misunderstanding and then mutual suspicions and doubts arise from ignorance.

[*1]diplomacy 外交　[*2]dialogue=conversation

① 誤解

② 経済問題

③ 体制の違い

④ 歴史の違い

⑤ 狭量

ヒント

232ページの**解法のポイント①**より，本文中の名詞を訳してみる。「経験」・「外交」・「国際関係」・「実際の対話」・「紛争」・「誤解」・「疑惑」・「無知」であり，本文は，「国際関係では実際の対話が必要で，無知から紛争・誤解・疑惑が生じる」と，本文の内容が推察できる。この問題は，「英文が主張しているものはどれか」と聞かれていることからわかるように，英文本文の要旨が問われているものである。233ページの**解法のポイント②**の**「要旨は本文の冒頭，または最後にある」**を参考にしよう。つまり，ここでは2文しかないが，最後の文に答えがある。

A　解答・解説

① 最後の本文の文頭に，Most conflicts arise from misunderstanding ...（たいていの摩擦は誤解から生じる）と書かれてあるので，これが解答である。

② 選択肢中の「経済問題」に相当する economic issues は本文には出てこないので，見当はずれである。

③ 選択肢中の「体制の違い」に相当する difference in political systems などは，本文中にはない。

④ 選択肢中の「歴史の違い」に相当する difference in history は本文中にはない。

⑤ 選択肢中の「狭量」に相当する intolerance や narrowness などは本文中にはない。

　この問題は，「誤解」が英語では misunderstanding であることがわかれば，解くのは容易である。

（全訳）

　わたし自身の外交経験によって，わたしは国際関係においては実際の会話ほど重要なものはないと教えられた。大部分の紛争は誤解から生じ，その後無知から相互の疑惑と懸念が生じるのである。

（答）　①

Coffee Break

回　文

英語にも「たけやぶやけた」のように，
前から読んでも後ろから読んでも同じ文
（回文）があります。

MADAM, I'M ADAM.
（奥様，わたしがアダムです。）
STEP ON NO PETS.
（ペットを踏みつけないで。）
WAS IT A CAT I SAW?
（私が見たのは猫ですか？）
TOO BAD, I HID A BOOT.
（お気の毒様。私がブーツを隠しました。）
NEVER EVEN.
（決して五分五分ではない。）

Q　例題④

　　Young Americans today are often called selfish, career-minded, and materialistic. There is some truth in the criticism[*1]. There are now fewer students entering careers in social work, teaching, and other kinds of public service than in the past. But the criticism is not completely fair. Many students give some of their time to charity.

[*1]criticism 批判

上の英文の内容に一致しないものは，次のどれか。

①　アメリカの若者が利己的だといわれるのも一理ある。

②　キャリア志向の若者が増えている。

③　慈善事業に参加する学生は以前より増えた。

④　教育関係の仕事に就く学生の数は減っている。

⑤　アメリカの若者が全て実利主義というわけではない。

ヒント

　232ページの**解法のポイント①**に従って，本文中の名詞を列挙してみると，本文の内容が推察できる。「アメリカ人」・「今日」・「真実」・「批判」・「学生」・「社会福祉事業」・「教えること」・「公益事業」・「過去」・「批判」・「学生」・「時間」・「慈善事業」である。この問題では，「内容に一致しないもの」を選ばなくてはならない。234ページの**解法のポイント④**に注目して，解釈のヒントとなるキーワードを見つけよう。①では「利己的」に相当する英語の selfish を，②では「キャリア志向」に相当する career-minded を本文に見つけてマークしよう。

A　解答・解説

①　キーワード selfish のある最初の文章を読めば，この選択肢は内容に一致していると考えられる。英文の There is some truth... が選択肢中では「一理ある」となっている。

②　キーワード career-minded のある最初の文章では，...often called... が選択肢中の「増えている」に置き換えられているが，さらに，3番目の文の There are now fewer ...（…が少ない）で「社会福祉事業」に向かう若者が少ないことが述べられているので，この選択肢は正しいと判断する。

③　選択肢中の「以前より増えた」は誤り。本文末尾の Many students give some of their time to charity. とあるが，以前との比較については触れられていない。②参照。

④　選択肢中の「教育関係の仕事」とは，英文では，teaching である。本文2～3行目の文では「教育関係の仕事に就く学生は以前より少ない」と述べられている。

⑤　234 ページの**解法のポイント**⑤を参照。最後の選択肢の問題は，通例英文本文の最後に関係して出てくる。Many students give some of their time to charity.（多くの学生が慈善事業にいくらかの時間をさいている）と書かれているので，選択肢の「実利主義というわけではない」は正しい。

　選択肢の中で解釈のヒントとなるキーワードを発見することは，内容把握の問題解決に大いに役立つ。キーワードに相当する英語をマークして，とりあえずその文章だけ読めばだいたい答えが出てくるからである。

〔全訳〕

　今日の若いアメリカ人は利己的でキャリア志向で実利主義であるとよく言われている。その批判にはいくらかの真実性がある。現在，社会福祉事業や，教育や，その他の公益事業に就く学生の数は過去に比べて少ない。しかしその批判は完全に公平であるとはいえない。多くの学生がなにがしかの時間を慈善事業に当てているのである。

（答）　③

Q 例題⑤

次の英文を読んで，内容と一致するものはどれか。

Mountain-climbing is a sport and not a game. There are no man-made rules, as there are for such games as golf and football. There are, of course, rules of a different kind which it would be dangerous to ignore, but it is this freedom from man-made rules that makes mountain-climbing attractive to many people. Those who climb mountains are free to use their own methods.

① 山登りには，無視すれば危険な規則はない。

② 山登りの魅力は，人間が作った規則がないという自由さである。

③ 山登りをする人達は，人間が作った規則に従わないといけない。

④ 山登りにも，ゴルフやフットボールのような規則がある。

⑤ 山登りは，ゲームのように楽しむとよい。

ヒント

　問題文が比較的長い場合には，232ページの**解法のポイント①**の**「名詞に注目する」**と233ページの**解法のポイント②**の**「要旨は本文の冒頭または最後にある」**に関連して，本文の冒頭と最後の文章の名詞をとらえて，文章全体の主旨を把握しておく。冒頭の文は「登山」・「スポーツ」・「ゲーム」であり，最後の文は「山」・「自分の方法」で，この問題文は山登りについて語られていることを理解しておく。また，233ページの**解法のポイント③**にあるように，選択肢の中にはそれ自身が常識からはずれているものがある。この例題の①であるが，登山には無視すれば危険な規則はあると思われるので，①は一般的に正しい概念ではなく，これは本文を読まなくても該当しないと一応考えてもいい。しかし，そのような選択肢以外に適切な解答が見つからない場合には，選択肢に該当する英文本文をよく読む必要がある。

A 解答・解説

① 一般常識からすれば，これは間違っていると思われるので，考慮からはずしていい。英文本文の2〜3行目に，There are, of course, rules of a different kind which it would be dangerous to ignore, …（無視すると危険なさまざまな規則は当然ある）と述べられているので，この選択肢は誤りであることが確認できる。

② これは正しい。キーワードは「自由さ」freedom である。本文第3～4行目の，but it is this freedom from man-made rules that makes mountain-climbing attractive to many people.（登山を多くに人たちにとって魅力的にさせているのは，人間が作った規則がないという自由さである。）と書かれている。

③ 誤りである。選択肢②と逆の内容になっている。

④ 誤りである。キーワードはゴルフとフットボールである。本文1～2行目の文章にそのキーワードがあるが，There are no man-made rules, as there are for such games as golf and football.（ゴルフやフットボールのように，人間が作った規則はない）と述べられている。

⑤ これは本文最初の文に，Mountain-climbing is a sport and not a game.（登山はスポーツであり，ゲームではない。）と述べられているので，誤りである。最後の選択肢のヒントが本文の冒頭にきているが，この部分が本文の主旨となっている。（233 ページの**解法のポイント**②参照）。

（全訳）

　登山はスポーツであって，ゲームではない。ゴルフやフットボールの試合のように人が作った規則はない。当然，無視すると危険な規則もあるが，人間が作った規則がないという自由さが多くの人にとっての登山の魅力となっている。登山者は自分が作った方法を自由に用いることができるのである。

（答）　②

Q　例題⑥

In many parts of the world, the influence of television is a matter of increasing concern. For years, critics[*1] of television have concentrated on[*2] the issue of the program content － particularly violence － as it affects viewers. The problem seems especially serious with regard to younger children. There is evidence[*3] that TV does in fact lead people to accept more violence in everyday life. How could this not happen when it presents violent acts, often with guns and knives, as normal and common occurrences[*4]?

[*1]critics 批評家（批判的な人）　[*2]concentrate on …に集中する
[*3]evidence 証拠　[*4]occurrence 出来事

上の文の内容に合致するものは，次のどれか。

①　テレビの暴力シーンは年齢を問わず深刻な悪影響を及ぼす。
②　テレビの暴力シーンの影響を最も受けやすいのは低年齢層である。
③　子供にはテレビと現実を混同しないように教えるべきである。
④　テレビの暴力シーンも銃とナイフさえなければ容認されるべきだ。
⑤　子供の成長にテレビが大きな影響を及ぼすということは証明されている。

ヒント

232・233 ページの**解法のポイント①**，**解法のポイント②**から，要旨をとらえるために，冒頭と最後の文章の名詞に注目してみる。冒頭の文には，「地域」・「世界」・「影響」・「テレビ」・「問題」・「関心」があり，最後の文には，「このこと」・「暴力行為」・「銃」・「ナイフ」・「出来事」がある。これで，一応の内容が推測できる。233 ページの**解法のポイント③**の，一般的に非常識な見解と思われる④のような選択肢は，本文の内容と合わないと考えてよい。それを除外して，それ以外の選択肢を先に検討することで効率的に問題を解くことができる。

A 解答・解説

① キーワードは「暴力」violence である。本文3行目にあるが，この前後の本文は，critics of television have concentrated on the issue of the program content － particularly violence － as it affects viewers.（テレビに批判的な人たちは，テレビの番組内容，特に暴力シーンが視聴者に影響を及ぼすという点に集中して論議してきた）とあり，「視聴者に影響を及ぼす」のであって，選択肢の「深刻な悪影響を及ぼす」とは述べられていない。また，「年齢を問わず」という部分は，その次の英文で，The problem seems especially serious with regard to younger children.（その問題は特に年少の子供たちに関して深刻なものに思われる。）とあるので，誤りであることがわかる。

② ①の解説後半参照。本文内容と合致する。

③ キーワード「子供」children のある文章，本文3～4行目を見ても，このような記述はない。

④ 英文を読むまでもなく，これは社会的常識からもおかしい。キーワード「銃とナイフ」guns and knives のある最後の文にも，このようには書かれていない。

⑤ 誤りである。本文3～4行目に，The problem...younger children（この問題は幼い子供については特に深刻のようだ）とあるが，選択肢の「子供の成長」に関しては何も述べられていない。

（全訳）

　世界各地でテレビの影響はますます関心がもたれる問題となっている。何年もの間，テレビに批判的な人たちは，テレビの番組内容，特に暴力シーンが視聴者に影響を及ぼすという点に集中して論議してきた。その問題は，特に年少の子供たちに関して深刻なものに思われる。実際のところテレビによって，人々は日常生活の中で暴力を容認しやすくなっている。テレビがしばしば銃やナイフによる暴力行為を放映するときに，普通の一般的な出来事として暴力行為が容認されないでいることができるだろうか。

（答）　②

Q　例題⑦

Recently people have rediscovered the advantages[*1] of bicycles as a means of transport. Two of their best points are that they do not need fuel and do not cause pollution; moreover, bicycles are easy to use and fairly comfortable.

This was not always the case, however. The first bicycles were heavy and hard to ride. They were moved along by the rider pushing his feet against the ground. It is not surprising that people mostly rode bicycles for fun. Some still do, of course, but now bicycles are also an efficient[*2] means of getting around.

[*1]advantage 利点，長所　　　[*2]efficient 効率的な

上の文の内容に合致するものは，次のどれか。

① 　自転車の人気の秘密は，大気汚染と無縁なこと，それに簡便なことである。

② 　自転車が最近，人気を集めているのは健康に良いからである。

③ 　自転車の人気が高まっているが，便利さでは自動車にかなわない。

④ 　自転車は当初，実用本位に使われ，趣味で乗る人は少なかった。

⑤ 　自転車の，簡便に乗れて快適という長所は，今も昔も変わらない。

ヒント

　232・233 ページの**解法のポイント①**，**解法のポイント②**より，最初の文と最後の文中の名詞を訳して，問題文の主旨をとらえておこう。最初の文には，「人々」・「利点」・「自転車」・「手段」・「輸送」があり，最後の文には，「自転車」・「手段」がある。本文は自転車の利点について述べられていることがわかる。ここでは 234 ページの**解法のポイント④**にあるように，各選択肢のキーワードを見つけて選択肢が本文の内容にあっているかどうか，調べてみよう。また，234 ページの**解法のポイント⑤**の「**選択肢は通例，本文の流れに沿っている**」ことも参考にしてみよう。

① ここのキーワードは「大気汚染」pollution である。本文2〜3行目を読むと，Two of their best points are that they do not need fuel and do not cause pollution; moreover, bicycles are easy to use and fairly comfortable.（自転車の利点のうちの2つは，燃料が要らず大気汚染を引き起こさず，とりわけ，使用が簡単でかなり乗り心地がいいことである。）と書かれているので，この選択肢は正しい。

② キーワードと思われる「健康」health は本文中にはない。

③ 選択肢中の「自動車」に相当する cars は本文中にはなく，自転車と自動車の比較もされていない。

④ 本文下から2行目の ... people mostly rode bicycles for fun.（人々はたいてい，楽しみのために自転車に乗っていた）とあるので，「趣味で乗る人は少なかった」は誤り。

⑤ 選択肢後半の「今も昔も変わらない」は正しくない。本文4〜5行目，The first bicycles were heavy and hard to ride.（初期の自転車は重くて乗るのが大変だった。）とある。

（全訳）

人々は最近，輸送手段としての自転車の有利な点を再発見した。利点のうちの2つは，燃料が不要で公害を生じないことである。その上，自転車は使用が簡単でかなり乗り心地がいい。

しかしながら，このことは常に真実というわけではなかった。最初の自転車は重くて，乗るのが大変だった。乗り手は足を地面に押し付けることによって自転車を動かしていた。人々はたいてい趣味のために自転車に乗っていたが，このことは驚くことではない。もちろん，ある人々は今でもそうであるが，自転車は現在効率的な移動手段でもあるのである。

（答）　①

Q 例題⑧

Although in the ancient[*1] Rome there were sometimes complaints about noisy conditions, in the twentieth century noise has become a serious problem. Modern Japan is the world's noisiest country. This is partly due to the special living conditions: 45% of the population live in an area which is only 10% of Japan as a whole. Another reason is that after the war, when Japan was developing rapidly, people welcomed noise. They thought that the more noise there was, the greater the economic progress[*2]. This is no longer true. At present, many Japanese people feel they are victims[*3] of noise. For the Romans, it was merely troublesome; nowadays, noise is an enemy.

[*1]ancient 古代の　　　[*2]progress 進歩　　　[*3]victim 犠牲者

上の文の内容に合致するものは，次のどれか。

① 古代ローマでは，騒音はほとんど問題にされず，人々からも苦情はなかった。
② 近代日本において騒音が深刻化したのは，人口の都市集中が要因の一つである。
③ 日本人は音に敏感なので，戦後復興の頃ですら，騒音は大きな社会問題になった。
④ 戦後復興の頃，騒音の規模と経済発展の度合いは反比例すると考えられていた。
⑤ 古代ローマ人にとって騒音は，今の日本人にとってより，深刻な問題であった。

ヒント

　まず，本文が何を言っているのかを理解する手始めとして，冒頭の文と最後の文にある名詞を訳してみよう。冒頭の文では，「古代ローマ」・「苦情」・「状態」・「20世紀」・「騒音」・「深刻な問題」であり，最後の文では，「ローマ人」・「騒音」・「敵」である。「騒音」という語が多いので，これがこの英文のテーマである。次に，この例題は234ページの**解法のポイント⑤**にあるように，選択肢が本文の流れの順に配置されているので，各選択肢が本文のどこに該当するのか探しやすい。その上で選択肢中のキーワードから判断していこう。

A 解答・解説

① ここのキーワードは「古代ローマ」ancient Rome と「苦情」complaints である。これらキーワードのある最初の文の前半には，in the ancient Rome there were sometimes complaints about noisy conditions, ...（古代ローマにはときに騒音状態についての苦情があった）と述べられているので，この選択肢が誤りであるとわかる。

② キーワードは「近代日本」modern Japan。本文 2 行目から 4 行目にかけて，読んでみる。Modern Japan is the world's noisiest country. This is partly due to the special living conditions: 45% of the population live in an area which is only 10% of Japan as a whole.（近代日本は世界で一番騒音がひどい国である。これは部分的には特別な生活環境：つまり，全体のたった 1 割の広さの地域に人口の 4 割 5 分が住んでいることが原因である。）とあるので，「人口の都市集中が要因の一つ」になっていることがわかる。

③ 本文 5 行目に，people welcomed noise.（人々は騒音を歓迎した）と述べられている。

④ 本文 6 行目では，... the more noise there was, the greater the economic progress.（騒音がひどければひどいほど，経済発展は大きい）とあるので，選択肢中の「反比例」は，本文では「比例」に近い。

⑤ 本文 7 行目以下では，At present, many Japanese people feel they are victims of noise. For the Romans, it was merely troublesome; ...（現在多くの日本人は自分たちが騒音の犠牲者だと感じている。ローマ人にとって，騒音は単にわずらわしい問題だった：…）と述べられているように，ローマ人は今の日本人ほど騒音を深刻視していなかった。

（全訳）

　古代ローマでは騒音は，時に苦情を訴えられる程度だったが，20 世紀になると深刻な問題となった。現代の日本は，世界で最も騒音のひどい国である。このことは，いくぶんは特別な生活状況によるものである。つまり，日本全体の 10% の地域に 45% の人口が住んでいるのである。もうひとつの理由として，戦後日本が急速に発展していたときには人々は騒音を歓迎していたということがある。人々は，騒音がひどければひどいほど経済の進歩が大であると考えたのであった。このことは，もはや真実ではない。現在では，多くの日本人は自分たちが騒音の被害者であると感じている。ローマ人にとってかつて騒音は，単に面倒な問題であったに過ぎないが，今日では騒音は人々の敵とみなされている。

（答）　②

Q　例題⑨

次の英文の要旨として妥当なものはどれか。

It is not a good practice to interrupt your reading in order to consult a dictionary every time you come across an unfamiliar[*1] word. Usually its meaning is revealed[*2] by the thought of the passage; when the meaning is still in doubt, look it up in the dictionary only if it is a key word upon which the meaning of the whole passage depends, or if it is a word that has puzzled you before, or one that you are likely to use often.

　　[*1]unfamiliar なじみのない，知らない（→ familiar よく知っている）
　　[*2]reveal 明らかにする

① 読書の際には，信頼できる辞書を手もとに置いておくのがよい。
② 読書の際は，だれからもじゃまされないようにいろいろ工夫すべきである。
③ 読書の際に，わからない単語は必ず辞書で意味を確認すべきである。
④ 読書の際は，辞書はなるべく引かないようにするのがよい。
⑤ 読書の際は，細かい内容より大意を把握することのほうが大切である。

ヒント

　このように要旨をとらえる問題では，232 ページの**解法のポイント①**と 233 ページの**解法のポイント②**を参考にする。要旨はたいてい本文の冒頭か最後にきているが，この問題文は 2 文しかなく，最後の文は長いので，とりあえず，冒頭の文中の名詞を訳してみよう。冒頭の文には，「習慣」・「読書」・「命令」・「辞書」・「時」・「知らない語」がある。ここから，「読書の習慣があって，知らない語に出会った時は辞書を引く」という，内容が推察できる。（この中の「命令」という語は，order であるが，これは in order to … という形で熟語を作り，「…するために」という意味になる。）

A　解答・解説

① 本文 1 行目に，It is not a good practice to interrupt your reading in order to consult a dictionary …（辞書を引くために読書を中断するのはよい習慣ではない）とあるので，選択肢中の「辞書を手もとに置いておく」必要はない。

② 本文中に，このことは述べられていない。

③ 本文1～2行目に，It is not a good practice to interrupt your reading in order to consult a dictionary every time you come across an unfamiliar word.（わからない単語にぶつかるたびに，辞書を引くために読書を中断するのはよい習慣ではない。）と述べられているので，選択肢中の「必ず辞書で意味を確認すべきである」は誤り。

④ 最初の1行目にこの英文の要旨が書かれている。選択肢③の解説にある和訳を見れば，選択肢中にある「辞書はなるべく引かないほうがいい」という筆者の考えがわかる。

⑤ 本文2～3行目の，Usually its meaning is revealed by the thought of the passage; ...（たいてい単語の意味はその節（の意味の流れ）を考えれば明らかになる）とはあるが，選択肢中の「大意を把握することのほうが大切である」という表現はない。

(全訳)

　読書していて知らない単語に出会うたびに，辞書を引こうと読書を中断する習慣はよくない。単語の意味はその単語の入っている節を考えることによって明らかになるからである。単語の意味がわからなくて辞書を引かなくてはならないときは，その単語が節の中でキーワードになっている場合や，以前にもわからなかった単語であったり，これからも頻繁に使いそうな単語である場合のみである。

(答)　④

Coffee Break

あなたは英語が話せますか？

　これを英語では，Can you speak English?
と聞くのは，失礼とされています。
　相手の能力を尋ねることになるからです。
　Do you speak English?
のように言うのがよいのです。
　つまり，能力でなく，習慣的な動作として
いつも話しているかどうかという事実を
尋ねる形にするのです。
　日本語で「できますか？」を英語にするときは
注意が必要です。

Q 例題⑩

Nowadays people spend more time away from their jobs than ever before.

Technological developments[*1] have steadily shortened working hours, and the fact that people are living longer has also increased the amount of time spent in non-working settings. Historically, the emphasis[*2] has been on work. Even today, many people still believe that leisure should be used chiefly to restore[*3] one's energy and strength for more and better work.

Leisure, therefore, has been viewed as a means to an end.

[*1]technological development 技術の発達

[*2]emphasis 強調，重点　　　[*3]restore 回復する

上の文の内容に合致しないものは，次のどれか。

① 労働時間の短縮は，技術の発達によるところが大きい。
② 平均寿命が延びたのと，生涯労働時間の短縮の間にも明らかな相関関係がある。
③ 従来は，労働に重点が置かれていたが，今や余暇の方が人々の関心の的である。
④ 現在でも，余暇はあくまでも手段であって最終目的ではないと考える人が多い。
⑤ 余暇を使って元気を回復して，もっと良い仕事をしようと意気込む人も多く見られる。

ヒント

　問題は本文の内容が問われているので，232・233ページの**解法のポイント①**，**解法のポイント②**から，本文の冒頭の文と最後の文の名詞を訳して，だいたいの要旨をとらえておこう。冒頭の文では，「人々」・「時間」・「仕事」があり，最後の文では，「余暇」・「手段」・「目的」がある。234ページの**解法のポイント⑤**の，**「選択肢は本文の流れに沿っている」**に注目しよう。選択肢①は本文の2行目の文，②は2～4行目の文，③は4～6行目の文，④と⑤は5～7行目の文に関係している。

① 本文2行目，Technological developments have steadily shortened working hours, ...（技術の発達は着実に労働時間を短縮してきた）とあるので，この選択肢は本文内容に合っている。

② 本文2～4行目，the fact that people are living longer has also increased the amount of time spent in non-working settings.（平均寿命が延びたことが，人々が労働のない環境で過ごす時間を増大した）を見れば，選択肢の「相関関係がある」というのは本文の内容に合っている。

③ 選択肢の後半の「今や余暇の方が人々の関心の的である」は合致しない。本文4～6行目，Even today, many people still believe that leisure should be used chiefly to restore one's energy and strength for more and better work.（今日でも，余暇は主として，もっと多くのより良い仕事ための元気と活力を回復するために使われるべきであると，多くの人々が信じている。）

④ 最後の行，Leisure, therefore, has been viewed as a means to an end.（それゆえ余暇は，最終目的に至るための手段であるとみなされている。）から，この選択肢は本文と合っている。

⑤ 選択肢③の解説参照。

（全訳）

今日人々はかつてないほど多くの仕事のない時間を過ごしている。

科学技術の発達によって，労働時間が着実に短縮され，長生きの人々にとって仕事のない環境での時間が増大された。伝統的に，仕事は強調されてきた。今日でさえも多くの人々が，余暇は人々が元気と活力を回復し，さらに多くのより良い仕事につなげるために主として使われるべきであると考えている。

したがって，余暇は結果をもたらすための手段として考えられてきた。

（答）　③

Q 例題⑪

Since a telephone call is quicker and easier, it seems that people are beginning to forget the benefits[*1] of letter writing. A letter, however, offers some advantages[*1] that a phone call does not. The writers can, for example, think carefully about the ideas which have come to their mind. They also have the time to pay more attention to the proper[*2] expression of their thoughts. In other words, they can say exactly what they want in the way they want. So naturally there are still many people who prefer letter writing to other means[*3] of communication.

[*1]benefit = advantage 長所，利点　　[*2]proper 適切な
[*3]means 手段

上の英文の要旨として，最も適切なものはどれか。

① 電話は伝達手段として便利なので，これからもますます需要が伸びるであろう。
② 電話は便利だが，手紙も確実に届くという点で，忘れてはならない伝達手段だ。
③ 電話は思ったことがすぐに伝えられる点で，手紙より優れた伝達手段だ。
④ 手紙には電話にない長所があり，伝達手段として手紙を選ぶ人がいるのも納得できる。
⑤ 手紙は伝達手段として時代遅れなので，これからますます忘れ去られるであろう。

❓ ヒント

　要旨を問う問題では，232 ページの**解法のポイント①**と 233 ページの**解法のポイント②**を確認しよう。要旨は文頭か文末にたいてい述べられている。ここでは要旨は本文の最後にあるので，その部分の名詞を訳してみよう。「人々」・「手紙を書くこと」・「手段」・「意思の伝達」であり，「人々にとって手紙を書くことが意思の伝達の手段となる」というおおよその内容が理解できる。

A 解答・解説

① 選択肢の前半は本文冒頭, a telephone call is quicker and easier, ...（電話は早くて簡単である）にあるとおり, 正しい表現だが, 後半の「ますます需要が伸びるであろう」とは英文には述べられていないので間違い。ここでは主に手紙の利点が述べられているだけである。

② 選択肢中の「手紙も確実に届く」は誤り。本文中には, 手紙の利点としてこれは挙げられていない。

③ 選択肢後半の「（電話は）手紙より優れた伝達手段だ」は誤り。これは, 本文最後の結論部分, there are still many people who prefer letter writing to other means of communication.（他の伝達手段より手紙を好む人が今でも多い）からわかる。

④ 要旨である。選択肢の前半部分は, 英文の2〜4行目に当たり, 後半部分は, 選択肢③解説のとおり, 英文の最後の結論部分にある。

⑤ 選択肢中の「時代遅れ」という表現は英文にはない。また,「忘れ去られるであろう」は, 英文の1〜2行目, it seems that people are beginning to forget the benefits of letter writing.（人々は手紙の利点を忘れ始めているようである）を見れば, 間違いであることがわかる。

（全訳）

電話は早くて簡単なので, 人々は手紙を書くことの利点を忘れ始めているようだ。しかし, 手紙には電話にない利点がある。例えば, 手紙を書く人は自分の心に浮かんだことをじっくりと考えることができる。また自分の考えを適切に表現するため時間をもつこともできる。言い換えれば, 自分が望むことを望むやり方で正確に表現することができるのである。だから, 他の伝達手段よりも手紙を好む人が今でも多いのは当然である。

（答）④

Q 例題⑫

New York City schools got rid of junk food from vending machines[*1] this past autumn, replacing them with 100% fruit juices and mineral water. Various contracts are under consideration in order to replace existing junk food with low-calorie snacks and sweets.

The goal behind this is to encourage an improvement of people's dietary habits[*2] during childhood, which will hopefully translate into[*3] reduced weight struggles later in life. A series of obesity[*4] lawsuits[*5] have caught attention of people.

[*1]vending machine 自動販売機　　[*2]dietary habits 食生活

[*3]translate into …になる　　[*4]obesity 肥満　　[*5]lawsuit 訴訟

上の文の内容に合致するものは，次のどれか。

① 　NY市では生徒の強い要望で100％果実ジュースが自販機に置かれるようになった。

② 　肥満が問題になるにつれ，タバコの害は次第に人々の関心を引かなくなってきている。

③ 　肥満と食習慣の因果関係は，成人になってから顕著になるので，子供時代は好きなものを食べてもよい。

④ 　肥満になってダイエットに励むより子供の頃からの食生活改善の方が大切という発想が広がってきている。

⑤ 　肥満を気にせず，食生活を楽しもうという考えを支持する人の方が今でも一般的だ。

⑫ ヒント

　問題文の内容が問われているので，232ページの**解法のポイント①**と233ページの**解法のポイント②**より，本文の冒頭の文と最後の文にある名詞を訳して内容を推測してみよう。冒頭の文には，「ニューヨーク市」・「学校」・「ジャンクフード」・「自動販売機」・「秋」・「フルーツジュース」・「ミネラルウォーター」があり，最後の文には，「肥満」・「訴訟」・「注目」・「人々」があるが，最初の文の名詞からは，「ニューヨークの学校は秋には自動販売機でジャンクフードをやめてフルーツジュースやミネラルウォーターを扱うことになった。」，最後の文の名詞からは，「肥満に関する訴訟が人々の注目を浴びている。」という内容がわかる。また，233ページの**解法のポイント③**の「選

択肢の表現が常識的かどうかを分析する」に注目すれば，選択肢の②と③は本文の内容に合致しないと考えてよい。また，234ページの**解法のポイント④**の**「選択肢の中に，数字や固有名詞のわかりやすいキーワードを見つける」**に従って，①の「100％」を利用する。

A 解答・解説

① 選択肢の中の「100％」は，本文中の2行目にある。そこをよく読んでみると，選択肢①の「生徒の強い要望で」という記述は文中にない。

② これは一般的に受け入れられている状況ではない。しかも，選択肢中の「タバコの害」に関しては本文は触れていない。

③ これも普通の人が考えていることとは異なる。一般には子供時代から肥満には注意すべきだと思われている。英文第2段落冒頭に，The goal behind this is to encourage an improvement of people's dietary habits during childhood, ...（この背景にある目的は，人々の子供時代の食生活を改善することを促すものである）とあり，子供時代からの食習慣の改善が求められているのであり，「好きなものを食べてもいい」という選択肢の部分は誤り。

④ 選択肢③解説を参照。本文の内容に合っている。

⑤ 選択肢③解説を参照。選択肢④とは逆の内容となっている。

（全訳）

　ニューヨーク市の学校は，今秋ジャンクフードを自販機から取り除いて，100％の果物ジュースやミネラルウォーターに入れ替えた。現存するジャンクフードを低カロリーのスナックや菓子類と入れ替えるために，さまざまな契約が考慮されている。

　この背景にある目的は，人々に子供時代から食生活を改善させることを促し，うまくいけば成人になってからの減量との苦闘を減らすことである。肥満に関する一連の訴訟が人々の注目を浴びている。

（答）　④

Q 例題⑬

次はある新聞記事の一部であるが，この見出しとして妥当なものはどれか。

Katie the cat vanished in London and reappeared 3,000 miles away in Montreal recently after stowing away in the suitcase of her owner, a British Airways steward.

The four-year-old black and white cat crawled into John Pearson's bag and wrapped herself warmly in his jacket and sweater before surviving the seven-hour flight to Canada in a pressurized cargo hold.

The disheveled cat reappeared when Pearson unpacked his suitcase in a Montreal hotel room. "I was in total shock and must have gone very pale," he said.

① 機内に飼い猫を持ち込み，乗客に迷惑をかけたスチュワード
② 猫を誘拐したスチュワード
③ 飛行機の経路を変えてしまった猫
④ 海をわたって発見された猫
⑤ 機内の貨物室で凍死してしまった可哀相な猫

☝ ヒント

232ページの**解法のポイント①**の名詞に注目し，名詞をマークしてみると，1～2行目は「ケイティー」・「ネコ」・「ロンドン」・「マイル」・「モントリオール」・「スーツケース」・「所有者」・「英国航空」・「客室係」など，「ケイティーという猫がロンドンからモントリオールに行き，所有者のスチュワードのスーツケースにいた」らしい，と想像できる。以下同様に，問題文の概要を把握し，ここでは cat が多く出てくるので，猫についての記事であることがわかる。

A 解答・解説

① この選択肢の前半は本文の1～2行目を読めば正しそうに見えるが，後半の「乗客」に相当する英語の passenger は本文には出てこないので，妥当ではない。
② 選択肢中の「誘拐」に相当する英語の kidnap が本文にはないので，妥当ではない。
③ 「経路」の route は本文にはないので妥当ではない。

④　選択肢前半の「海をわたって」の部分は，1〜2行目の「ロンドン」，「モントリオール」「英国航空」から想像しても正しく，後半の「発見された」の部分は，本文1行目と6行目のreappeared（再び現れた）から判断して妥当である。

⑤　選択肢中の「凍死した」のfrozen dead，「可哀相な」に相当するpoorは本文にないので妥当ではない。

（全訳）

　猫のケイティーはロンドンで姿を消し，飼い主の英国航空のスチュワードのスーツケースの中で密航した後，3,000マイル離れたモントリオールに再び最近現れた。

　その4歳の白黒の猫はジョーン・ピアソンのバッグに入りこみ，加圧された貨物倉の中でカナダまでの7時間の飛行を生き延びる前に，彼の上着とセーターで温かく包まれていた。

　ピアソンがモントリオールのホテルの部屋でスーツケースを開いたとき，毛がくちゃくちゃになった猫が再び現れた。「私はひどくびっくりし，顔は真っ青になっていたに違いありません。」と，彼は言った。

（答）　④

Coffee Break

感謝の言葉

感謝を示す表現にはいろいろあります。
普通に「ありがとう」というときは，Thank you. または，少しカジュアルに Thanks!，フォーマルになると，I really appreciate that.（本当に感謝します）です。

そのほか，
How kind you are!（あなたって，なんて親切なの）
It was nice of you to let me use your computer.（パソコンを使わせてくださってありがとう）
Thanks to you, I had very nice time.（おかげさまで，楽しい時を過ごすことができました）など，感謝の言葉はできるだけ使いましょう。

Q 例題⑭

次の英文の内容と合致するものはどれか。

A 10th grader was killed Friday in a high school parking lot by a 17-year-old former student who shot him in the head, authorities said. The suspect admitted shooting Neal Boyd, 16, outside Lew Wallace High School, and told authorities where he hid the gun, Police Chief John Roby said. The school has been plagued by gun violence in recent years. It is in a middle-class neighborhood a few blocks from the boarded-up storefronts on the gritty outskirts of Gary, Indiana, a city notorious for its high crime rate.

① 10歳の子どもが高校の駐車場で射殺された。
② この高校で銃殺のような惨劇が起こることをだれも予想しなかった。
③ 銃撃による殺人容疑で捕まったのは16歳のNeal Boydである。
④ インディアナ州のゲーリーは犯罪率の高さで悪名高い。
⑤ 被害者の少年は胸部を撃たれた，と関係当局は語った。

ヒント

234ページの**解法のポイント④**にあるように，選択肢の中に，数字や固有名詞のわかりやすいキーワードを見つけて，本文中に相当する英語に丸やアンダーラインでマークすると，問題が解きやすい。マークした語のある英文を読めばよい。

A 解答・解説

① 「10歳」は本文1行目の10thに該当するが，10th graderは10歳ではなく，10年生である。したがって，①は間違い。

② 「銃」の英語gunがある文は，本文3行目と4行目だが，その箇所は，… ,and told authorities where he hid the gun,...（…そして，関係当局に銃をどこに隠したのかを話した…）と，The school has been plagued by gun violence in recent years.（学校は近年，銃の暴力に悩まされてきた。）となり，4行目の文から，選択肢の「だれも予測しなかった」は内容が逆である。

③　この選択肢では，16 と Neal Boyd がキーワードになっている。これに相当する語のある文は
2〜3行目で，The suspect admitted shooting Neal Boyd, 16,...（容疑者は16歳のニール＝ボ
イドを撃ったことを認めた…）とあるので，ニール＝ボイドは容疑者でなく被害者である。

④　「インディアナ州」と「ゲーリー」という固有名詞は本文最後の文にある。…Gary, Indiana,
a city notorious for its high crime rate.（犯罪率の高さで悪名高いインディアナ州のゲーリー。）
とあり，この選択肢は正しい。

⑤　1〜2行目の …former student who shot him in the head,...（…彼の頭を撃った元生徒，…）
の部分から，選択肢の中の「胸部」は誤りで，本文では「頭」なのである。

（全訳）

　金曜日，10年生の学生が高校の駐車場で，17歳の元学生によって頭を撃たれたと，関係当局は語っ
た。容疑者の少年はルー・ウォーレス高校の外でニール＝ボイドを襲撃したことを認め，銃をどこ
に隠したのかを当局に伝えたと，警察署長ジョン＝ロビーは語った。その学校は近年，銃の暴力に
悩まされてきた。そこは高犯罪率で悪名高いインディアナ州，ゲーリーの埃っぽい町外れにある板
を張った商店街から数区画離れた中流階級の地域である。

（答）　④

Coffee Break

割り勘とおごり

「割り勘にしよう」というときは，
Let's split the bill.（勘定を割ろう）といいます。
また，Let's go Dutch. ともいいます。
「これは私のおごりです」というときは，It's on me. です。
「ビールは私のおごりだよ」というときは，Beer is on me!　です。
I'll treat you to something today.（今日は何かおごるよ）
Let me buy you a drink.（飲み物をごちそうさせてください）
I'll buy you a drink.（飲み物，おごるね）
いろいろと表現があります。

Q 例題⑮

次の英文で **Dr. Henry Kissinger** が示している見解として妥当なものはどれか。

Back in the early 1970's Dr. Henry Kissinger, the former US Secretary of State, talked to some newspaper correspondents about the problems of negotiating with Japan. At the time he was deeply involved in trying to solve the various problems caused by the Nixon economic "shocks" and by the shock of his own sudden rapprochement towards China. And what surprised him most was the difference between the attitudes of the Japanese and of the Chinese.

He had expected that it would be much harder to deal with China than with Japan. The Chinese, after all, had a communist ideology. And most of their leaders had spent almost all their lives in China. Yet he had found it surprisingly easy to deal with them. Conversely he had expected it would be much easier to deal with the Japanese leaders, since they shared the same free enterprise ideology of the United States and had wide international experience. But in fact he found it very difficult even "to get on to the same wavelength."

① 日本人は米国と同様自由経済圏におり，意思の疎通が比較的容易である。

② ニクソンショックは世界全体を揺るがし，その後の世界経済の方向性を示した。

③ 中国は共産主義化を果たし，独自の文化を形成し始めている。

④ 共産圏の中国人との方が自由経済圏を共有している日本人とより交渉しやすい。

⑤ 日本文化は中国から言語，思想など多大な影響を受けており多くの共通点を持っている。

ヒント

　この本文は比較的長文なので，こういう場合には，まず，選択肢の文章から，キーワードになる語を見つけて，本文のそれに相当する英語のある部分を読んで，選択肢が本文に沿った内容であるのかを判断する。

A 解答・解説

① この選択肢からは,「日本人」・「自由」・「容易」に対する英語, the Japanese, free, easy を本文に探すと, 本文 10 〜 12 行目にあることがわかる。…he had expected it would be much easier to deal with the Japanese leaders, since they shared the same free enterprise ideology of the United States…(日本人の指導者たちを相手にすることはずっと容易だと予想していた。なぜなら, 日本人は米国と同じ自由経済の考え方をもっているからである…)とあるように,「予想していた」のであって, 現在そうではないことが暗に示されている。英文でも, had expected と, 過去完了形になっていることに注意。選択肢は本文とは逆の内容である。

② 「ニクソン」という固有名詞を本文に見つけ, その文章を読んでみる。本文 2 〜 4 行目は, At the time he was deeply involved in trying to solve the various problems caused by the Nixon economic "shocks" …(当時彼はニクソン経済ショックによって生じたさまざまな問題を解決しようと深くかかわっていた…)とあるが,「その後の世界経済の方向性」については書かれていない。

③ 「共産主義」の communism は本文中にはないが, communist があるので, その文を読んでみると, The Chinese, after all, had a communist ideology.(中国人は, とどのつまりは共産主義のイデオロギーを持っていた。)だが, 選択肢の後半の「独自の文化を形成し始めている。」ことは本文には書かれていない。

④ 本文第 2 段落の 3 行目に, Yet he had found it surprisingly easy to deal with them.(しかし, 彼ら(中国人)を相手にすることは驚くほど容易であることがわかった。)とあるので, 妥当である。

⑤ 本文では日本と米国, 中国と米国は比較されているが, 日本と中国の関係は述べられていない。「日本文化が中国から影響を受けている」という内容は本文にはない。

(全訳)

1970 年代の初頭, 元米国国務長官のキッシンジャー博士が, 新聞社特派員に日本と交渉することの難しさについて語った。当時彼は, ニクソン経済ショックと中国との突然の友好関係の樹立から生じるさまざまな問題を解決することに深くかかわっていた。そして彼を最も驚かせたことは, 日本と中国の(外交上の)姿勢の相違だった。

彼は, 日本よりも中国を相手にするほうがずっと困難だろうと予想していた。中国人は結局のところ, 共産主義の観念をもっていたし, 中国人指導者は人生のほとんどを中国で過ごしていた。しかしキッシンジャー博士は, 中国人を相手にすることは驚くほど容易だと感じた。逆に言えば, 日

本人指導者を相手にすることはずっと簡単だと予想していた。日本人は米国と同じ自由経済観念を共有し，広い国際的経験をもっていたからである。しかし実際のところ，（日本人指導者とは）「同じ波長に合わせる」ことさえ難しいことがわかった。

（答）　④

Coffee Break

電話を借りてもいいですか。

「借りる」という語は英語では，borrow ですが，borrow は持ち運びのできるものだけに使います。
ですから，電話やトイレには borrow でなく use を使います。
「電話を借りてもいいですか。」は，May I use your telephone?
「トイレを借りてもいいですか。」は，May I use the bathroom? となります。
また，家を借りるときは rent を使います。
「この家は月 12 万円で借りています。」は，I've rented this house for 120,000 yen a month. です。

No.1
（解答▶P.32)

Every day and for most of our lives we see and hear many advertisements. Even if we don't read a newspaper or watch television, and walk around the streets with your eyes down, you will find it impossible to avoid some form of advertisement.

上の文の要旨は，次のどれか。

① 広告の功罪
② 広告の長所
③ テレビと広告の関係
④ いかにして広告に惑わされないようにするか
⑤ 身辺に，いかに広告が溢れているか

No.2
（解答▶P.32)

There is no Santa Claus. Your parents lied to you. What's worse, you were dumb enough to believe that some tremendously fat guy was going to fit down your chimney. Light a fire in the fireplace on Christmas Eve, just in case.

上の英文の内容に一致するものは，次のどれか。

① サンタがいないことを明かすなんて，御両親も意地悪だね。
② サンタがいないことは，僕はとうの昔から知っていた。
③ あんなに太ったサンタが，煙突を通れるわけがないじゃないか。
④ 暖炉に火がともっていると，プレゼントが届くかもね。
⑤ サンタを信じているふりをして，両親を喜ばせようよ。

No.3

（解答 ▶ P.32）

次の英文は教育の目的についてどのように述べているか。

What is the point of being educated at a university? Well, I might answer that the aim[*1] of education in general is so as to prepare students for life in the world. First we have to know something about this world we are entering and the forces at work in it. What the university gives is one special kind of preparation.

[*1]aim = purpose

①　学生に社会生活の準備をさせること
②　学生に広く知識を付与すること
③　学生に真理の追求をさせること
④　学生に親からの自立をさせること
⑤　学生に有益な専門教育を受けさせること

No.4

（解答 ▶ P.32）

It is well known that young children learn a lot of language from their parents. One of the most common things that parents do is to ask their children questions. In fact, over 40 % of what parents say to their young children is questions. But, when adults talk to adults, they don't ask so many questions.

　上の英文の内容に一致しないものは，次のどれか。

①　親と子の間の話では，親から子への質問というのが共通の特徴だ。
②　親と子の間の話では，親から子へ，子から親への双方向の質問の形が多い。
③　大人と大人の話では，質問の形はそんなに多くない。
④　子供は両親から言語を学ぶということはよく知られている。
⑤　親と子の間の話では，ほぼ半分が親から子への質問の形を取る。

There are many individuals[*1] who still seem 'young' at seventy or more, while others appear 'old' in their fifties. From another point of view, *sumo* wrestlers[*2], for instance, are 'old' in their thirties, whereas artists' best years may come in their sixties or even later. But in general, people are old when society considers them to be old, that is, when they retire[*3] from work at around the age of sixty or sixty-five.

[*1]individual 個人　　[*2]*sumo* wrestler 相撲の力士

[*3]retire（定年）退職する

上の文の内容に合致するものは，次のどれか。

①　人は働いているうちは，たとえ 70 歳でも若いので，仕事は続ける方がよい。

②　一般的に，定年を迎えて社会が「年寄り」と見なすとき，人は年寄りになる。

③　人が若いか否かは自分の心の持ちようで決まる。

④　相撲取りは 30 代でも，年寄りとみなされ，引退を余儀なくされる。

⑤　中には 70 代なのに，50 代に見られる人もいる。

No.6

（解答▶P.33）

　A good farmer is always one of the most intelligent and best educated men in our country. We have been inclined[*1] in our wild industrial development, to forget that agriculture is the base of our whole economy[*2] and that in the economic structure of the nation it is always the cornerstone[*3]. It has always been so throughout history and it will continue to be so until there are no more men on the earth.

　　[*1]inclined to …しがちである　　　[*2]economy 経済　　　[*3]cornerstone 基礎，第一歩

　上の英文の内容として妥当なものは，次のうちどれか。

① 　農業の経済機構内に占める地位は歴史的にみると必ずしも一定ではない。

② 　国民は農業がすべての経済の基礎であることを十分に承知している。

③ 　農業の重要性が見逃されがちなのは，農園主が高度な教育を受けることによる。

④ 　農業は過去において経済の基礎であったが，産業の高度化に伴ってその地位は低下している。

⑤ 　農業は経済全体の基礎であり，今後もその地位は変わらないであろう。

People often say that young people are not so well educated as they used to be. They complain that they do not write as well nowadays. They also think that they read with less speed and understanding. They feel that these abilities have declined because students do not get enough education today. However, I think the problem is not that young people get less education than they once did. It is rather that other areas of education are receiving more emphasis[*1].

　[*1]emphasis　力点，強調

　　上の英文の内容に一致するものは，次のどれか。

① 今も昔も，教育の主眼は，まず読み書きにある。
② 若者の読む力については，速度は落ちたが，理解力は劣らない。
③ 若者の読み書きの能力が落ちたのは，教育の「量」ではなく，「力点の変遷」に原因がある。
④ 親たちは，子供が読み書きが十分にできるようになってから，他の方面に力を注いでほしいと願っている。
⑤ 昔は今よりはるかに，速く，深く読むことができた。

No.8

（解答 ▶ P.33）

　The oceans of the world are treated like open sewer[*1]. Once pure mountain streams are now sick with pollutants[*2] and unfit to drink. How long can this go on? Water is our most precious resource[*3], it makes up 90% of our bodies, yet we use it... like water. Saving water is so easy and savings can be enormous. Saving the seas is a little harder but each one of us really can make a difference. All it takes is a little thought, as does every other effort to help save the world. Isn't it time you started thinking? You can save the world!

　　[*1]sewer 下水道　　[*2]pollutant 汚染物質　　[*3]resource 資源

上の文が最も強く訴えかけているメッセージは，次のどれか。

①　水の大切さ

②　海の大切さ

③　資源を守ることの大切さ

④　地球環境を守ることの大切さ

⑤　地球を守るために自分には何ができるかを考えることの大切さ

次の英文の内容と合致しているものはどれか。

"It's time to take off. Fasten[*1] your seat belt," Father said to us, "Our plane is on time."
Yes, it was three o'clock sharp.

How excited we were! The roaring sound of the jet engines lasted a few minutes and soon
died away. Our huge jet plane started moving forward.

Faster and faster it went until it rose from the ground. At last it was flying in the air.

"Now you can unfasten your belts," Father said, helping Bob with his belt. My little
brother Bob was too excited to say a word. He looked very serious and just sat still.

[*1]fasten 締める（→ unfasten 緩める）

① ジェット機は定刻の３時ちょうどに発進した。
② ジェット機の揺れが激しいのでベルトは締めたままであった。
③ ボブはうれしさのあまりジェット機内ではしゃいでいた。
④ 父と子はともにジェット機に乗るのは初めてであった。
⑤ ジェットエンジンの音はいつまでもうるさかった。

次の英文の主旨として，最も適切なものはどれか。

Food is a subject of conversation more spiritually refreshing even than the weather, for the number of possible remarks about the weather is limited, whereas of food you can talk on and on. Moreover, no heat of controversy[*1] is induced by mention of the atmospheric[*2] conditions, and where there can be no controversy, there can be no intimacy in agreement. But tastes in food differ so sharply that a pronounced agreement in them is of all bonds of the most intimate union. Thus, if a man hates banana pudding, he is a good fellow and my friend.

[*1]controversy 論争・議論　　[*2]atmospheric 大気の

① 天気の話より食べ物の話のほうがお互いの間に親密さが生まれやすい。

② 天気の話はどうしても議論が紛糾してしまうので，話題としては適切ではない。

③ 食べ物の話はだれでも興味があるわけではないので，初対面の人との話題として適切ではない。

④ 相手の気持ちを察するには，食べ物の話よりも天気の話をしたほうがよい。

⑤ 天気の話や食べ物の話は議論になってしまうので，友人とはしないほうがよい。

次の英文の内容と合致しているものはどれか。

Coast Guard helicopters went into action today after a yacht capsized in Coolidge Sound. Despite rain and night seas, the helicopters were able to rescue all but one of those aboard. Two men and two women were pulled to safety, but one of the men was dead on arrival despite the rescue team's efforts. The other three are in satisfactory condition. The fifth passenger, a woman, was not found. Although the Coast Guard continue their search, she is presumed drowned.

①　ヨットに乗っていた7人のうち，1人がいまだに行方不明である。

②　ヨットに乗っていた6人のうち，4人が救助され，1人の溺死が確認された。

③　ヨットに乗っていた9人のうち，8人が救助され，5歳の女の子が死亡した。

④　ヨットに乗っていた5人のうち，3人が生存し，1人が死亡，1人が行方不明である。

⑤　ヨットに乗っていた6人のうち，男女それぞれ2人が無事救助され，男女それぞれ1人が溺死した。

No.12　（解答 ▶ P.34）

　突然，次のような手紙がＡ雑誌社に届いた。この手紙に対するＡ雑誌社の返事の内容として最も適切なものはどれか。

Dear Sirs,

　Last year I saw an article in your magazine（I think it was in your magazine, but I am not sure）which interested me very much, but I have forgotten what it was. I wrote the name of the article and the magazine in my notebook after I had read it, but I have lost the notebook. I have also lost the magazine which the article was in. Will you please send me another copy of the magazine, if it was your magazine? Thank you very much.

　　　　　　　　　　　　　　　　　Yours faithfully,

　　　　　　　　　　　　　　　　　David Williams

①　The magazine is now out of stock.

②　I cannot understand which article you want.

③　Thank you for your favorable comment on the article.

④　I will send you a copy of the article.

⑤　We do not issue that magazine and please ask another publisher.

第2章 空欄補充

　空欄に適当な語句を入れる問題に関しては，たいてい**空欄の前後を読むこと**で解答が得られる場合が多い。空欄補充の問題は，以下のような内容がある。

(1) **イディオム（成句）に関する問題**

(2) **接続詞に関する問題**

(3) **会話文の流れを汲み取るもの**

(4) **関係詞を入れさせるもの**

(5) **長文が与えられ，読解を含むもの**

(1)　イディオム（成句）に関する問題は，空欄補充では最も数多く出題されている。主にイディオムの中の前置詞部分を入れさせるものであるが，これは文章を全部読まなくても，**空欄の前後のみ読めばよい**ものが多い。イディオムでは，take, make, have, give, get などの基本動詞に関するイディオムをしっかりと身につける必要がある。

(2)　接続詞とは，**語や文をつなぐ働きをする言葉**。「そして，が，けれども，しかし，ところが」，のように並列，添加，選択，順接，逆接説明，転換などの関係を作りながら語や文をつなげるものである。although, and, as, because, before, after, but, except, if, nor, or, since, than, that, though, unless, until, when, whenever, whether, while などがある。

(3)　これは**空欄補充のある文章の前後の文を読めば**，たいてい答えが得られる。会話文であるから，会話の流れに沿って，特に前の文とのつながりに注意する。

(4)　関係詞（関係代名詞・関係副詞）は**文法的な理解が必要**である。特に関係代名詞はよく出題されるが，先行詞との関係でどの格（主格・所有格・目的格）がくるのか注意する。また，制限用法（関係代名詞が導く形容詞節が，先行詞を限定修飾する）か，継続用法（関係代名詞以下が先行詞について説明を継続する）かにも注意する。関係代名詞の種類としては，主格として，who, which, that, what がある。

(5)　長文の内容理解を含めた空欄補充の問題は，基本的には**英文の読解力**が要求される。長文を理解しないと空欄を埋めることができないので，第1章の「内容把握」の解説を参考にして問題を解く。

Q 例題①

私は結果に満足している。I

I am satisfied （ ア ） the result.

試合の準備はできているか。

Are you ready （ イ ） the game?

リンゴよりオレンジが好きだ。

I prefer oranges （ ウ ） apples.

　上の空欄に入る単語の組合せとして正しいものは，次のうちどれか。

	ア	イ	ウ
①	for	by	to
②	with	for	to
③	by	for	to
④	on	to	than
⑤	with	by	to

A 解答・解説

（**ア**）は受動態に関するイディオム（成句）の問題である。英語では受動態だが日本語では能動的に訳される。（**ア**）は「……に満足する」。

このほかに，be surprised at (by)「……に驚く」，be interested in「……に興味がある」，be filled with「……でいっぱいである」などがある。

（**イ**）は ready に結びつく前置詞が聞かれている。

ready は，ここでは「用意ができた，準備ができた」という意味であるが，for ＋名詞または，to 不定詞（to do）をとる。

　　I am ready for school.（学校へ行く準備ができている。）

　　The food is ready to eat.（（食べ物は）いつでも召し上がれます。）

（**ウ**）は prefer という動詞の使い方である。「A より B を好む」という表現では，prefer B to A

の形になる。(A，B は名詞または動名詞)

My son prefers soft drinks to milk.

(息子は牛乳より清涼飲料水が好きだ。)

I prefer watching games to playing them.

(私は試合をするより見るほうが好きだ。)

なお，「A より B のほうが好きだ」という表現の簡単なものには，like B better than A がある。

(答)　②

Coffee Break

「～しましょうか」という表現

一般的には Shall I...? ですが，親しい人に対しては，Do you want me to...? がよく使われます。それをていねいにすれば，Would you like me to...? となります。

Shall I carry the bag upstairs?
(二階までバッグを運びましょうか。)
Do you want me to pick you up at ten tomorrow?
(あした 10 時に車で迎えにいきましょうか。)
Would you like me to help you with your homework?
(宿題をてつだいましょうか。)

Q 例題②

A：Have you read Harry Potter and the Chamber of Secrets?

B：The best seller? Yes, I've read it. Have you?

A：Not yet.（ 　　　　　　　　　　　　　　　）

B：Not really. I don't understand why so many people like it.

上の対話の空欄に入れるのに最も適当なものは，次のうちどれか。

① Didn't you read it?

② Do you think it's worth reading?

③ Isn't it a best seller?

④ Will you lend me the book?

⑤ Where did you buy it?

A 解答・解説

　会話文の空欄補充問題である。このような問題は，空欄の前後の文章をよく読んでみる。前の文：Not yet.（まだだよ。）後ろの文：Not really.（そうでもない。）その間に①から⑤のどれが入るか考えてみる。

　　① 君は読んでないの？

　　② それは読む価値があると思う？

　　③ それ，ベストセラーじゃないの？

　　④ その本，貸してくれる？

　　⑤ それ，どこで買ったの？

① 後ろの文：Not really.（そうでもない。）につながらない。

② 意味がつながるので，正解。worth は形容詞で，「価値がある」の意味だが，worth ＋名詞，または動名詞の形をとる。

　　This car is worth a lot of money.

　　（この車は大金に見合うだけの価値がある。）

Is the place worth visiting?

（その場所は訪れてみる価値がありますか？）

③　本文上から2行目に「ベストセラー」が出てくるので不適。

④　①同様，後ろの文と意味がつながらない。

⑤　①，④と同様，後ろの文と意味がつながらない。

（全訳）

A：「ハリーポッターと秘密の部屋」を読んだ？

B：あのベストセラー？　うん，読んだよ。君は？

A：まだなんだ。（　　　　　　　　　　　　）

B：そうでもない。なんであんなにたくさんの人が好きなのかわからないよ。

（答）　②

Coffee Break

次の文の意味の違いがわかりますか？

A：I was running after a black and white dog.
B：I was running after a black and a white dog.

C：Do you have time?
D：Do you have a time?

（違い）
A：白と黒の犬，1匹を追いかけていた。
B：白い犬と黒い犬，2匹を追いかけていた。

C：いま，ひまですか？
D：いま，何時かわかりますか？

Q　例題③

　　次の英文a～eの中の空欄に関係詞のどれかを入れるとき，どこにも入らないものはどれ
か。

a：That is the boy （　　　） I spoke of the other day.

b：The building （　　　） roof is red is the post office.

c：He said he was ill yesterday, （　　　） was not true.

d：The hotel （　　　） he is staying is not far from here.

e：It was his sister （　　　） sent us those flowers.

① who

② whose

③ where

④ which

⑤ when

A　解答・解説

　関係代名詞，関係副詞の問題である。選択肢①，②，④は関係代名詞，③と⑤は関係副詞。関係
代名詞とは2つの文をつなげるものであるから，もとの2文を取り出してみるとわかりやすい。

　次に，2つの文の共通部分を先行詞というが，それが「人」なのか，「人以外の事物や動物」な
のかを区別する。関係代名詞によってできた形容詞節の中で，先行詞が主格になるか，所有格にな
るか，目的格になるかを判断して，関係代名詞の格を決定する。

　aでは，もともとの文は，

　That is the boy.

　I spoke of the boy the other day.

であり，先行詞（2つの文に共通の語）は the boy。

　形容詞節を作る元の文（ここでは下の文）では the boy は目的語の位置にあるので，目的格の関
係代名詞がくることがわかる。

したがって，関係代名詞は whom であるが，口語ではこの whom は who になる。しかし，このような目的格の関係代名詞は省略されるのがふつうである。

（訳）：あれが，私が先日話した男の子です。

b では，もともとの文は，

The building is the post office.

The building's roof is red.

であり，先行詞 the building は，下の文ではそれが所有格になっている。したがって，所有格の関係代名詞，whose がくる。

（訳）：赤い屋根のビルが郵便局です。

c では，もともとの文は，

He said he was ill yesterday.

That was not true.

となり，共通部分となる先行詞は He said he was ill yesterday ＝ That であり，「人以外の事物」で，下の文では主語となっているので，主格の関係代名詞 which がくる。which の前にカンマがあるので，継続用法である。

継続用法の関係代名詞では，先行詞は関係代名詞の前の句や節となり，which は「そしてそれは」などと訳すことができる。

制限用法と継続用法を比較してみよう。

1　She had a son who became a doctor.

2　She had a son, who became a doctor.

1 は，「彼女には医者になった息子がいた。」という意味だが，医者になった息子は 1 人いたが，ほかにも息子がいたことも考えられる。

2 は，「彼女には息子が 1 人いた。そして彼は医者になった。」という意味で，息子は 1 人しかいない。

（訳）：彼はきのう病気だったと言ったが，それは本当ではなかった。

　dでは，もともとの文は，

　　The hotel is not far from here.

　　He is staying in the hotel.

となり，先行詞は the hotel であるから，関係代名詞は which で，2つの文をつなぐと，The hotel which he is staying in is not far from here. となる。

　ここで，in を関係代名詞 which の前に移動させると，

　　The hotel in which he is staying is not far from here. となるが，

前置詞＋関係代名詞で場所を表すので，関係副詞 where が使える。

　（訳）：彼が泊まっているホテルはここから遠くない。

　eでは，もともとの文は，

　　It was his sister.

　　His sister sent us those flowers.

となり，先行詞 his sister は下の文では主語となっているので，主格の関係代名詞 who が入る。

　（訳）：あの花を私たちに送ってくれたのは彼の妹だった。

　　　　　　　　　　　　　　　　　　　　　　　　　　　（答）　⑤

Q 例題④

　次の英文中の空欄Ａ〜Ｅに入れるべき語の組合せとして，適切なものはどれか。

ア：You had better put ［　A　］ your coat before you leave. It's chilly out.

イ：Would you mind turning ［　B　］ the light? —— Not at all.

ウ：I smell something cooking in the kitchen. Can I call you ［　C　］?

　　—— I see. I hope your dinner hasn't burned.

エ：　Your children love outdoor sports, don't they?

　　—— Yes, they do. I brought them ［　D　］ to appreciate nature.

オ：I think if I learned more vocabulary, I wound't have trouble using English.

　　—— It is not necessarily so. I'd like to point ［　E　］ that language consists of much more than just vocabulary.

	A	B	C	D	E
①	on	on	back	up	out
②	off	on	back	up	out
③	on	off	for	in	to
④	off	on	back	in	to
⑤	on	off	back	up	to

A 解答・解説

　これは全部，動詞句（動詞＋前置詞）のイディオムの問題である。動詞はさまざまな前置詞と結びつくことによって，その動詞だけからは予想できない意味を持つことができる。頻繁に使われる基本動詞のイディオムは，覚えておこう。

　（make, take, come, get, have, keep, look, put, go, run, do, turn, give, catch, set, cut, break, call, ask, fall, stand, pass, pay など）

ア：空欄Ａは on。put on で，「身につける」の意味。この場合の put on と反対の意味のイディオ

ムは take off。

put のイディオムはこのほかにも，put aside, put away, put back, put down, put in, put off, put out, put together, put up with などがある。

had better もイディオムで，「〜したほうがよい，身のためだ」という意味。chilly は「肌寒い・ひんやりする」の意味。

（訳）：出発する前にコートを着たほうがいいですよ。外は肌寒いから。

イ：空欄Bは on でも off でもいい。問題下にあるBの選択肢は on と off の両方があるが，ここでは①〜⑤のどれを選んでもよいことになる。

turn on は，「（テレビ，ラジオ，照明などを）つける」などの意味がある。turn off は「（テレビ，ラジオ，照明などを）消す」。

turn のイディオムはこのほかにも，turn aside, turn away, turn down, turn out, turn up などがある。

Would you mind ...ing? は「…してくださいませんか」というていねいな依頼を表す。それに対して「いいですよ」というときには，No, not at all. などと，否定の形で答えるが，それは mind という動詞が「〜を嫌だと思う，気にする」という意味だからである。

（訳）：明かりをつけて [消して] いただけませんか？——いいですよ。

ウ：空欄Cは，back。call back で「折り返し電話する，後で電話する」の意味。call のイディオムはこのほかにも，call at, call for, call off, call on, call out などがある。

burn はこの場合，「（料理・物が）焦げる」という意味である。

（訳）：台所で何か煮えている臭いがするわ。電話をかけなおしてもいい？

　　　——わかった。夕食が焦げていないといいね。

エ：空欄Dは，up。bring up で「育てる，しつける」の意味。

bring のイディオムはこのほかにも，bring about, bring down, bring in, bring out などがある。

...., don't they? は付加疑問文で，「…ですね」と念を押すときに使われる。appreciate は「正当に評価する，真価を認める」という意味。

（訳）：お宅の子供さんたちは戸外でのスポーツが大好きなんですね。

　　　——はい，そうなんです。自然のよさがわかるように私は子供たちを育てたんです。

オ：空欄Eは，out。point out で「指摘する」の意味。

vocabulary は「語彙」。have trouble ...ing で「〜するのに苦労する，困難である」の意味。

最初の文は仮定法過去。「もし…ならば，…だろうに」という意味で，現在の事実に反する仮定，実現しがたい願望を表す。necessarily は「必ずしも…でない」という意味の副詞。consist of は「～から成る，で構成される」の意味のイディオム。much は形容詞・副詞の比較級，形容詞の最上級を修飾して「ずっと，はるかに」という意味を表す副詞。

(訳)：もっとたくさんの語彙を学んでいたら，英語を使うのが困難ではないのでしょうにね。
　　　——必ずしもそうではありませんよ。言語は語彙だけでなく，もっとたくさんのものからできていることを指摘したいです。

（答）　①

Q　例題⑤

1．"He's a good skier, isn't he?"

"Yes, he really is. I wish I（ A ）like him."

　　ア）can ski　　イ）could ski　　ウ）will ski

2．"Are you going somewhere during the vacation?"

"Yes, I've found a nice beach （ B ）I can enjoy swimming even in December."

　　カ）when　　キ）where　　ク）which

3．"It's strange that Ken hasn't come yet."

"Yes, he hasn't missed a single meeting so （ C ）."

　　サ）far　　シ）long　　ス）much

上の空欄に入る語の組合せとして正しいものは，次のうちどれか。

	A	B	C
①	ア	カ	サ
②	ア	カ	シ
③	イ	キ	シ
④	ウ	ク	ス
⑤	イ	キ	サ

A　解答・解説

1. 簡単な会話文だが，「実現の見込みのない願望」を表す仮定法過去が理解されているかどうかをみる問題である。「……だといいなあ」という意味を表す I wish を用いた仮定法過去の構文は下の形をとる。

　　I wish … **過去形**

ここでは現実には「彼」のように「スキーができない」という事実があり，「スキーができれ ばいいなあ」と願っている状況である。Aは過去形の**イ**が正しい。

　　(訳)：「彼はスキーが上手ですね。」

　　　　　「はい，本当にそうです。私も彼のようにスキーができたらいいんですが。」

2. 関係詞の問題である。先行詞が beach と「場所」を示すものなので，Bは関係副詞の**キ**である。 **カ**の関係副詞は時間を示す。**ク**の関係代名詞は，which でなく on which と前置詞が前にくれば， これでもいい。一般的に関係副詞は，前置詞＋関係代名詞でも表すことができる。

　　例：This is the town where [in which] I was born.

　　　　（これは私が生まれた町です。）

　　(訳)：「休暇にはどこかに行く予定ですか？」

　　　　　「はい，12 月でも泳げるすてきな浜辺を見つけたんです。」

3. イディオムの問題である。「今までのところ，これまでは」という意味の so far が正しい。Cの 正解は**サ**である。 **シ**の so long は，単独では「さようなら，じゃあね」の意味になるが，so long as で「〜さえすれば」 という条件を表す。

　　例：He can stay here, so long as he keeps quiet.

　　　　（おとなしくしているなら，彼はここにいてもいい。）

　　スの much は，not ... so much の形で，「あまり……でない」という意味になる。

　　(訳)：「ケンがまだ来ないのは変だね。」

　　　　　「うん。彼，今まで会議は一度だって来なかったことがないから。」

(答)　⑤

Q 例題⑥

次の各英文中の空欄A～Eに入る語の組合せとして，最も適切なものはどれか。

A：No matter 　A　 you may come, you are welcome here.
B：A man's worth lies not 　B　 in what he has as in what he is.
C：Most people have 　C　 time to engage in sports.
D：My grandmother lives in a big house all 　D　 herself.
E：If I 　E　 to cross the street a second earlier, I would have been hit by the truck.

	A	B	C	D	E
①	when	so much	few	of	started
②	how	so well	many	for	would start
③	when	so much	little	by	had started
④	how	as much	few	for	should start
⑤	when	as much	little	by	started

A 解答・解説

A：no matter という構文の使い方である。no matter + wh 節，how 節，though 節で，「たとえ……でも」という意味を表す。

例：No matter what he says, I will believe him.
（彼が何と言おうとも，私は彼を信じよう。）
I like this place, no matter how hot it is.
（どんなに暑くても，私はこの場所が好きだ。）

問題文前半は「あなたはいつ来ても」という意味で時間を表すので，①，③，⑤の when が入る。②，④の how は程度や方法を表す。
（訳）：あなたはいつ来ても，ここでは歓迎です。

B：not so much A as B は，「A というよりむしろ B」という意味を表す。
同じ表現に B rather than A がある。

　例：The air was not so much warm as cold.
　　（空気は暖かいというよりむしろ寒かった。）

　（訳）：人の価値はその所有物にではなく，むしろその人柄の中にある。

C：ここでは time が不可算名詞（水, 空気, 牛乳のように，1つ2つと数えられない名詞）であるから，
可算名詞につく② many は不適当。
　①，④の few も可算名詞につくので不適当。したがって不可算名詞に使える③か⑤の little（ほ
とんど……ない）が正解。
　可算名詞と不可算名詞の使い方は下の表参照。

	たくさんある	少しある	ほとんどない
可算名詞につく	many	a few	few
不可算名詞につく	much	a little	little

　例：I have many [a few, few] books.
　　　I have much [a little, little] money.

　（訳）：たいていの人はスポーツに従事する時間がほとんどない。

D：イディオム by oneself に all がついて，「たった一人で」の意味を持つ。oneself のイディオムには，
　　by oneself（自分だけで，孤独で）
　　for oneself（自分のために，独力で）
　　to oneself（自分だけに，独占して）
などがある。
　例：I could never have done it by myself.
　　　（自分だけではとてもできませんでした。）
　　　She did so for herself.
　　　（彼女は自分のためにそうしたのです。）

My uncle has a car to himself.

　　（叔父は自分専用の車を持っている。）

　　(訳)：祖母は大きい家にたった一人で住んでいる。

E：仮定法過去完了の文である。仮定法過去完了は，過去の事実に反する仮定，実現の見込みのなかった願望を表す。一般的に，次の形の構文をとる。

　　If ... had ＋**過去分詞** , ... would [should, could, might] have ＋**過去分詞**

　この形に合っているのは③だけである。

　　(訳)：1秒早く道を渡っていたら，トラックにはねられていただろう。

(答)　③

A～Dの英文中の空欄のどれにも該当しない語は，次のうちどれか。

A：I'm accustomed 　　　　having a big breakfast every morning.

B：The rain prevented us 　　　　completing the work.

C：Instead 　　　　studying, Margaret went to a ball game with some friends.

D：Who is responsible 　　　　washing the dishes after dinner?

① of

② from

③ for

④ in

⑤ to

A 解答・解説

全部イディオムの問題である。

A：be accustomed to「～に慣れている，～が習慣になっている」。

be used to とほとんど同意であるが，両方とも to の次には動詞でなく，名詞または動名詞がくることに注意。

　　例：I am accustomed to (taking) a long walk.

　　　　（私は長い散歩（をすることに）に慣れている。）

　(訳)：私は毎朝，朝食をたくさん食べるのに慣れている。

B：主語＋ prevent ＋目的語＋ from ～ ing で，「主語のために，目的語は～できない」という意味になる。

　(訳)：雨のために私たちは仕事を完成できなかった。

C：instead of ～「～の代わりに」。instead of は前の語と後ろの語が対照されているときに用い

られる。

例：We'll travel by train instead of by car.

（車ではなく列車で旅をしよう。）

（訳）：勉強をする代わりに，マーガレットは友達と野球に行った。

D：be responsible for 〜「〜の責任がある」。

（訳）：夕食の後，お皿を洗う責任があるのはだれですか？

（答）　④

Coffee Break

頼むときの表現

一般的に言って，文章が長くなるほど丁寧になります。以下の「タクシーを呼んでください」という表現は，下になるほど丁寧さが増します。

Call a taxi for me.

Call a taxi for me, will you?

Please call a taxi for me.

Would [Could] you call a taxi for me?

Would [Could] you please call a taxi for me?

I wonder if you could call a taxi for me.

I was wondering if you could call a taxi for me.

In recent years, people in the West[*1] have become increasingly aware of the dangers of eating too much animal fat[*2], and as a result, they have turned more and more to soybean products. This is mainly because the soybean provides almost the same food value[*3] as meat, and in addition is a lot more healthful[*4]. Much of the margarine, salad oil, and cooking oil in daily use is now produced from soybean oil. *Tofu*, a representative[*5] soybean product and originally one of the main foods in the diet of Chinese priests, is considered to be one of the healthiest foods available[*6] to man.

[*1]the West 西欧　　[*2]animal fat 動物性脂肪　　[*3]food value 栄養価

[*4]healthful ＝ healthy 健康に良い，健康的な

[*5]representative 代表的な　　[*6]available 入手できる

上の文に関して，次の問いの空欄に入れるのに最も適当なものはどれか。

（問）　The reason people in the West have become more and more interested in *tofu* and other soybean products is that（　　　　）.

① eating too much animal fat is considered unhealthy.

② meat has become too expensive to buy.

③ cooking soybean products is easier than cooking meat.

④ these products are sold in the market.

⑤ they have become tired of eating meat.

A 解答・解説

　内容読解を含めた空欄補充問題である。まず，（問）の文は長文であるが，この意味を正確にとらえる必要がある。この文2行目の is の前までが主語になっている。その中の1行目の people から3行目の products までが，文頭の The reason を修飾している。

The reason people in the West have become more and more interested in *tofu* and other soybean products ／ is that (　　　　).

　問題文は「西欧の人々が豆腐や大豆製品にますます興味をもってきた理由は，（…）ということである。」となる。選択肢を一つずつ検討していこう。

① 「動物性脂肪を食べ過ぎることは不健康である。」これは本文1～2行目を読めば，正しいとわかる。
② 「肉は値段が高くて買えなくなっている。」このことは文中では触れられていない。meatという語は本文4行目に出てくるので，その文を読んでみる。
③ 「大豆製品を料理するのは肉を料理するよりやさしい。」この文も本文にはない。
④ 「これらの製品は市場で売られている。」この文も本文にはない。
⑤ 「かれらは肉を食べるのにあきてきた。」これは本文の1～2行目とは反対の表現である。
　結局，内容に合った選択肢は①のみになる。

（全訳）

　近年，西欧の人々は動物性脂肪の食べ過ぎが危険なことをますます意識するようになった。そしてその結果，彼らは大豆製品にますます期待するようになった。これは主として，大豆は肉と同じくらいの栄養価があるためであるが，それに加えて，大豆ははるかに健康的であるためである。日常的に使われているマーガリンやサラダ油や料理用の油は，現在は大豆油から生産されている。代表的な大豆製品である豆腐は，元はと言えば中国の僧侶の食事の主たる食材の一つだったが，人が手に入れることができる最も健康的な食品のうちの一つと考えられている。

（答）　①

　Coffee Break

　　　下の英文は，電話で「田中さんをお願いします。」と取り次ぎを頼む表現です。
　　　次の文は，下にいくほど丁寧な表現になります。

Is Mr. Tanaka there?
Is Mr. Tanaka at home?
May I speak to Mr. Tanaka, please?
May I talk with Mr. Tanaka, please?
I'd like to speak to Mr. Tanaka, please.

Q 例題⑨

It is important for parents to understand and accept their own limitations[*1] in bringing up children, just as they must accept the child's faults of personality and limitations of talent. Otherwise, fathers and mothers will feel guilty[*2] and blame themselves for weaknesses that may not be their fault[*3]. Much of the guilt experienced by modern parents comes from the mistaken feeling that they ought to be all things at all times to the child, which is clearly absurd[*4]. In past ages, grandparents lived with the family and provided different kinds of support, in our present nuclear family, too many roles are demanded of the two parents, which they cannot possibly fulfill[*5].

[*1] limitation　限界　　[*2] guilt – guilty　罪（のある）

[*3] fault　短所，過ち　　[*4] absurd　馬鹿げている　　[*5] fulfill　満たす

　上の文に関して，下の問いの空欄に入れるものとして最も適当なのは，次のうちどれか。

（問）Parents of nuclear families sometimes feel at a loss because (　　　　).

① they believe that such a family prevents the healthy growth of a child's personality and talent.

② they dislike the support that other family members give to their children.

③ they do not always have the help of other family members in childraising.

④ they no longer regard grandparents, uncles and aunts as good educators of their children.

⑤ they do not expect advice from grandparents, uncles and aunts.

A 解答・解説

長文読解が含まれる空欄補充問題である。

　問は，「核家族の両親は（　　）のために，時に途方にくれることがある」なので，なぜ，「途方にくれる」のかの理由が聞かれている。それぞれの選択肢が該当するかどうか見てみよう。

① 選択肢の「核家族は子供の性格や才能が健全に育つことを妨げていると両親は考えている」は，本文2～3行目を読んでみると，「子供の性格の欠点や才能の限界を両親は受け入れなくてはならない」とあるので，一般論として，子供の限界を受け入れる必要があるのであり，「核家族」のために「子供が健全な成長ができない」のではないことがわかる。

② 選択肢の「家族の他の構成員が子供を支えることを両親は嫌っている」は，本文の後半を読んでみると，「過去には家族の他の構成員が子供をさまざまなやり方で支えてきたが，核家族では，それがない」という内容なので，むしろ，そのために両親は途方にくれているのである。

③ 選択肢の「両親は子育てにおいて，家族の他の構成員の助けを常に得られるわけではない。」は，やはり本文の後半から，これが「途方にくれる」原因である。（②＜解説＞参照。）

④ 選択肢の「両親はもはや，祖父母・叔父・叔母を子供の良い教育者とは考えていない。」は，本文の要旨とはむしろ逆の内容である。

⑤ 選択肢の「両親は，祖父母・叔父・叔母をからの助言を期待していない。」も，④同様，本文の主旨とは異なる。

（全訳）

　子育てにおいて両親が自身の限界を理解して受け入れることは重要で，同様に，子供の性格上の欠点や才能の限界を認めなくてはならない。そうしないと，父親や母親は自分たちの責任ではないかもしれない弱点について罪の意識を感じて，自分たちを責めることになる。現代の親が経験する罪の意識は，親が子供にとっていつでもすべてでなければならないという誤った気持ちからくるのである。それはあきらかに馬鹿げたことである。昔は祖父母が家族と一緒に住み，さまざまな支援を与えてきたが，現在の核家族では，2人の親にたくさんの役割が要求され，とうていそれらの役割を全部果たすことは不可能なのである。

（答）　③

Q 例題⑩

次の英文の空欄に当てはまるものとして最も妥当なものはどれか。

While we all are shocked at the Sept. 11 terrorist attacks, I am also appalled by the prejudices of Americans that has been fueled by fear, hatred, racism and bigotry. As a Korean-American woman, I found the internment of Japanese Americans during World War Ⅱ hard to believe in U.S. history. I NEVER THOUGHT SUCH OVERT PREJUDICE COULD OCCUR TODAY. I was wrong.I now begin to comprehend the way Americans responded to Pearl Harbor. I hope I will never have to wear my U.S. passport around my neck to prove that I am an American or carry an American-citizen ID card because I look "different". The question is, Different from what or whom? American does not equal Protestant, Catholic, Muslim or Jewish. American does not equal white. American does not equal black. （   ）

A letter from Debbie Sines Crockett (Baltimore, U.S.)

① Americans all believe in God.

② It comes in all faiths and all shades.

③ There are no Americans of Asia descent.

④ Americans do not believe in any specific religion.

⑤ Americans think that racism is wrong.

A 解答・解説

　これは英文読解を読む空欄補充問題だが，空欄が本文の最後になるので，内容的に問題文の要旨に関するものである。特に空欄の直前の部分をよく読み，選択肢を一つずつ検討しいく必要がある。

①　の選択肢は，「アメリカ人はみな神を信じている」であるが，本文中には「神」God という語はなく，神について触れられたところはない。

②　は、「すべての信仰とすべての（肌の）色合いがあるのだ。」となるが、これは、空欄の前の
　3文を読んでみると、正しいことがわかる。空欄の前には、「アメリカ人すなわちプロテスタント、
　カソリック、イスラム教徒、ユダヤ教徒ではない。アメリカ人すなわち白人ではない。アメリカ
　人すなわち黒人ではない。」と書かれているので、次の空欄には、「宗教・人種にかかわりがない」
　という内容がくればいい。

③　「アジア系のアメリカ人はいない」というものであるが、本文3行目に「朝鮮系のアメリカ人
　として…」とあり、筆者自身もアジア系アメリカ人であるので、これは該当しない。

④　「アメリカ人は特定の宗教を信じていない」というこの選択肢は、内容的には間違いではない
　が、本文は、宗教やの肌の色にかかわらず、みなアメリカ人なのだ、ということを述べているの
　で、②が妥当である。

⑤　選択肢の「アメリカ人は人種差別は間違っていると考えている。」は、筆者が現在でも人種差
　別がある例をあげているので、適当ではない。

〔全訳〕

　我々はみな、9月11日のテロ攻撃にショックを受けたが、恐怖心・嫌悪・人種差別・反感にあ
おられたアメリカ人の偏見にもまた、私はがくぜんとしている。朝鮮系アメリカ人として、第二次
世界大戦の間の日系人の抑留は米国の歴史において信じがたいことである。そのような公然たる偏
見が今日起こりえるとは思っていなかった。私は間違っていた。私は現在、アメリカ人の真珠湾攻
撃への反応の仕方を理解しはじめた。私は自分がアメリカ人であると証明するために米国のパス
ポートを首から下げたり、私が「違って」見えるためにアメリカ市民のIDカードを持ち歩かなく
てもいいことを願っている。問題は、何と、だれと違っているかということだ。アメリカ人すなわ
ちプロテスタント、カソリック、イスラム教徒、ユダヤ教徒なのではない。アメリカ人すなわち白
人ではない。アメリカ人すなわち黒人なのではない。すべての信仰とすべての（肌の）色合いがあ
るのだ。

デビー・シネス・クロケットさんからの手紙

（米国、ボルティモア）

〔答〕　②

About fifteen hundred years ago the Japanese imported many aspects of Chinese culture: the writing system, political institutions[*1] and perhaps most important, Buddhism[*2]. Buddhist priests were expected to eat only vegetables, and *tofu*, made from soybean[*3], was a very important food in their diet[*4]. When Buddhism was introduced from China, *tofu* was also brought to Japan.

Tofu developed in different ways in China and Japan. While the Chinese often changed the taste of *tofu* by mixing it with strongly-flavored vegetables or meat, the Japanese preferred to eat it using only a simple sauce. Even now, traditional Japanese cooking preserves the original taste of *tofu*, though the way it is served may change from season to season.

[*1] political institutions　政治機構　　[*2] Buddhism　仏教

[*3] soybean　大豆　　[*4] diet　日常の食物

　　上の文に関して，下の問いの空欄に入れるのに最も適当なものは，次のうちどれか。

（問）　Japanese *tofu* dishes differ from Chinese *tofu* dishes in that（　　　）.

① 　the original taste of tofu is preserved in Japanese dishes.

② 　they are served the same way throughout the year.

③ 　they have a better taste than Chinese *tofu* dishes.

④ 　they have a greater variety than Chinese *tofu* dishes.

⑤ 　they are very important in the diet of Buddhist priests.

A 解答・解説

　（問）は，「日本の豆腐料理は（　　　）という点で，中国の豆腐料理とは異なる。」であるが，選択肢を一つずつ検討していこう。

① 　選択肢の意味は，「日本料理では豆腐の本来の味が維持されている。」とあるので，これが適

当である。本文最後の文に「現在でも，伝統的な日本料理は豆腐のもともとの味が維持されている。」と書かれている。

② 「豆腐料理は年間を通して同じ方法で出されている。」は，本文最後の文に，「豆腐が出される方法は季節ごとに変わることもある。」とあるので，誤りである。

③ 「日本の豆腐料理は中国のよりも味がいい。」は誤りである。豆腐の味の比較については本文には書かれていない。

④ 「日本の豆腐料理は中国の豆腐料理より変化に富んでいる。」は，本文の内容とは逆である。第2段落の1～3行目に，「中国人は味の濃い野菜や肉と混ぜて豆腐の味を変えることが多かったが，日本人は簡単なソースを使うことだけで豆腐を食べることを好んだ。」と述べられている。

⑤ 「日本の豆腐料理は僧侶の食事には大変重要だった。」は，本文1行目と2行目を読むと，「豆腐料理」は重要だったのであり，「日本の豆腐料理」のみが重要だったのではないので，不適当である。

（全訳）

約1500年前，日本人は中国文化の多くの面を輸入した。文字体系や政治機構などだが，最も重要なのは仏教であった。仏教の僧侶は野菜しか食べないこととされていたので，大豆から作られる豆腐は，僧侶の食事には大変重要だった。仏教が中国から導入されたとき，豆腐もまた日本にもたらされた。

豆腐は中国と日本では異なる方法で作り上げられた。中国人は味の濃い野菜や肉と混ぜて豆腐の味を変えることが多かったが，日本人は簡単なソースを使うことだけで豆腐を食べることを好んだ。現在でも伝統的な日本料理では，豆腐が出される方法は季節ごとに変わることもあるが，豆腐の本来の味が維持されている。

（答）　①

No.1 （解答 ▶ P.34）

次の各英文中の空欄ア〜エに入る語の組合せとして正しいものはどれか。

· 　　ア　　 he often tells a lie, I can't trust him.

· You should not despise a man 　　イ　　 he is poor.

· 　　ウ　　 it is a good plan or not is a matter for argument.

· You will not be able to read this novel 　　エ　　 you use a dictionary.

	ア	イ	ウ	エ
①	As	because	Neither	until
②	Though	that	If	unless
③	Because	but	Whether	until
④	Though	but	Neither	unless
⑤	As	because	Whether	unless

No.2

（解答 ▶ P.35）

1．As soon as I finish the work, I will （ A ） to see you.

　ア）go　　　イ）come　　　ウ）nice

2．If you want to reserve seats, you have to pay （ B ）.

　カ）in advance　　　キ）in return　　　ク）in front

3．My father is a （ C ）. His work is filling, cleaning and pulling out teeth.

　サ）chemist　　シ）dentist　　　ス）nurse

上の空欄に入る語の組合せとして正しいものは，次のうちどれか。

	A	B	C
①	ア	カ	シ
②	イ	カ	シ
③	ア	キ	サ
④	イ	ク	ス
⑤	ウ	キ	サ

Television now plays such an important part in so many people's lives （ ア ） it is essential for us to try to decide （ イ ） it is a blessing or a curse[*1]. Obviously television has （ ウ ） advantages and disadvantages. But does the former outweigh[*2] the latter?

[*1]curse 呪い　　[*2] outweigh …より重要である

上の空欄に入る単語の組合せとして正しいものは，次のうちどれか。

	ア	イ	ウ
①	but	whether	both
②	that	whether	all
③	what	either	every
④	that	whether	both
⑤	but	either	all

No.4

（解答 ▶ P.35）

次の二文が同じ意味を持つように書き換えるとき，空欄に入る語の組合せとして適当なのは，次のうちどれか。

（1） Many young people feel the need to move out of their parentshome（ A ）（ B ）they finish school.

（2）（ C ）finishing school, many young people feel the need to move out of their parents' home.

（ア. moment　イ. instance　ウ. the　エ. from　オ. on）

	A	B	C
①	エ	ア	オ
②	ウ	ア	オ
③	エ	イ	オ
④	オ	ア	エ
⑤	オ	イ	エ

次の英文中の空欄Ａ・Ｂに入る語の組合せとして，適切なものはどれか。

Have you ever stopped to wonder why 　　A　　 get excited about many things which leave 　　B　　 cold? Whatever they do, wherever they go, 　　A　　 always anticipate a thrilling experience. They expect miracles. Every minute is to them a promise of better tomorrow, and life is full of pleasant surprise.

We 　　B　　 grow old too soon. We become cynical and bored. Nothing can surprise us any more except unpleasantly. We are afraid of tomorrow, for it is the unknown which threatens us beyond our control.

	A	B
①	men	women
②	children	adults
③	adults	children
④	women	men
⑤	men	children

No.6

（解答 ▶ P.36）

次の英文は，弓術（**archery**）の師匠が弟子に言った教えと，それに対する筆者の感想である。空欄A，Bに当てはまる文をア〜カから選び出し，最も適切に組み合わせているものはどれか。

A certain man who was learning archery faced the target with two arrows in his hand. But his teacher said, "a beginner ought never to have a second arrow: for ⬚ A ⬚, he will be careless with his first one." Doubtless he would not intentionally act foolishly with one arrow when he has but a couple. But though he may not himself realise that he is being careless, ⬚ B ⬚. You should bear this advice in mind on every occasion.

A
- ア．if he has only one arrow
- イ．when he isn't before his teacher
- ウ．as long as he relies upon the other

B
- エ．he wishes to act well
- オ．his teacher knows it
- カ．you cannot help him to do so

	A	B
①	ア	エ
②	ア	カ
③	イ	オ
④	ウ	カ
⑤	ウ	オ

次の英文中の空欄Ａ，Ｂに入る表現の組合せとして，妥当なものはどれか。

Less than fifty years after Galileo's trial, Newton's great book, the Principia, appeared. Newton brilliantly united the work of Copernicus, Kepler and Galileo with his own new statement of the principles of mechanics. Without Kepler and Galileo, (　Ａ　) no Newton. As it was, the work of these three, and of many others working on the same spirit, (　Ｂ　) of modern science.

① 　Ａ：we were able to know

　　Ｂ：became the evil

② 　Ａ：there was always

　　Ｂ：tried to put an end

③ 　Ａ：there probably could have been

　　Ｂ：marked the triumphant beginning

④ 　Ａ：they could enjoy the fruits of

　　Ｂ：opened the door

⑤ 　Ａ：it was possible for her to give birth to

　　Ｂ：set the struggle

No.8

（解答 ▶ P.37）

次の英文の空欄に入る語句として妥当なものはどれか（２つの空欄には同じ語句が入る）。

One of the greatest advances in modern technology has been the invention of computers. They are already used in industry and in universities, and the time has come when it is possible even for ordinary people to use them as well. Computers are capable of doing extremely complicated work in all branches of learning. They can solve the most complex mathematical problems or put thousands of unrelated facts in order.

These machines can be put to varied uses. For instance, they can count the number of times the word "God" is used in the Bible. Because they work accurately and at high speeds, they save research workers years of hard work. This whole process by which computers can be used to work for us has been called (   ). In the future, (   ) may enable human beings to enjoy far more leisure than we do today; computers are bound to have important social consequences.

① use of computers
② automation
③ abbreviation
④ reduction of working hours
⑤ convenience

公務員試験

地方初級・国家一般職(高卒者)テキスト　国語・文章理解　第4版

2013年3月1日　初　版　第1刷発行
2024年2月15日　第4版　第1刷発行

編　著　者　　Ｔ　Ａ　Ｃ　株　式　会　社
　　　　　　　　　　　　　　（出版事業部編集部）
発　行　者　　多　　田　　敏　　男
発　行　所　　Ｔ　Ａ　Ｃ株式会社　出版事業部
　　　　　　　　　　　　　　　　（ＴＡＣ出版）

　　　　　　　　〒101-8383
　　　　　　　　東京都千代田区神田三崎町3-2-18
　　　　　　　　電話　03 (5276) 9492（営業）
　　　　　　　　FAX　03 (5276) 9674
　　　　　　　　https://shuppan.tac-school.co.jp/

印　　　刷　　株式会社　ワ　　コ　　ー
製　　　本　　東　京　美　術　紙　工　協　業　組　合

© TAC 2024　　　Printed in Japan　　　ISBN 978-4-300-11051-5
　　　　　　　　　　　　　　　　　　　　N.D.C. 317

書籍の正誤に関するご確認とお問合せについて

書籍の記載内容に誤りではないかと思われる箇所がございましたら、以下の手順にてご確認とお問合せをしてくださいますよう、お願い申し上げます。

なお、正誤のお問合せ以外の**書籍内容に関する解説および受験指導などは、一切行っておりません。**
そのようなお問合せにつきましては、お答えいたしかねますので、あらかじめご了承ください。

1 「Cyber Book Store」にて正誤表を確認する

TAC出版書籍販売サイト「Cyber Book Store」の
トップページ内「正誤表」コーナーにて、正誤表をご確認ください。

CYBER TAC出版書籍販売サイト
BOOK STORE

URL:https://bookstore.tac-school.co.jp/

2 ①の正誤表がない、あるいは正誤表に該当箇所の記載がない
⇒ 下記①、②のどちらかの方法で文書にて問合せをする

★ご注意ください★

お電話でのお問合せは、お受けいたしません。
①、②のどちらの方法でも、お問合せの際には、「お名前」とともに、
「対象の書籍名（○級・第○回対策も含む）およびその版数（第○版・○○年度版など）」
「お問合せ該当箇所の頁数と行数」
「誤りと思われる記載」
「正しいとお考えになる記載とその根拠」
を明記してください。
なお、回答までに1週間前後を要する場合もございます。あらかじめご了承ください。

① ウェブページ「Cyber Book Store」内の「お問合せフォーム」より問合せをする

【お問合せフォームアドレス】

https://bookstore.tac-school.co.jp/inquiry/

② メールにより問合せをする

【メール宛先　TAC出版】

syuppan-h@tac-school.co.jp

※**土日祝日はお問合せ対応をおこなっておりません。**
※**正誤のお問合せ対応は、該当書籍の改訂版刊行月末日までといたします。**

乱丁・落丁による交換は、該当書籍の改訂版刊行月末日までといたします。なお、書籍の在庫状況等により、お受けできない場合もございます。
また、各種本試験の実施の延期、中止を理由とした本書の返品はお受けいたしません。返金もいたしかねますので、あらかじめご了承くださいますようお願い申し上げます。

（2022年7月現在）

解答・解説

国語・文章理解

Japanese language & Literal realization

TAC出版編集部編

テキスト

TAC出版

TAC PUBLISHING Group

目次

第1編　国　語

（問題，本文4ページ）

第1章　漢字

No.1　似形異字
（上から順に）

1. 歴史・官吏
2. 隔絶・融和
3. 脱兎・逸脱
4. 魂・塊
5. 衰退・哀愁
6. 牽引・捜索
7. 貧乏・貪欲
8. 仰天・抑制
9. 移動・奢侈
10. 風俗・入浴
11. 到達・一致
12. 叔父・叙述
13. 唇・屈辱
14. 示唆・俊敏
15. 交誼・宣伝・喧伝
16. 困惑・因果・囚人
17. 掲載・頂戴
18. 疾風・嫉妬
19. 婉曲・腕力
20. 分娩・晩年
21. 嫡男・水滴
22. 崇高・祟（り）
23. 垢・埃
24. 脱却・永劫
25. 募集・寡黙
26. 分析・骨折
27. 廉売・兼行
28. 偉大・葦
29. 特徴・微妙
30. 労働・衝撃
31. 墜落・堕落
32. 拾得・取捨
33. 進捗・交渉
34. 採掘・堀
35. 深海・探求
36. 描写・抽象
37. 擬人法・凝視
38. 抜擢・活躍・洗濯
39. 活気・恬淡
40. 洞窟・桐
41. 渇望・掲載
42. 恭順・添付
43. 隠遁・穏健
44. 逐次・遂行
45. 怒（り）・怨恨
46. 書斎・一斉
47. 流暢・陽気・熱湯
48. 遺族・遣唐使
49. 提供・是非
50. 三昧・味覚
51. 肝心・大胆
52. 焼失・暁
53. 華麗・山麓
54. 桜・高楼
55. 漠然・模倣
56. 紫煙・柴犬
57. 地殻・穀物・毅然
58. 原稿・矯正
59. 委任・季節
60. 安泰・演奏・秦
61. 幸福・辛苦
62. 端的・瑞兆
63. 収蔵・歳末
64. 菅・管轄
65. 驚異的・篤実
66. 粉砕・純粋
67. 日記・紀行
68. 錦・綿
69. 繰越・体操
70. 枕・耽読
71. 履修・覆面
72. 職業・織物・知識
73. 堪忍・甚大
74. 棺桶・舞踊
75. 鈍（い）・純粋
76. 要綱・網
77. 閃光・閉口・閑散・悶々
78. 焦点・隻眼
79. 雫・霞・霜
80. 餓鬼・飢饉
81. 靴・鞄
82. 中尉・慰安
83. 結果・菓子
84. 喫茶店・清潔
85. 厳密・敢然
86. 詐欺・将棋
87. 扱（う）・汲（む）
88. 遮断・庶民
89. 秩序・更迭
90. 嘱望・所属
91. 感嘆・漢字
92. 把握・肥料
93. 出席簿・薄（く）
94. 無謀・媒介
95. 教師・元帥

No.2　同音異義
（上から順に）

1. 相性・愛称
2. 異議・威儀
3. 威光・以降・意向
4. 意志・意思
5. 異常・委譲
6. 依然・以前
7. 異動・異同
8. 異様・威容
9. 鋭意・営為
10. 沿革・遠隔
11. 欧化・謳歌
12. 外観・概観
13. 懐古・解雇
14. 戒心・改心・会心
15. 改装・回想・回送
16. 改訂・改定
17. 快刀・回答・解答
18. 介抱・快方・解放・開放
19. 核心・確信・革新
20. 寡作・佳作
21. 感化・看過
22. 喚起・換気・歓喜
23. 刊行・慣行・敢行
24. 甘受・感受
25. 鑑賞・観賞・感傷・干渉
26. 歓心・感心
27. 慣性・感性・閑静
28. 寛容・肝要
29. 規格・企画
30. 起源・機嫌・期限
31. 紀行・寄稿・奇行

— 1 —

32. 機転・起点
33. 恐慌・強硬・強行
34. 享受・教授
35. 協調・強調
36. 享有・共有
37. 敬虔・経験
38. 継承・景勝・警鐘
39. 傾聴・軽重
40. 系統・傾倒
41. 顕示・堅持
42. 権勢・牽制
43. 校異・更衣
44. 硬化・高架
45. 好学・後学
46. 好感・巷間
47. 後見・貢献
48. 口承・高尚・考証
49. 校正・更生
50. 交付・公布
51. 固辞・誇示
52. 至高・試行
53. 師事・支持
54. 詩情・至上・私情
55. 市井・施政
56. 周知・衆知(智)・羞恥
57. 渉外・生涯
58. 焼却・償却
59. 振興・新興・深更
60. 心象・心証
61. 深窓・深層・真相
62. 成算・清算・精算
63. 静聴・清澄
64. 創造・想像
65. 対照・対象・対称

66. 知覚・地殻
67. 兆(徴)候・聴講
68. 丁重・低調
69. 適性・適正
70. 転化・転嫁
71. 登記・投機・騰貴
72. 破戒・破壊
73. 薄幸・発酵・発効
74. 皮相・悲壮
75. 必死・必至
76. 普及・不朽・不急
77. 不偏・普遍・不変
78. 辺境・偏狭
79. 傍聴・膨張(脹)
80. 黙視・黙示
81. 憂国・幽谷
82. 勇姿・有史・融資
83. 憂愁・有終
84. 優待・勇退
85. 余剰・余情
86. 臨席・隣席

No.3 同音異字
(上から順に)
1. 愛情・哀愁
2. 挨拶・塵埃
3. 案件・安閑
4. 違反・偉大・北緯
5. 引退・隠居・陰険
6. 婚姻・原因
7. 撮影・映像
8. 栄誉・英才
9. 縁故・敬遠
10. 穏健・温情
11. 転嫁・稼業
12. 舌禍・渦中・通過

13. 快挙・怪談
14. 懐疑・破壊
15. 階級・俳諧
16. 感慨・概念
17. 収穫・獲得
18. 枯渇・褐色
19. 割愛・管轄
20. 官僚・棺桶・管理
21. 環境・還元
22. 喚起・交換
23. 勧誘・歓声
24. 監督・鑑賞
25. 犠牲・礼儀・講義・会議
26. 巨費・距離・拒否
27. 鉄橋・矯正・驕慢
28. 群衆・郡部
29. 経済・直径
30. 嫌悪・謙虚・兼行
31. 孤独・狐狸・弧
32. 購入・構成・排水溝・講演
33. 攻撃・巧妙・功名
34. 特効・郊外
35. 懇切・開墾
36. 裁判・栽培
37. 姿勢・恣意
38. 磁石・慈悲・滋養分
39. 侍女・持参
40. 儒教・需要
41. 熟語・私塾
42. 除外・徐行
43. 賞状・弁償
44. 土壌・令嬢・譲歩

45. 繁殖・植林
46. 浸水・侵略
47. 吹奏楽・自炊
48. 随行・脳髄
49. 整備・製品
50. 精密・請求・清流・晴天
51. 免責・集積・成績
52. 食膳・修繕
53. 総合・聡明
54. 側面・測定
55. 連帯・滞納
56. 家畜・貯蓄
57. 特徴・懲罰
58. 膨張(脹)・開帳・張力
59. 水滴・指摘・適当
60. 撤退・徹底
61. 頭脳・苦悩
62. 倍率・栽培
63. 莫大・砂漠
64. 彼岸・披露・疲労
65. 漂流・標的
66. 全幅・福祉・副作用
67. 復帰・腹心・複雑
68. 噴煙・憤慨・古墳
69. 花粉・紛失
70. 貨幣・弊害
71. 偏見・遍歴・長編(篇)・編集
72. 逮捕・補足・舗装
73. 募集・墓地・慕情・薄暮
74. 抱負・大砲・飽和・同胞・水泡

— 2 —

75. 打撲・公僕	33. ヨウカイ	76. アイトウ	119. リュウチョウ
76. 秘密・蜂蜜	34. セツナ	77. ワイショウ	120. カンケツ
77. 憂慮・優越	35. ケイチツ	78. ジョウジュ	121. ハマグリ
78. 動揺・民謡	36. スイコウ	79. ズサン	122. シレツ
79. 溶(熔・鎔)接・	37. ゼイジャク	80. ダホ	123. エコウ
溶液	38. フエン	81. シュウワイ	124. ヘチマ
80. 空欄・絢爛	39. ソクブン	82. シセイ	125. フニン
	40. カドデ	83. ミジン	126. テンポ
No.4　読み	41. ツクシ	84. エンザイ	127. エンカツ
1. シュウトク	42. ブコク	85. ショウバン	128. ナットク
2. タンデキ	43. ドウチャク	86. センボウ	129. ムジュン
3. アンノン	44. ブリョウ	87. ハイセツ	130. アイサツ
4. ルフ	45. ショウヨウ	88. シュヨウ	131. シュシ
5. ケイケン	46. ランショウ	89. サンショク	132. シモン
6. エンエキ	47. チョウロウ	90. ムク	133. シャレ
7. サミダレ	48. シュジョウ	91. フホウ	134. カッサイ
8. ライサン	49. トザマ	92. クリ	135. ルツボ
9. トアミ	50. シタツヅミ	93. チンジ	136. ヒマワリ
10. ミキ(シンシュ)	51. ミョウジ	94. ヒメン	137. テンタン
11. カシャク	52. フウシ	95. ジュスイ	138. ハケン
12. サイショウ	53. ワイキョク	96. セキジツ	139. タソガレ
13. クチュウ	54. シッペイ	97. ヘイドン	(コウコン)
14. イントク	55. オモワク	98. ソゾウ	140. ヒッパク
15. キャタツ	56. フセツ	99. ゾウケイ	141. ラチ
16. ハザカイキ	57. テイサイ	100. オンド	142. コウテツ
17. ゼンジ	58. ソウサイ	101. ナツイン	143. キヒ
18. ワイロ	59. スイトウ	102. シュウチ	144. ノドカ
19. チョクセツ	60. ニョジツ	103. シンピョウ	145. アッセン
(チョクサイは	61. シュウネン	104. ナダレ	146. セリフ
慣用読み)	62. アズキ	105. ショウジン	147. ノレン
20. トツベン	63. コキャク	106. フッショク	148. アク
21. ウロン	64. レンバイ	107. ハニワ	149. サスガ
22. アクビ	65. エシャク	108. アツレキ	150. ゲドク
23. スイカ	66. タビ	109. テンマツ	151. コウチャク
24. オエツ	67. キソン	110. ゴウマン	152. モンチャク
25. ケンコン	68. シュウギ	111. シュコウ	153. トクメイ
26. アワビ	69. モサ	112. シンチョク	154. フンキュウ
27. シンシャク	70. ヒトエ	113. ハコウ	155. サギ
28. ゲキリン	71. カッケ	114. ナゲシ	156. リンギ
29. フツツカ	72. ボンノウ	115. セキガク	(ヒンギの慣用読み)
30. カキ	73. サユ	116. シケ	157. キョウイ
31. ユイノウ	74. ライラク	117. フウカン	158. シサ
32. シンゲン	75. ゲネツ	118. シロウト	159. チリョウ

160. ヨウシャ
161. スイコウ
162. カワセ
163. ケイタイ
164. セツジョク
165. ハヤシ
166. シカン
167. ミソカ
168. ノリト
169. ブシツケ
170. サショウ
171. チョウチン
172. ザレゴト
173. ゴビュウ
174. ケネン
175. ケンオ
176. セッショウ
177. バッスイ
178. アイロ
179. ケウ
180. ゲイゴウ
181. カンヨウ
182. シンラツ
183. ブベツ
184. フイチョウ
185. セイサン
186. コモンジョ
187. イイナズケ
188. クオン
189. トウタ
190. シグレ
191. ケシイン
192. サシズ
193. ヒヨリ
194. クロウト
195. カップク
196. インソツ
197. ナス
198. ミョウリ
199. ザコ
200. バッテキ
201. ホゴ
202. アキサメ

（シュウウ）
203. コウシ
204. アンバイ
205. ジョウシ
206. ロウエイ
（ロウセツの慣
用読み）
207. テンサク
208. ジャッキ
209. シイ
210. ハタン
211. ナカンズク
212. カイジン
213. フウブン
214. ベンギ
215. ガレキ
216. ヒッカ
217. ヘキエキ
218. シャシ
219. ヒョウソク
220. シュウレン
221. ソチ
222. リコウ
223. コンリュウ
224. カンスイ
225. エンキョク
226. カイカツ
227. カイコウ
228. ケンカイ
229. キグ
230. コンパイ
231. テイチョウ
232. ソウコク
233. ハアク
234. ネツゾウ
（デツゾウの慣
用読み）
235. ヒワイ
236. レンビン
237. コウガイ
238. キョウジ
239. ケイガン
240. チクデン

（チクテン）
241. バッコ
242. チンニュウ
243. ヒタスラ
244. ツツジ
245. ソシャク
246. ニンジョウ
247. カイシャ
248. ヒョウキン
249. キメ
250. ゴンギョウ
251. ヤユ
252. スイシ
253. フンケイ
254. ドウケイ
（ショウケイ）
255. テイゲン
256. ホウヘン
257. レイメイ
258. シカイ
259. テイダン
260. クデン
261. ユウヨク
262. ヒイキ
263. ケイイ
（イキサツ）
264. レモン
265. コウデイ
266. カクハン
267. ゴンゲ
268. コンポウ
269. ザンシ
270. ジクジ
271. シコウ
272. ショウシャ
273. ヘイゲイ
274. シャクドウ
275. シュンセツ
276. キタン
277. ガベイ
278. オックウ
279. オオワラワ
280. ウユウ

281. ウブゴエ
282. ソンタク
283. イサリビ
（ギョカ）
284. イシ
285. ゾウワイ
286. アンギャ
287. アクジキ
288. タイマツ
289. ボロ
（ランル）
290. ホクロ
（別の意でクロ
コ）
291. ツキヤマ
292. タテ
293. ウドン
294. スリ
295. ジョウゴ
（ロウト）
296. キザ
297. エセ
298. ウチワ
299. アセモ
300. トウハン

No.5　対義語

1. 清潔
2. 新鋭
3. 単記
4. 浪費
5. 収入
6. 声楽
7. 受動
8. 和装
9. 急性
10. 興奮
11. 在宅
12. 守備
13. 謙虚
14. 司法
15. 希薄
16. 応用
17. 無罪
18. 保守
19. 浮動
20. 減少
21. 分母
22. 反目
23. 決裂
24. 是認
25. 更生
26. 沈下
27. 歓送
28. 融解
29. 拙速
30. 散発
31. 失敗
32. 消滅
33. 中枢
34. 偶然
35. 辛勝
36. 恭順
37. 後援
38. 北端
39. 悪筆
40. 却下
41. 散逸
42. 海底

43. 暗算
44. 往時
45. 承諾
46. 悲哀
47. 旧年
48. 野卑
49. 怠惰
50. 物納
51. 広軌
52. 高尚
53. 枝葉
54. 陰性
55. 除法
56. 盲信
57. 屈辱
58. 曇天
59. 債務
60. 放棄
61. 愚劣
62. 支線
63. 兼業
64. 虐待
65. 頑固
66. 本校
67. 従犯
68. 漸進
69. 重視
70. 諸姉
71. 不備
72. 閑散
73. 凝固
74. 得意
75. 分納
76. 参入
77. 逮捕
78. 奥歯
79. 地味
80. 高燥
81. 回避
82. 劣勢
83. 広大
84. 胎生
85. 憂慮

86. 公有
87. 賛成
88. 冗漫
89. 小量
90. 締結
91. 負数
92. 悠長
93. 浮上
94. 適法
95. 避寒
96. 妥協
97. 包括
98. 粗製
99. 陸運
100. 踏襲
101. 奥義
102. 多弁
103. 大漁
104. 高騰
105. 普通
106. 順境
107. 率先
108. 遭遇
109. 喜悦
110. 賢者
111. 模倣
112. 師匠
113. 官学
114. 善良
115. 郊外
116. 優柔
117. 無勢
118. 卒業
119. 勧善
120. 購入
121. 語幹
122. 及第
123. 放漫
124. 不幸
125. 束縛
126. 文語
127. 遮光
128. 博愛

129. 放棄
130. 撤去
131. 惨敗
132. 承諾
133. 寡黙
134. 横柄
135. 乾燥
136. 採用
137. 合併
138. 凶作
139. 左遷
140. 存続

No.6　類義語

1. 濃密
2. 均一
3. 察知
4. 雄弁
5. 解体
6. 我慢
7. 査定
8. 疑念
9. 評判
10. 歳末
11. 策略
12. 転居
13. 承認
14. 修正
15. 妙案
16. 興廃
17. 衰退
18. 踏襲
19. 純粋
20. 精読
21. 閲歴
22. 成就
23. 死滅
24. 効率
25. 滋養
26. 折衝
27. 成就
28. 忘却
29. 妄想

30. 屈指
31. 推量
32. 水難
33. 暗礁
34. 追従
35. 同意
36. 算出
37. 抑制
38. 天然
39. 老樹
40. 不穏
41. 布教
42. 倹約
43. 抱負
44. 無視
45. 損失
46. 宿願
47. 川床
48. 着服
49. 飛語
50. 自発
51. 覚悟
52. 赦免
53. 因子
54. 不意
55. 忍耐
56. 懇意
57. 裸出
58. 要望
59. 丘陵
60. 占有
61. 贈与
62. 送達
63. 豪放
64. 希薄
65. 考査
66. 押収
67. 滅亡
68. 歴然
69. 所蔵
70. 秀作
71. 加担
72. 伯仲

73. 蓄財
74. 訪客
75. 没頭
76. 傑作
77. 操縦
78. 転用
79. 蛇行
80. 不遇
81. 冷淡
82. 釈明
83. 不精
84. 概略
85. 緊密
86. 関与
87. 猶予
88. 性急
89. 他界
90. 覇気
91. 出陳
92. 黙認
93. 併用
94. 中枢
95. 紛糾
96. 本分
97. 腐心
98. 抵当
99. 回顧
100. 激励
101. 腕前
102. 健筆
103. 凝縮
104. 確定
105. 地位
106. 合致
107. 突飛
108. 採取
109. 才能
110. 往来
111. 該当
112. 指示
113. 想定
114. 復興
115. 高慢

第2章　四字熟語

（問題．本文 32 ページ）

88. カジンハクメイ
89. カチョウフウゲツ
90. カッカソウヨウ
91. ガデンインスイ
92. ガリョウテンセイ
93. カロトウセン
94. カンカンガクガク
95. カンコツダッタイ
96. カンゼンチョウアク
97. カンナンタジ
98. カンワキュウダイ
99. キエンバンジョウ
100. キキイッパツ
101. キキカイカイ
102. キキュウソンボウ
103. キクジュンジョウ
104. キコクシュウシュウ
105. キシカイセイ
106. キシセンメイ
107. キショクマンメン
108. ギシンアンキ
109. キソウテンガイ
110. キソクエンエン
111. キュウタイイゼン
112. キュウテンチョッカ
113. ギョウジュウザガ
114. キョウテンドウチ

115. キョキョジツジツ
116. キョクガクアセイ
117. ギョクセキコンコウ
118. キョシンタンカイ
119. ギョフノリ
120. キヨホウヘン
121. キンオウムケツ
122. キンカギョクジョウ
123. キンキジャクヤク
124. キンゲンジッチョク
125. キンコンイチバン
126. クウゼンゼツゴ
127. クウチュウロウカク
128. クシンサンタン
129. クンシヒョウヘン
130. グンユウカッキョ
131. ケイキョモウドウ
132. ケイコウギュウゴ
133. ケイセイサイミン
134. ケイセツノコウ
135. ケイチョウフハク
136. ケイメイクトウ
137. ゲッカヒョウジン
138. ケンキョウフカイ
139. ケンコンイッテキ

140. ケンドチョウライ（ケンドジュウライ）
141. ケンボウジュッスウ
142. コウウンリュウスイ
143. コウカテキメン
144. ゴウガンフソン
145. コウガンムチ
146. コウキシュクセイ
147. ゴウキボクトツ
148. コウゲンレイショク
149. コウトウムケイ
150. ゴウホウライラク
151. コウロンオツバク
152. コウロンタクセツ
153. ゴエツドウシュウ
154. コクシムソウ
155. コグンフントウ
156. コシタンタン
157. コダイモウソウ
158. ゴフウジュウウ
159. コリツムエン
160. ゴリムチュウ
161. ゴングジョウド
162. ゴンゴドウダン
163. コンゼンイッタイ
164. サイカイモクヨク
165. サイショクケンビ
166. サンシスイメイ
167. サンパイキュウハイ

168. サンビャクダイゲン
169. シカイケイテイ
170. ジガジサン
171. ジカドウチャク
172. ジカヤクロウ
173. ジキショウソウ
174. シクハック
175. シコウサクゴ
176. ジゴウジトク
177. シシフンジン
178. ジジョウジバク
179. シジョウメイレイ
180. ジダイサクゴ
181. シチテンバットウ
182. シツジツゴウケン
183. シップウジンライ
184. シップウモクウ
185. ジボウジキ
186. シメンソカ
187. シャクシジョウギ
188. ジャクニクキョウショク
189. ジュウオウムジン
190. シュウカヘイゲツ
191. シュウショウロウバイ
192. シュウジンカンシ
193. シュウソウレツジツ
194. ジュウニントイロ
195. シュカク（シュキャク）テントウ

196. ジュクドクガンミ
197. シュチニクリン
198. ジュンプウマンパン
199. ショウシセンバン
200. ショウジャヒツメツ
201. ショウジンカンキョ
202. ショウシンショウメイ
203. ショウシンヨクヨク
204. ジョウトウシュダン
205. ショウビノキュウ
206. ショギョウムジョウ
207. ショシカンテツ
208. ショセツフンプン
209. シラカワヨフネ
210. シリメツレツ
211. シンキイッテン
212. シンシュツキボツ
213. シンショウヒツバツ
214. シンショウボウダイ
215. シンシンキエイ
216. シントウメッキャク
217. シンボウエンリョ
218. ジンメンジュウシン
219. シンラバンショウ
220. スイセイムシ

221. セイコウウドク
222. セイサツヨダツ
223. セイダクヘイドン
224. セイテン（ノ）ヘキレキ
225. セイテンハクジツ
226. セイレンケッパク
227. セッサタクマ
228. セッシャクワン
229. ゼッタイゼツメイ
230. センガクヒサイ
231. センキャクバンライ
232. セングンバンバ
233. センザイイチグウ
234. センサバンベツ
235. ゼンシャフクテツ
236. ゼンジンミトウ
237. センセンキョウキョウ
238. ゼンダイミモン
239. センペンイチリツ
240. センペンバンカ
241. ソウセキチンリュウ
242. ソクセンソッケツ
243. ソクテンキョシ
244. ソッセンスイハン
245. タイガンジョウジュ
246. タイキバンセイ
247. タイギメイブン
248. タイゲンソウゴ

249. タイゼンジジャク
250. ダイドウショウイ
251. タザンノイシ
252. タジョウタコン
253. タジョウブッシン
254. ダンイホウショク
255. タントウチョクニュウ
256. チクバノトモ
257. チョウサンボシ
258. チョウレイボカイ
259. チョクジョウケイコウ
260. チンシモッコウ
261. ツツ（ツヅ）ウラウラ
262. テットウテツビ
263. テレンテクダ
264. テンイムホウ
265. デンコウセッカ
266. テンジョウムキュウ
267. テンシンランマン
268. テンバツテキメン
269. テンペンチイ
270. ドウコウイキョク
271. ドウショウイム
272. トウホンセイソウ
273. トウロウノオノ
274. ドクショヒャッペン
275. ドクダンセンコウ
276. トシュクウケン

277. ナイユウガイカン
278. ナンコウフラク
279. ナンセンホクバ
280. ニソクサンモン
281. ニッシンゲッポ
282. ハイスイノジン
283. ハイバンロウゼキ
284. ハガンイッショウ
285. ハクシジャッコウ
286. バジトウフウ
287. ハチメンロッピ
288. ハランバンジョウ
289. ハンシンハンギ
290. ビジレイク
291. ビモクシュウレイ
292. ヒャクセンレンマ
293. ヒャッキヤコウ（ヒャッキヤギョウ）
294. ヒヨクレンリ
295. フウリンカザン
296. フグタイテン
297. フトウフクツ
298. フヘンフトウ
299. フワライドウ
300. フンコツサイシン
301. ボウコヒョウガ
302. ボウジャクブジン
303. ホウフクゼットウ
304. ホンマツテントウ
305. ミライエイゴウ
306. ムガムチュウ

307. ムチモウマイ
308. ムネンムソウ
309. メイキョウシスイ
310. メイヨバンカイ
311. メンジュウフクハイ
312. モウボサンセン
313. モンゼンジャクラ
314. ヤロウジダイ
315. ユイガドクソン
316. ユウオウマイシン
317. ユウジュウフダン
318. ユウショウレッパイ
319. ユウメイムジツ
320. ユウユウジテキ
321. ユダンタイテキ
322. ヨウイシュウトウ
323. ヨウトウクニク
324. ヨユウシャクシャク
325. リカノカンムリ
326. リゴウシュウサン
327. リヒキョクチョク
328. リュウゲンヒゴ
329. リュウトウダビ
330. リュウリュウシンク
331. リンキオウヘン
332. ロウショウフジョウ
333. ワコウドウジン

第3章　ことわざ・故事

（問題，本文56ページ）

1. 悪銭（身）につかず
2. 開けて悔しや（玉手箱）
3. 麻の中の（蓬〔よもぎ〕）
4. 朝〔あした〕に（道）を聞かば夕べに死すとも可なり
5. 明日は（明日）の風が吹く
6. 足元から（鳥）が立つ
7. 東男〔あずまおとこ〕に（京女〔きょうおんな〕）
8. 頭隠して（尻）隠さず
9. 悪貨は良貨を（駆逐）する
10. 暑さ寒さも（彼岸）まで
11. 羹〔あつもの〕に懲りて（膾〔なます〕）を吹く
12. 雨が降ろうが（槍〔やり〕）が降ろうが
13. 蟻の這い出る（隙）もない
14. 生き（馬）の目を抜く
15. 石の上にも（三年）
16. いずれ（菖蒲〔あやめ〕）か杜若〔かきつばた〕
17. （居候〔いそうろう〕）三杯目にはそっと出し
18. 磯の鮑〔あわび〕の（片思い）
19. 痛くもない（腹）を探られる
20. 一年の計は（元旦）にあり
21. 一富士，二鷹〔たか〕，三（茄子〔なすび〕）
22. 一葉落ちて天下の（秋）を知る
23. 一将功成りて（万骨）枯る
24. 犬が西向きゃ（尾）は東
25. 犬も歩けば（棒）に当たる
26. 命あっての（物種〔ものだね〕）
27. 井の中の蛙（大海）を知らず
28. 色の白いは（七難〔しちなん〕）隠す
29. （鰯〔いわし〕）の頭も信心から
30. 魚心あれば（水心）
31. 牛を（馬）に乗り換える
32. 嘘つきは（泥棒）の始まり
33. 生みの親より（育て）の親
34. 瓜の蔓に（茄子）はならぬ
35. 噂をすれば（影）がさす

36. 江戸の敵を（長崎）で討つ
37. 絵に描いた（餅）
38. 海老〔えび〕で（鯛〔たい〕）を釣る
39. （縁）は異なもの味なもの
40. 遠慮（会釈）もない
41. 老いては麒麟〔きりん〕も（駑馬〔どば〕）に劣る
42. 老いては（子）に従え
43. 大男（総身〔そうみ〕）に知恵が回りかね
44. 陸〔おか〕に上がった（河童）
45. 男は敷居を跨げば（七人）の敵あり
46. 男は（度胸），女は（愛嬌）
47. 男やもめに（蛆〔うじ〕）がわき，女やもめに（花）が咲く
48. 鬼のいぬ間に（洗濯）
49. 鬼の目にも（涙）
50. 鬼も十八（番茶）も出花
51. 溺れる者は（藁〔わら〕）をも摑〔つか〕む
52. 思い立ったが（吉日）
53. 親の（因果）が子に報う
54. （尾）を泥中に曳く
55. 飼い（犬）に手をかまれる
56. （駕籠〔かご〕）に乗る人担ぐ人，そのまた草鞋を作る人
57. 風が吹けば（桶屋）が儲かる
58. 稼ぐに追いつく（貧乏）なし
59. 火中の（栗）を拾う
60. 渇しても（盗泉）の水を飲まず
61. 門松は（冥途〔めいど〕）の旅の一里塚
62. 鼎〔かなえ〕の（軽重）を問う
63. 蟹は（甲羅）に似せて穴を掘る
64. 金に（糸目）をつけぬ
65. 金の切れ目が（縁）の切れ目
66. 金は（天下）の回りもの
67. （禍福）は糾〔あざな〕える縄の如し
68. 株を守りて（兎）を待つ
69. 亀の甲より年の（功）
70. （枯れ）木も山の賑わい
71. 彼を知り己を知れば（百戦）殆〔あや〕うからず
72. 可愛い子には（旅）をさせよ
73. 可愛いさあまって憎さが（百倍）

74. （華）を去り実に就く
75. 艱難〔かんなん〕汝を（玉）にす
76. 聞いて極楽，見て（地獄）
77. 木に縁〔よ〕りて（魚）を求む
78. 義を見てせざるは（勇）なきなり
79. 琴瑟〔きんしつ〕相（和）す
80. 口に蜜あり，腹に（剣）あり
81. 国破れて（山河）あり
82. （葷酒〔くんしゅ〕）山門に入るを許さず
83. 光陰（矢）の如し
84. 恒産無き者は（恒心）無し
85. 巧遅は（拙速）に如かず
86. 虎穴に入らずんば（虎子）を得ず
87. 骨肉相（食〔は〕む）
88. 言葉は（国）の手形
89. 子供の（喧嘩）に親が出る
90. 碁に負けたら（将棋）で勝て
91. 子をもって知る親の（恩）
92. 紺屋の（白袴）
93. 歳月（人）を待たず
94. （酒）は百薬の長
95. 猿も（木）から落ちる
96. 去る者は（日々）に疎し
97. （三十六）計逃げるに如かず
98. （山椒〔さんしょう〕）は小粒でもぴりりと辛い
99. 三度目の（正直）
100. 三人（市虎）を成す
101. 三人寄れば文殊の（知恵）
102. 三遍回って（煙草）にしょ
103. （鹿）を追う猟師は山を見ず
104. 鹿を指して（馬）と成す
105. （自家）薬籠中の物
106. 地獄の沙汰も（金）次第
107. 事実は（小説）より奇なり
108. （地震），雷，火事，親父
109. （児孫）の為に美田を買わず
110. 親しき中にも（礼儀）あり
111. 駟〔し〕の（隙〔げき〕）を過ぐるが如し
112. 釈迦に（説法）
113. 豎子〔じゅし〕をして（名）を成さしむ
114. （朱）に交われば赤くなる
115. （春眠）暁をおぼえず

116. 正直の頭に（神）宿る
117. 上手の手から（水）が漏れる
118. 少年老い易く（学）成り難し
119. 将を射んと欲すればまず（馬）を射よ
120. 知らぬは（亭主）ばかりなり
121. 人事を尽くして（天命）を待つ
122. 死んだ子の（年）を数える
123. 死んで（花実）が咲くものか
124. 据え膳食わぬは男の（恥）
125. すべての道は（ローマ）に通ず
126. （相撲）に勝って勝負に負ける
127. 急〔せ〕いては（事）を仕損じる
128. （前車）の轍を踏む
129. 栴檀は（双葉）より芳し
130. 船頭多くして（船）山に上る
131. 前門の虎，後門の（狼）
132. 糟糠の妻は（堂）より下さず
133. 総領の（甚六）
134. 袖振り合うも（他生）の縁
135. 大義（親〔しん〕）を滅す
136. 多芸は（無芸）
137. 多勢に（無勢）
138. 立つ（鳥）跡を濁さず
139. 蓼食う（虫）も好き好き
140. 旅は（道）連れ，世は情け
141. （血）は水より濃い
142. 仲裁は時の（氏神）
143. （塵）も積もれば山となる
144. 月に（叢雲〔むらくも〕），花に風
145. 月夜に（釜）を抜かれる
146. 角を矯〔た〕めて（牛）を殺す
147. 亭主の好きな赤（烏帽子〔えぼし〕）
148. 敵は（本能寺）にあり
149. 出る（杭）は打たれる
150. （転石〔てんせき〕）苔むさず
151. 同病相（憐む）
152. 豆腐に（鎹〔かすがい〕）
153. 遠くて近きは（男女）の仲
154. 徳孤ならず必ず（隣）あり
155. 毒を食らわば（皿）まで
156. 所変われば（品）変わる
157. （鳶〔とび・とんび〕）が鷹を生む
158. 取らぬ（狸）の皮算用

159. 虎の（威）を借る狐
160. 虎の（尾）を踏む
161. 虎は死して皮を残し，人は死して（名）を残す
162. 鳥無き里の（蝙蝠〔こうもり〕）
163. 泥棒を捕らえて（縄）をなう
164. 飛んで火に入る夏の（虫）
165. 泣く子と（地頭）には勝てぬ
166. 情けは（人）の為ならず
167. 生兵法は（大怪我）のもと
168. 二階から（目薬）
169. 逃がした（魚）は大きい
170. 憎まれっ子（世）に憚る
171. 肉を切らせて（骨）を断つ
172. 二足の（草鞋）をはく
173. 日光を見ずして（結構）と言うなかれ
174. 女房と（畳）は新しいほうがよい
175. 人間いたる所に（青山〔せいざん〕）あり
176. 人間は考える（葦）である
177. 人間万事塞翁が（馬）
178. 盗人にも（三分）の理
179. 盗人の（昼寝）
180. 盗人を捕らえてみれば（我が子）なり
181. 能ある（鷹）は爪を隠す
182. 残り物に（福）がある
183. （喉元）過ぎれば熱さを忘れる
184. 敗軍の（将）は兵を語らず
185. 杯中の（蛇〔だ〕）影
186. 馬鹿に付ける（薬）はない
187. （破）鏡再び照らさず
188. 歯に（衣〔きぬ〕）着せぬ
189. 早起きは三文の（徳）
190. 腹が減っては（軍〔いくさ〕）はできぬ
191. 引かれ者の（小唄）
192. 庇〔ひさし〕を貸して（母屋）を取られる
193. 必要は（発明）の母
194. 人の（噂）も七十五日
195. 人の口には（戸）が立てられない
196. 人の褌で（相撲）を取る
197. 人は一代名は（末代）
198. 人を見たら（泥棒）と思え
199. 火のない所に（煙）は立たない
200. 百聞は（一見）に如かず

201. 百里を行くものは九十里を（半ば）とす
202. 瓢簞から（駒）が出る
203. （夫婦）喧嘩は犬も食わない
204. 笛吹けど（踊らず）
205. （覆水）盆に返らず
206. 武士は（相身〔あいみ〕）互い
207. 武士は食わねど（高楊枝）
208. 舟に刻みて（剣）を求む
209. 坊主憎けりゃ（袈裟〔けさ〕）まで憎い
210. 蒔かぬ（種）は生えぬ
211. 馬子にも（衣装）
212. 待てば海路の（日和〔ひより〕）あり
213. 水清ければ（魚）棲まず
214. 水は（方円）の器に従う
215. 実るほど頭の下がる（稲穂）かな
216. 娘三人持てば（家）つぶす
217. 娘一人に（婿）八人
218. （胸）三寸に収める
219. 無理が通れば（道理）が引っ込む
220. 目から（鱗）が落ちる
221. 目は（口）ほどに物を言う
222. 物言えば（唇）寒し秋の風
223. （門前）市を成す
224. 焼け棒杭〔ぼっくい〕に（火）が付く
225. やはり（野）に置け蓮華草
226. 柳の下にいつも（泥鰌）はいない
227. （病）膏肓〔こうこう〕に入る
228. 雄弁は（銀），沈黙は（金）
229. 幽霊の正体見たり（枯尾花）
230. 世の中は三日見ぬ間の（桜）かな
231. （夜目），遠目，笠の内
232. 寄らば（大樹）の陰
233. 弱き者よ汝の名は（女）なり
234. 弱り目に（祟り）目
235. 来年のことを言うと（鬼）が笑う
236. 李下に（冠）を正さず
237. 梁上の（君子）
238. 連木〔れんぎ〕で（腹）を切る
239. 我が物と思えば軽し（笠）の雪
240. 渡る世間に（鬼）はない

第4章　現代文・古文の重要語句

（問題，本文74ページ）

No.1 同音異義語

（上から順に）

1. 愛惜・哀惜
2. 圧制・圧政
3. 以外・意外
4. 異義・異議・意義
5. 意見・異見
6. 意志・意思
7. 異常・異状
8. 依託・委託
9. 異動・異同
10. 威容・偉容
11. 異例・違例
12. 英気・鋭気
13. 沿革・遠隔
14. 遠類・縁類
15. 恩情・温情
16. 外観・概観
17. 懐古・回顧
18. 改心・会心・戒心
19. 解答・回答
20. 外灯・街灯・街頭
21. 解放・開放
22. 夏季・夏期
23. 家業・稼業
24. 課程・過程
25. 観賞・鑑賞・観照
26. 寒心・関心・感心・歓心
27. 機構・起工
28. 既成・既製
29. 究明・糾明
30. 驚異・脅威
31. 競争・競走
32. 極限・局限
33. 決裁・決済
34. 好意・厚意
35. 口演・講演・公演
36. 広告・公告
37. 更正・更生・厚生
38. 行程・工程

39. 裁決・採決
40. 最後・最期
41. 作成・作製
42. 時季・時期・時機
43. 試行・施行
44. 指向・志向
45. 実態・実体
46. 収拾・収集
47. 紹介・照会
48. 所用・所要
49. 心機・心気
50. 図会・図絵
51. 制作・製作
52. 精算・清算・成算
53. 成長・生長
54. 絶対・絶体
55. 前進・漸進
56. 奏功・奏効
57. 壮丁・装丁
58. 促成・速成・即製
59. 大旨・大志
60. 対称・対象・対照
61. 体制・体勢・態勢
62. 卓見・達見
63. 探求・探究
64. 追及・追求・追究
65. 底本・定本
66. 適性・適正
67. 転嫁・転化
68. 伝受・伝授
69. 転生・転成
70. 同士・同志
71. 特長・特徴
72. 背走・敗走
73. 非運・悲運
74. 必死・必至
75. 表示・標示
76. 不順・不純
77. 平衡・平行・並行（併行）
78. 別状・別条
79. 保証・保障・補償
80. 無情・無常
81. 無相・無想

82. 模作・模索
83. 野生・野性
84. 幽愁・憂愁
85. 用件・要件

No.3　難解な語句

1. あいまい
2. あいろ
3. あくせく
4. あつれき
5. あふ
6. あゆ
7. あんぎゃ
8. あんきょ
9. あんたん
10. いしょう
11. いちぎ
12. いちごう
13. いちべつ
14. いってき
15. いんしゅう
16. いんじゅん
17. いんぺい
18. うえん
19. うきょく
20. うんちく
21. えんえき
22. おうおう
23. おうか
24. おうのう
25. おくだん
26. おんちょう
27. かいこう
28. かいしゃ
29. かくちく
30. かさく
31. かし
32. かしゃく
33. かっき
34. かっきん
35. がってん（がてん）
36. かっとう

37. かっぽ	80. しかん
38. がべい	81. じくじ
39. かんきゃく	82. しさ
40. かんけい	83. じじゃく
41. かんけん	84. ししゅく
42. がんみ	85. じじ
43. かんし	86. しっこく
44. かんしょう	87. じつぞん
45. がんちく	88. しゃだつ
46. ききょう	89. じゃっき
47. きく	90. しゅこう
48. きぐ	91. しゅんじゅん
49. きけい	92. しょうか
50. きすう	93. しょうけい
51. きのう	94. じょうじゅ
52. きべん	95. しょうぜん
53. きゅう	96. しょうぜん
54. きゅうじゅつ	97. しょうぜん
55. ぎょうこう	98. しょうちょう
56. きょうじ	99. じょうとう
57. きょそ	100. しょうよう
58. きんせん	101. しょうりょう
59. ぐしょう	102. しょき
60. けいかく	103. しょよ
61. けいけん	104. しろくじちゅう
62. けいじ	105. しんげん
63. けいてい	106. しんし
64. けう	107. しんしゃく
65. けんかく	108. すいこう
66. けんきょう	109. すうせい
67. こい	110. すんごう
68. こうし	111. ぜいじゃく
69. こうかん	112. せいちゅう
70. こうこ	113. ぜったい
71. こうち	114. せんぽう
72. こうてつ	115. そうこく
73. こすい	116. そうたい
74. こそく	117. そご
75. こんぜん	118. そばみち
76. さいりょう	119. そんたく
77. さじ	120. たくえつ
78. しい	121. たっけん
79. しい	122. だんちょう

123. たんてき
124. たんでき
125. たんどく
126. たんねん
127. ちき
128. ちしつ
129. ちっきょ
130. ちゅうすう
131. ちょうかん
132. ちょうらく
133. ちょりつ
134. ちんじ
135. ちんぷ
136. つうぎょう
137. つうこく
138. ていかい
139. ていかん
140. てんぴん
141. とうい
142. とうかい
143. どうかつ
144. どうこく
145. どうさつ
146. とうしゅう
147. どうちゃく
148. どうもく
149. なまはんか
150. ねつぞう
151. のだて
152. はくちゅう
153. ばつぶん
154. はんすう
155. はんりょ
156. ひっきょう
157. ひっそく
158. ひょういつ
159. ひょうきん
160. ひんせい
161. ふいちょう
162. ふえん
163. ふかん
164. ふっしょく
165. ふばつ

166. ぶりょう
167. へきけん
168. へんきょう
169. へんぱ
170. ほうじょう
171. ほうじょう
172. ほうふつ
173. ほうらつ
174. みじん
175. むく
176. むびゅう
177. めいき
178. めいじょう
179. もこ
180. もんがいかん
181. やゆ
182. ゆえん
183. ようえい
184. ようかい
185. ようせつ
186. らいらく
187. らふ
188. らんしょう
189. りょうが
190. りょうりょう
191. るふ
192. れいり
193. ろうぜき
194. ろうばい
195. ろてい

（問題，本文111ページ）

No.1

A ア ぎょう<u>こう</u>　　イ ぎょうじょ<u>う</u>
　　ウ ぎょうじゅう　　エ あん<u>ぎ</u>ゃ
B ア <u>かい</u>こ　　　　イ <u>え</u>こう
　　ウ <u>かい</u>きょう　　エ てっ<u>かい</u>
C ア そう<u>ごん</u>　　　イ <u>げん</u>ぷ
　　ウ <u>げん</u>じゅう　　エ かい<u>げん</u>
D ア せっ<u>しょう</u>　　イ きっ<u>すい</u>
　　ウ <u>しょう</u>がい　　エ <u>しょう</u>こく
E ア <u>く</u>り　　　　　イ <u>こっ</u>こ
　　ウ しょ<u>こ</u>　　　 エ ざい<u>こ</u>

　よって，A＝エ，B＝イ，C＝ア，D＝イ，
E＝ア。

（答）　⑤

No.2

② 回<u>顧</u>録を執筆
　 人員が解<u>雇</u>された
③ 左右対<u>称</u>な図形
④ 利潤を追<u>求</u>
⑤ 諸行無<u>常</u>を感じる
　 無<u>上</u>の喜び

（答）　①

No.3

A 抵抗を<u>排</u>して―――虚礼を<u>廃</u>する
B 呪文を<u>唱</u>える―――進化論を<u>唱</u>える
C 洗濯物が<u>乾</u>く―――のどが<u>渇</u>く
D 必勝を<u>期</u>する―――水泡に<u>帰</u>する
E 夜を<u>徹</u>して―――脇役に<u>徹</u>する

（答）　④

No.4

A 堅忍不抜は，困難でもじっと辛抱して耐え
　 抜くこと。
E 閑話休題は，文章で本題に入るときや話を
　 本筋に戻すときに使う言葉。それはさておき。

（答）　④

No.5

虎視<u>眈</u>々
<u>竜</u>頭蛇尾
<u>鶏</u>口牛後
<u>猪</u>突猛進

　以上から，該当しないのは「馬」。

（答）　③

第2編　文章理解（国語）

第1章　現代文の内容把握

（問題，本文145ページ）

No.1

文章構成や対比に注意して，要旨をつかむ。

第一段落（問題の提示）　日本においては，なぜ西洋式の科学が発達しなかったか。

第二段落（論証Ⅰ）　日本人は，その自然の特異性のゆえに，自然に順応する知識を収集・蓄積してきた。これは，西欧の分析的な科学とは類型を異にする。

第三段落（論証Ⅱ）　日本人は西洋と日本との自然環境の違いを無視して失敗を重ねているが，自己の錯誤に気づかないでいる。

第四段落（論証Ⅲ）　西欧の自然は，それを恐れず，克服しようとする科学の発達にはピッタリの地盤である。

第五段落（結論）　日本の自然の特異性を自覚した上で，西洋の科学をうまく利用していくならば，日本ほど恵まれている国は，まれである。

出典：寺田寅彦『日本人の自然観』岩波書店

解答・解説

① 　日本人が忘れてしまったのは「厳父の厳罰のきびしさ」（火山の爆発・台風・地震など）。この自然の特異性を深く認識し，自覚することが必要であった。

② 　文末の「日本である」は「西洋である」の誤り。日本の自然は，西洋のそれのように甘くはない。「天変地異」の災害がある。

③ 　このことは，文章からは不明である。

④ 　妥当である。（第二段落参照）

⑤ 　「ワイスハイト」は知恵・知識，の意。「執着」どころか，それを「無視」している。

（答）　④

No.2

各段落の書き出しの一文をしっかりと押さえる。特に，第二段落は「然し」で始まっており，この段落の要点が，文章全体の要旨と一致するはずである。

第一段落（日本人の価値意識）「日本人は生活を美化する。見た眼に美しくする…」から，日本人は，目に見える具体的な価値を信じる国民であることがわかる。

第二段落（日本人の価値意識と日常）ということは，日本人は「観念」など，目に見えない抽象的な価値は信じないということである。

したがって，

● 「殉教」（自分の信ずる宗教のために命を捨てる）などということは起こらない。

● 超越的（絶対的）な神など生み出されない。

● 価値の意識は日常の直接的経験の所産で，「美的価値」さえ生活に即し，「個人の自由」も絶対化されない。

出典：加藤周一『日本人とは何か』講談社

解答・解説

① 　文中に「感覚的な『自然』」などという表現はない。なるほどとうなずける内容でも述べていないことは取り上げない。

② 　「表層や型にこだわって内実をおろそかにする」の記述なし。

③ 　妥当である。（第二段落解説参照）

④ 　「他の文化に類を見ず」という記述はない。「最も」は言い過ぎである。

（答）　③

No.3

各段落，終わりの段落の初めの一文は，特に重要である。

第一段落（死と宗教）　人間だけが死を自覚し，それをどう受けとめるかということから宗教が生まれ，葬送の儀礼をもった。

第二段落（来世と今世）　来世の存在に対す

る確信が，今世の生を支えていた。

　○来世＝死後の世界。らいせ。

　○今世＝この世。現世。こんせ。

　第三段落（宗教の教え）　多くの宗教は，死は「終わり」ではなく，人の存在は死によって完全に消滅してしまうのではないと教えた。

出典：河合隼雄『「死生観」の危機』岩波書店

解答・解説

①　「……動物の一つに，人間が含まれる」とあるが，自覚しているのは人間のみ。

②　「人間は相当古い時から，葬送の儀礼をもっていた」とある。①・②とも第一段落の内容と矛盾する。

③　「まったく違う」は誤り。多くの宗教は，死を単純な終わりと見ていないから（第三段落）。後半部の「自然科学の発展のスピード」などは，記述されていない。

④　妥当である。第三段落の要点，および第二段落の「浄土」や「復活」の事例の意味するものと合致する。

⑤　第三段落の後半部に「生と死とをまったく切り離して『観』することは不可能なのである」とある。「厳密に区別されて」はこなかった。

　　　　　　　　　　　　　　（答）　④

No.4

　五つの文から成る，第一段落の文章。第四・第五文の初めの「それどころか……いわば」に目をつけて，全文の要旨をとらえる。

　第一文（欲望の本質）　人間の欲望は無限であるという先入観は誤りである。

　第二文（欲望の構造Ⅰ）　欲望は，きわめて簡単に満足されてしまう――人間の不幸。

　第三文（Ⅰの具体例）　人間の胃袋の容量には限度があり，一定度の分量を越えて食べられない。

　第四文（欲望の構造Ⅱ）　人間の官能の喜びは逓減し，ついには苦痛にまで変質する――逆説的構造。

　○逓減＝次第に減ること。ていげん。

　○逆説＝真理（結論）と反対なことを言って

いるようで，よく考えると一種の真理（結論と同じこと）を言い表している説。パラドックス。

　第五文（まとめ）　物質的な欲望の満足は，それが成就されていないあいだにだけ成立し，完全に成就された瞬間に消滅する。――皮肉な構造。

　○翻弄＝思いのままに相手をもてあそぶこと。ほんろう。

出典：山崎正和『やわらかい個人主義の誕生』
　　　中央公論社

解答・解説

①　「食欲」は，物質的欲望の一例としてあげられたもので，文章の「主旨」として適切ではない。また，「本当の意味で容易に満たされない」とは述べていない。

②　第二文に「この物質的欲望さえ満足されない」とある。だから，「ほとんど」の欲望が簡単に満足されるものだと言い切っている点が適切でない。

③　妥当である。「パラドックス」が「逆説」の意味であることがわかれば，容易。

④　この「苦痛」は，欲望が満たされたことによって生じるものであり，「成就されない欲望が苦痛に変質する」とは言っていない。

⑤　欲望の構造について述べられていないから，この文章の「主旨」とはなれないことに注意する。

　　　　　　　　　　　　　　（答）　③

No.5

　この文章は，インタビューに答える形式で，医者の立場から人間のからだや科学について語ったものである。

　第一・第二段落では，「人間のからだ」が話題となっているが，それが第三段落では，「科学」に変わっていることに着眼。この段落が最重要と見て，その内容を整理する。初めと終わりの部分がポイントである。

　（初め）　人類文明の歴史の中で人間が知り得たこと（科学的な知識の集成）は，大した

ことではない。

（終わり）　人間の知識とは，人間の五千年の歴史で知り得たことにすぎない。

↓

（全文の要旨）　人間のからだの構造は不思議で無限の感があるが（第一・第二段落），人間の科学的知識の集成は，大したものではない。（限界を感じさせる。）

出典：加賀乙彦『無限と死の信仰』

解答・解説

① 合致しない。「科学には期待できない」は，言い過ぎである。

② 合致しない。本文では，このようなことには言及されていない。

③ 合致しない。「個体差が現れ」は誤り。「差がまったくない」と述べている。

④ 合致しない。「何も達成できていない」，「当然だ」などは言い過ぎ。「大したことじゃない」としか言っていない。

⑤ 合致する。第三段落のポイントが的確に述べられている。

（答）　⑤

No.6

この文章は，モオツァルトの音楽と，筆者のモオツァルト観についてあわせ述べている。

各段落の初めと終わりに注意して要点をとらえる。「彼（モオツァルト）」や「彼の音楽」などが主語の文に注目しよう。

（第一段落）　①モオツァルト＝主題が極めて短い。②彼＝大自然の雑音の中から，最小の楽音を拾う。

（第二段落）　④彼の音楽＝驚くべき繊細さ。内的感覚＝ニュアンスの細やかさ。

出典：小林秀雄『モオツァルト』新潮社

解答・解説

① 適当ではない。選択肢の「世界の課題」とは何か。その内容がはっきりしない。「課題を追求」するなどという姿勢は，モオツァルトにふさわしくない。

② 適当である。「自然の雑音」，「内的感覚」

などが押さえられている。

③ 適当ではない。「ニュアンスの繊細さ」は，モオツァルトの音楽の特徴の一つだが，それを求めての「厳格な訓練」ではない。

④ 適当ではない。「人間そのものの感覚」など，それに当たる内容は本文に書かれておらず，意味不明である。

⑤ 適当ではない。モオツァルトは，ハイドンを否定したりしていない。また，モオツァルトは「自然の広大な雑音から最小の楽音を拾う」とある。

（答）　②

※「クラブサン」とは，16〜18世紀に広く用いられた鍵盤楽器。チェンバロ。ハープシコード。

第2章　古文の内容把握

（問題，本文163ページ）

No.1

（現代語訳）

不調和で興ざめなもの。昼間ほえる犬。春になってもそのまま残っている網代。三、四月まで着ている紅梅がさねの衣。牛が死んでしまった牛飼い。赤ん坊が死んだあとの産室。火をおこさない火鉢やいろり。博士がひき続いて女の子ばかり産ませているもの。せっかく方違えに行ったのに，もてなしてくれない家。まして，節分の日の方違えなどにもてなしのないのは，よけいおもしろくない。

出典：清少納言『枕草子』

解答・解説

「〜もの」という題で，その例を列挙した文章。だから，その例に共通するものが，「すさまじきもの」の意味である。この「すさまじ」は，古今異義語（本文103ページの『古文の重要語句』参照）でもあり，その意味はあくまで文脈の中でとらえること。例は，文中の「昼間・春・三四月」などに着目すると，「すさまじきもの」とは，まず時季などに外れたものではないかな，と見当がつくだろう。なお，博士の家は男の子

が継ぐものと決まっていたから，女ばかりでは家業（大学教官）が断絶してしまうのである。

（答）　④

No.2

（現代語訳）

　何事についても，深く立ち入って知っているふりをしないでいるのが，よいものである。教養のある，りっぱな人は，よく知っていることであっても，そうむやみに物知り顔でしゃべるだろうか，しゃべりはしない。片田舎から出てきたばかりの人は，あらゆることに通じているかのような受け答えをするものだ。だから，聞いているこちらが恥ずかしさを感じるほど感心させられることもあるが，その本人が自分自身をりっぱなものだと思っている様子は，見苦しいものである。

　だから，よくよく事情を知りぬいている方面のことについては，必ず物の言い方を慎重にして，人が尋ねない限りは自分から言わないのがりっぱなのである。

出典：吉田兼好『徒然草』

解答・解説

　いちばん大事なことは，この文章の構成で，結論は，第二段落の一文〈解法のポイント④〉。次に，「知り顔にやは言ふ」の「にや」は反語である。「よき人＝言わない」という意味が強調されている。ここを押さえれば，結論の文の「口重く」「言はぬ」の意味の重要さが見えてくるのではないだろうか。なお，「いみじ」は，よい場合にも，わるい場合にも，「程度がはなはだしい・なみでない」意を表す言葉である。（本文103ページの『古文の重要語句』参照）

（答）　④

No.3

（現代語訳）

　さらに（東へ東へと）旅を続けて行って，駿河の国に着いた。宇津の山にさしかかって，自分たちが分け入ろうとする道は，たいへん暗くて細いうえに，つたやかえでが茂り，何となく心細く，思いもかけぬ（つらい）目にあうこと

だと思っていると，修行者が来合わせた。「こんな道には，どうしていらっしゃるのか」と言うその修行者を見ると，それは会ったことのある人であった。都に，あの恋しいお方の所にと思って，手紙を書いて（修行者に）託した。

〈その手紙の歌〉

　わたしは今，駿河の国にある宇津の山のほとり，そのうつつ（現実）でも，夢でもあなたにお会いしなかったのでした。

出典：『伊勢物語』

解答・解説

　和歌の「駿河なる宇津の山べの」までは，「うつ」と同音の「うつつ」を導きだす序詞である。また，夢の中にその人が現れるのは，相手が自分を思ってくれるからだ，という俗信があった。とすれば，夢に出てこない彼女は，もう彼氏を思っていない証拠。つまり，この歌は「あなたはもう，私を思ってはくださらないのですね」という意味である。しかし，こんな俗信は無視して，「せめて夢でもいいから会いたいね」と解釈しても，十分に正解は得られよう。

（答）　①

No.4

（現代語訳）

　このあたりは天の香具山の北のふもとである。この山はたいそう小さくて低い山だが，昔からその名は非常によく知られていて，天下に知らぬ者もなく，まして私たち古代を思い慕う仲間は，書物を見るたびに思いをよせて，長年の間行ってみたいと思いつづけてきた所だったので，今回はなんとかして早く登ってみたいと，じれったく思っていたのが，（それが実現できるので）たいへんうれしくて，

　　　早く登ってみたいと思い慕ってきたことよ。その天の香具山に今日こそ分け入ってゆくのだ。

　他の人たちも皆同じ思いで急いで登る。坂道にかかると左の方に，周囲一町（約109m）ほどの池が見えた。（この時，香具山のふもとにあって万葉集にもうたわれた）埴安の池が思い出された。しかし，（坂道から見えた池は，）埴

安の池のなごりといえるような様子はなかった。
出典：本居宣長『菅坂日記』

解答・解説

　文章中の和歌に，天の香具山に登った作者たちの思いがこめられている。長年の希望がかなって「今日ぞ分け入る」がポイントである。文中の，年ごろ＝長い間。ゆかし＝見たい・聞きたい・知りたい。いつしか＝早く〜たい，の意味は基礎知識として重要。

(答)　②

No.5

（現代語訳）

　人が物を尋ねた場合に，知らないのでもないだろう，ありのままに答えるのは，ばかげて見えると思うのであろうか，（相手の）判断を迷わせるように（あいまいに）返事をするのは，よくないことである。（たとえ）知っていることでも，もっとはっきり知りたいと思って尋ねるのかもしれない。また，ほんとうに知らない人も，どうしてないことがあろうか。（だから，尋ねられた場合には）はっきり言い聞かせて（説明して）やったならば，物を心得ていると聞こえるであろうに。

　他人がまだ聞いていないことを，自分（だけ）が知っているのにまかせて，「さてさて，あの人の事件は，驚きあきれたことだ」などとだけ手紙に書いてやっても，（相手は何も知らないのであるから，）「どんな事件があったのですか」など，繰り返して尋ねてやったりするのは，いやなものである。世間で言い古した事実でも，どうかすると聞きもらす人もあるから，はっきりわかるように知らせてやるのが，なんで悪かろう。

　こういうようなことは，世間なれしていない人のよくすることである。
出典：吉田兼好『徒然草』

解答・解説

　各段落の第一文が重要。第一段落は「心惑はす」ような「返事」はよくない，第二段落は，「わ

が知りたるままに」に「言ひや」るのは，好ましくない，と言っている。なぜなら，「ものを問」う人は，その内容を大体知っている人から，全然知らない人までいろいろであり，世間の人がだれでも知っていることを全く知らない人もいるから。とすれば，「人に応じ」た答えや説明が必要。③は正解に近いが，具体性がないから取らない。

(答)　④

No.6

（現代語訳）

　恵心僧都は，ひどく年老いた母をお持ちになっておられた。孝心はあつかったが，それほどには身の自由がきかなかったので，心に思うばかりで，実際に親孝行することもなくて過ごされている間に，しかるべき所に多くの僧の中心となって仏事を行う僧として招かれて，金銭など多く受けられたので，たいへんうれしくて，すぐに，母のもとへそれを持って行かれた。

　この母は，生活は貧困をきわめている様子だった。（だから，）どんなに喜ばれるだろうと思っていたところが，たくさんの布施（金銭など）を見るや，うしろを向いて，さめざめとお泣きになった。さほどにはわけがわからない。母君はうれしさのあまりお泣きになるのかと思う間に，しばらくたって母の言うには，「出家した子供を持ったからには，私は死後の世界での安楽を願えるはずと，長年の間，頼もしく思って過ごしてきました。（ですから）目の前に，このような地獄のわざ（つまり，わが子恵心が世間で有名になり，お金をかせいで喜んでいる姿）を見ようと思ったでしょうか。夢にも思いませんでした」と言い終わりもしないうちに，泣いたのだった。

　これを聞いて，恵心僧都は悟りを得ようと決意して，世俗との関係を絶たれた（つまり，山中に住まい，修行に専念された）のである。尊い母の心である。
出典：鴨長明『発心集』

解答・解説

　最後の一文をしっかりと押さえる。「お前が

名声や富を追い求め，仏道の修行を忘れたのでは，私は救われないよ」と母に言われ，恵心はハッと目覚めたのだ。恵心はすでに坊さんだから，今さら「発心・遁世」などおかしいと思う人も多いであろう。彼はこの時まで，単なる職業的な僧であったに過ぎない。この母は，極度な貧困にうちひしがれながらも真の信仰心を失ってはいなかった。

（答）　③

No.7

（現代語訳）

うぐいすは，漢詩文などにもすばらしいものとして作ってあり，声をはじめとして，その姿かたちも，あれほど上品でかわいらしいのから考えると，宮中で鳴かないのがとてもよくない。ある人が，「ほんとうにそうだ。うぐいすは宮中では鳴かないものだ」といったのを，そうでもあるまいと思っていたが，十年ほど宮中にお仕えして聞いていたところ，ほんとうに一度も鳴き声がしなかった。そのくせ（宮中には）竹に近く紅梅もあって，（うぐいすが）たいそうよく通って来そうな，好都合な場所であるよ。里に退出して聞くと，いやしい民家の，見ばえもしない梅の木などには，やかましいほど鳴いている。夜鳴かないのも寝坊だという感じがするけれども，（それも習性なら）今さらどうにもしようがない。（うぐいすは）夏・秋の末まで老いぼれた声で鳴いて，「虫食い」など，身分も低く，教養もない連中は，あだ名をつけて呼んだりするが，これは残念で親しみにくい感じがする。それもただ，すずめなどのようにいつも見られる鳥であったら，残念にも感じないだろう。春に限って鳴く鳥だからこそ残念に思われるのであろう。「年たちかえる」などと，おもしろい鳥として，和歌にも漢詩にも作るとかいうことだよ。やはり春のうちだけ（鳴くの）だったら，どんなにか興味深いものだろうに。人間でも，人の数にも入らず，世の人から軽く思われはじめた人を，だれが悪くいうだろうか，いやだれも悪くいわないではないか。（それと同様に）とびやからすなどについては，注意してみたり聞いたりする人は，決してないことだ

よ。そういうわけで，（うぐいすは）全くすばらしい鳥ということになっているからこそ "こんな悪口も言われるのだ" と思うにつけて，（そんな欠点のあることに）不満を覚えるのである。
出典：清少納言『枕草子』

解答・解説

書き出しの一文から，うぐいすは最高なのだが，欠点がある（それが惜しいのだ）という作者の気持ちをおおざっぱにつかめれば，まず成功である。欠点は，①九重（宮中）では鳴かない。②夜鳴かない。③夏・秋の末まで老い声に鳴く，などあげられているが，選択肢で，うぐいすを「すばらしい」と言っているのは，③・④のみ。④の誤りは明らか。

（答）　③

No.8

（現代語訳）

今日は，親知らず・子知らず・犬もどり・駒返しなどという北国一の難所を越えて疲れましたので，枕を引き寄せて早く寝たところ，襖一枚隔てて表の方（の部屋）で，若い女の声がして，二人ばかりいるらしく聞こえる。年とった男の声もまじって話をしているのを聞くと，（女は）越後の国の新潟という所の遊女であった。伊勢参宮をするというので，この関まで男が送って（来て），明日はその男に故郷にもたせてやる手紙を書いて，とりとめもない伝言などを託しているようである。「白波の打ち寄せる海辺（の町）に身をさすらえ，漁師の子のようにひどくこの世におちぶれて，定めなき客と契りを結び，毎日を送っている（私たちの）前世の業は，どんなに罪深いものであったことか」と話しているのを聞きながら寝こんでしまい，翌朝旅立とうとすると，我々に向かって，「これから先どう行ってよいか見当もつかない道中の心細さで，あまりにも気がかりで悲しゅうございますので，見え隠れにでもおあとについて参りとうございます。僧衣をつけていられるお情けで，（仏さまの）御慈悲をお恵みくださって，仏道に入る縁を結ばせてください」と涙を流して頼む。「気の毒ではございますが，私たちはあち

― 22 ―

こちで滞在する所も多い。ただ（同じ方向に行く）人のあとについて行きなさい。伊勢の神がお守りくださって，きっと無事に着くことができましょう」と言い捨てて（宿を）出かけながらも，かわいそうな気持ちはしばらくおさまらないことであったよ。

　同じ屋根の下に，はかない遊女と浮き世離れした旅人が一夜を明かすことになった。折しも庭前に咲く萩に照らす月といった取り合わせでもあろうか。

（とよんで）曽良に語ると，（曽良はこれを）書きとめました。

出典：松尾芭蕉『おくのほそ道』

解答・解説

　紀行文は書かれている事実を，正確に読み取ることが大事。

●芭蕉たちが遊女たちに出会ったのは宿屋においてである。

●芭蕉の旅はあちこちに立ち寄る漂泊的なもの。遊女たちは，お伊勢参りの一直線の旅。

●遊女たちは芭蕉に同行させてほしいと泣いて頼んだが，芭蕉は同情はしたが，それを断っている。

　①が正解なのは，「衣の上の御情け」「結縁せさせ給へ」などの記述があるから。「結縁」とは，仏門に入る縁を結ぶこと。罪深い身を仏の御慈悲によって救ってほしい，と哀願したのである。

（答）　①

No.9

（現代語訳）

　丹波に出雲〔今の京都府亀岡市出雲〕という所がある。出雲の大社を勧請して移し，社殿を立派に造営してある。しだの某とかいう人が領している土地なので，そのしだの某が，秋のころに，聖海上人やそのほかにも，多くの人を誘って，「さあどうぞ，出雲参拝に。そばがきでも差し上げましょう」と言って，その一行をつれて一緒に出雲まで行ったところ，めいめい出雲神社を参拝して，えらく信仰心を起こしたのであった。（見ると）神社の拝殿の前に置いてある獅子と狛犬が背中を向け合って，うしろ向き

に立っていたので，聖海上人は非常に感じ入って，「ああ，何とすばらしいことだ。この獅子の立ち方は，とても珍しい。きっと，深い由緒があろう」と思うと，目に涙をもよおして，「どうです皆さん，このすばらしいことに，お目がとまりませんか。それではあんまりですね」と一行に向かって言ったので，めいめい不思議がって，「そう言えばほんとうにほかのと違っているなあ。都への土産話にしよう」などと言うと，上人はいっそう，そのいわれを知りたがって，かなりの年配らしく，いかにもものを心得ていそうな神官を呼んできて，「この神社の獅子をお立てになる仕方は，きっと，由緒があることでございましょう。ちょっとそれをうかがいたいものです」と言われたところ，「そのことなのでございますよ。いたずらな子どもがこんなことを致しましたので，ほんとうにけしからんことです」と言って，そばに寄って，（向き合うように）置きかえて立ち去ったので，上人の感激の涙はむだなことになってしまった。

出典：吉田兼好『徒然草』

解答・解説

　しだいに，獅子と狛犬の由緒（由来）に対して気持ちを高ぶらせていく聖海上人と，それをあっけなく崩して行ってしまう神官との対照性がおもしろい。

　③以外に『徒然草』はないから，このことだけで，③が正解。なお，批評も妥当。

（答）　③

No.10

（現代語訳）

　この世の中で，どうしてこのようなことがあるのだろうかと，すばらしいことに思えるのは，手紙でしょうね。手紙のことは「枕草子」にもくり返しくり返し述べているようですから，改めて述べるに及ばないけれど，やはり心うたれるものですね。遠い土地に離れ住んでいて，何年も会わない人であっても，手紙というものさえ見れば，今，目の前に向かい合っているような気持ちがして，かえって，直接顔を合わせては意のままに表現できない内面をも表現し，言

い伝えたいことの数々を，こまごまと書きつく
した手紙を見る心は，目新しくうれしく，直接
顔を合わせた場合に比べても劣っていません
よ。
　所在ないときに，昔知り合っていた人の手紙
を見つけたときは，その時点の気持ちにたちも
どってとてもうれしく思われます。まして亡く
なった人などが書いたものなどを見るのは，た
いそうしんみりとし，長い年月が過ぎているの
に，たった今，筆をぬらして書いたような手紙
は，深く感激してしまいます。
（人の交わりは）何事も，顔を合わせている間
だけの気持ちの通い合いですが，手紙は，ただ
昔のままで少しも変わることのないのも，たい
へんすばらしいことです。
出典：『無名草子』

解答・解説

　書き出しの一文「この世に………文にこそは
べるなれ。」，および末尾の一段落（一文）「何
事も，………めでたきことなり。」を押さえる
ことが大切。書き出しに出てくる「文」には，「手
紙・書物・漢詩」などの意味があるが，ここで
はどの意味か。末尾の「これ」は何を指してい
るのか。どちらの文にも「めでたし」という言
葉が出てくるが，これは現代語とは違う「すば
らしい」の意味ではないかなど，考えてみるこ
と。
　文脈の上から「文＝手紙」と決まれば，選択
肢は③以外に正解はない。時間や空間を超えて，
人と人とを結びつけるものとしての「手紙」の
すばらしさを読み取ろう。

（答）　③

第3章　漢文の内容把握

（問題，本文177～178，187ページ）

漢文訓読

以下に漢文の訓読の基礎的なことをあげておく。□に読む順番を記入してみよう。

一　返り点
① レ点　すぐ上の一字に返って読むときに用いる。

歳月不待人。　⇨ 1 2 5 4 3

有備無患。　⇨ 2 1 4 3

人不学不知道。　⇨ 1 3 2 6 5 4

② 一・二点　二字以上隔てて上に返って読むのに用いる。

我学漢文。　⇨ 1 4 2 3

得天下英才教育之。　⇨ 5 1 2 3 4 7 8 6

二　再読文字　訓読の時に同じ字を二度読む文字。
① 未（いまダ……ず）　まだ……ない。いままで……ない。

未有封侯之賞。　⇨ 7 6 2 3 4 5

② 将・且（まさニ……（セ）ントす）……しようとする。いまにも……になろうとする。

将送君。　⇨ 4 1 3 2

且至燕。　⇨ 4 1 3 2

③ 当（まさニ……べシ）……しなければならない。当然……するべきである。

人当惜寸陰。　⇨ 1 6 2 5 3 4

不入虎穴不得虎子。　⇨ 4 3 1 2 8 7 5 6

③ 上・下点（上・中・下点）　一・二点をはさんでさらに上に返って読むのに用いる。

悪称人之悪者。　⇨ 6 4 1 2 3 5

不為児孫買美田。　⇨ 7 3 1 2 6 4 5

④ 一レ点・上レ点　レ点と一・二点や上・下点とが複合する場合に用いる。

君子不以言挙人。　⇨ 1 2 7 4 3 6 5

如北辰居其所而衆星共之。　⇨ 1 2 5 3 4 6 7 8 10 9
※レは読まない。（置き字）

④ 応（まさニ……べシ）……しなければならない。当然……のはずである。

君自故郷来、応知故郷事。　⇨ 1 2 3 4 6 10 7 9 8

⑤ 宜（よろシク……べシ）……するほうがよい。……したほうがよい。

宜以修身為本。　⇨ 7 4 2 3 6 5

⑥ 須（すべかラク……べシ）必ず……しなければならない。ぜひとも……する必要がある。

人須重礼儀。　⇨ 1 6 2 5 3 4

No.1

（書き下し文）

君に勧む金屈卮

満酌辞するを須ひず

花発きて風雨多し

人生別離足る

（現代語訳）

君に勧めよう，この黄金の杯を。

なみなみとつがれたこの酒，遠慮などせずに飲んでくれたまえ。

花が咲くころは，風雨（あらし）が多い。人生も（楽しみのあとに）悲しい別れが待っているのだ。（その別離に先んじて，大いに飲もうではないか。）

出典：宇武陵『酒を勧む』

解答・解説

漢詩は，やはり転句と結句が重要。最初の二句の意味がわからなくても，正解は得られる〈解法のポイント④を利用〉。「辞するを須ひず」は，辞退するには及ばない，の意。「足る」は多い意。「花発多風雨」は有名な句である。

（答）　②

No.2

（書き下し文）

幷州に客舎すること已に十霜

帰心日夜咸陽を憶ふ

端無くも更に桑乾の水を渡る

卻つて幷州を望めば是れ故郷

（現代語訳）

幷州に旅ずまいをしているのも，もはや十年にもなった。

（その間）故郷へ帰りたい気持ちでいっぱいで，日夜，咸陽（長安）のことを思い続けてきた。

（ところが）思いがけず，桑乾河を渡って更に（遠く）北の方へと行くことになった。

ふり返って（今まで住んでいた）幷州の方を眺めると，かえって（それが）故郷のように（懐かしく）思えてきた。

出典：賈島『桑乾を渡る』

解答・解説

ここでも〈解法のポイント④〉を考えてみる。「端無くも」には，幷州よりさらに遠方へ行く悲しみが込められ，今となっては，いやがっていた幷州がかえって懐かしいと，第二の故郷へ寄せる親愛の気持ちがうたわれている。七言詩は，各行，二字・二字・三字に分けて意味を取る〈解法のポイント⑤を利用〉。第二句は「帰心・日夜」の意味。「帰心日・夜」などではない。

（答）　⑤

No.3

（書き下し文）

楚人竹枝を歌ひ　游子涙衣を沾す

異国に久しく客と為り　寒宵頻りに帰るを夢む

一封書未だ返らざるに　千樹葉皆飛ぶ

南のかた洞庭の水を過ぐれば　更に応に消息稀なるべし

（現代語訳）

楚の人たちが（哀愁の）竹枝曲を歌うと，旅人（である自分は）涙で袖をぬらす。

知らぬ他国に長い間旅人の身となり，さびしい夜にはしきりに故郷へ帰る夢をみる。

一通の手紙の返事もまだ来ないうちに，多くの木々の葉はもう落ち尽くした。

このうえ南方の洞庭湖を過ぎれば，（故郷からの）便りも今まで以上にまれになってしまうだろう。

出典：宇武陵『客中』

解答・解説

八行詩だから，五・六行目が転句，七・八行目が結句。第二句「涙衣を沾す」，第四句「帰るを夢む」は，おさえがたい望郷の気持ちを表す。游子＝遊子＝旅人。客＝旅・旅人。

（答）　①

No.4

（書き下し文）

宋に狙公といふ者有り。狙を愛し之を養ひて群を成す。よく狙の意を解し，狙もまた公の心を得たり。其の家口を損じて，狙の欲に充つ。

俄にして匱し。将に其の食を限らんとす。衆狙の己に馴れざらんことを恐るるや，先づ之を誑きて曰はく，「若に芋を与ふるに，朝には三にして暮れには四にせば足るか。」と。衆狙皆起ちて怒る。俄にして曰はく，「若に芋を与ふるに，朝には四にして暮れには三にせば足るか。」と。衆狙皆伏して喜ぶ。

（現代語訳）

　宋の国に狙公という者がいた。猿を好んで養い，（猿は）むれをなしていた。（彼は）猿の気持ちを理解することができ，猿もまた彼の心を理解した。（彼は）家族の食料を減らしてまでも，猿の食欲をみたしていた。（ところが，）急に食料が欠乏してしまった。（そこで）食料を制限しようとした。（しかし，）猿たちが自分に馴れ従わなくなることを心配して，最初に猿をだまして「おまえたちにとちの実を与えるのに，朝三つ夕方四つにしようと思うが，それで足りるか。」と言った。猿たちはみな立ちあがって怒った。（そこで彼は）すかさず言った。「おまえたちにとちの実を与えるのに，朝四つ夕方三つにしようと思うが，それで足りるか。」と。猿たちは，みんな頭をさげて喜んだ。

出典：『列子』

解答・解説

　朝三暮四→怒る，朝四暮三→喜ぶのように，ちょっと整理してみるとわかりやすい。目先の違いだけにとらわれて，全体としては同じであることに気づかないことのたとえ。

（答）　②

No.5

（書き下し文）

　智者の千慮にも，必ず一失有り。聖人の知らざるところ，未だ必ずしも愚人の知るところと為さずんばあらざるなり。愚人のよくするところ，未だ必ずしも聖人のよくせざるところにあらずんばあらざるなり。理に専ら在ることなく，学に止まるの境なきなり。然らば則ち問ふこと少くべけんや。

（現代語訳）

　智者の多くの考えの中にも，必ず一つくらいの間違いがある。聖人の知らないことでも，愚人が知っている場合がある。（また，）愚人ができることでも，聖人ができない場合がある。（これを見れば，）道理にこだわることなく，学問にとどまる所のないことを知るべきである。そうだとするならば，ものを問うということは，欠くことのできない行為である。（問うことによって進歩・前進がある。）

出典：劉開『劉孟全集』

解答・解説

　「聖人」と「愚人」の対比，「未必不…」の句形の意味を正しくとらえることが大事である。〈本文174・175ページの解法のポイント①・⑤を利用〉。選択肢③・④は正反対の内容であることに着目。どちらが議論のきっかけとなり得るか考えてみよう。

（答）　④

No.6

（書き下し文）

　孫楚字は子荊，才藻卓絶少かりし時，隠居せんと欲し，王済に謂ひて曰ふに，当に「石に枕し流れに漱がんと欲す。」と云ふべきに，誤りて「石に漱ぎ流れに枕せん。」と云ふ。済曰はく，「流れは枕すべきにあらず，石は漱ぐべきにあらず。」と。楚曰はく，「流れに枕する所以は，其の耳を洗はんと欲し，石に漱ぐ所以は其の歯を厲かんと欲すればなり。」と。

（現代語訳）

　孫楚は，あざ名を子荊といい，詩文を作る才能が特にすぐれていた。彼は，若いとき俗世間をのがれて生活したいという希望を持っていた。（宰相の）王済に向かって「石を枕とし，川のせせらぎで口をすすぐ（ような自然な暮らしをしたいと思う）。」と言うべきところ，「石で口をすすぎ，流れに枕する。」と言ってしまった。王済が，「せせらぎは枕とすることができず，石は口をすすぐことのできるものではない」とつっこむと，楚は「流れに枕するのは（俗事でよごれた）耳を洗いたいからで，石で口をすすぐのは歯を磨こうと思うからです。」と，負け惜しみを言った。

出典：房玄齢ら編『晋書』

解答・解説

　（正）「枕石漱流」，（誤）「漱石枕流」の意味の違いはどこにあるか。楚は自分の誤りを認めず，どうこじつけたか，の二点を整理して覚えておこう（本文48ページの『四字熟語』を参照）。なお，「夏目漱石」の「漱石」は，この故事からとったもの。偏狭・孤高な彼には，ぴったりの号と言うべきであろう。

（答）　④

No.7

（書き下し文）

　陳渉少き時，嘗て人の与に傭耕す。耕を輟めて壟上に之き，帳恨之を久しうして曰はく，「苟くも富貴とならば，相忘るること無けん。」と。傭者笑ひて応へて曰はく，「若傭耕を為して，何ぞ富貴ならんや。」と。陳渉太息して曰はく，「嗟乎，燕雀安くんぞ鴻鵠の志を知らんや。」と。

（現代語訳）

　陳渉が青年のころ，小作人として働いていたことがある。（陳渉は）耕作の手を休めて畔に行き，身の上を嘆くことしばらくして言った。「もしも自分が偉くなったら，お前たちのことを忘れずにいてやろう。」と。すると，一緒にやとわれていた人たちが笑いながら答えた。「お前はやとわれて畑仕事をしているのだ。なんで富貴になれようか，なれるわけがない。」と。陳渉は深くため息をついて言った。「ああ，燕や雀のような小鳥には，鴻や鵠のような大きな鳥の気持ちがわかるだろうか，わかりはしない。（小人物には大人物の志望はわからないのだ。）

出典：陳渉世家『史記』

解答・解説

　文章の終わりの「燕雀安くんぞ鴻鵠の志を知らんや」に，主人公陳渉の気持ちがずばり表現されている。「燕雀」は小人物，「鴻鵠」は大人物の比喩。「安くんぞ………知らんや」は，「どうして………であることがわかろうか（知ろうか），わからない（知りはしない）」の意。反語

を表す形であることに注意する。

　陳渉は，中国を統一していた秦王朝に対して，初めて反乱を起こした人物。一度は楚の王となったが，しかし結局は失敗して，天下は取れなかった。こんな先駆的な人物だから，自分のことを「鴻鵠」にたとえたのである。

（答）　③

No.8

（書き下し文）

　人皆人に忍びざるの心有りと謂ふ所以の者は，今，人乍ち孺子の将に井に入らんとするを見れば，皆怵惕惻隠の心有り。交はりを孺子の父母に内るる所以に非ざるなり。誉を郷党朋友に要むる所以に非ざるなり。其の声を悪みて然するに非ざるなり。

（現代語訳）

　人間はみな，人の不幸をだまって見すごすことができない心（つまり思いやりの心）があるというわけは（次のことによって知られる），いま仮に，ある人が不意に幼児が井戸に落ちこもうとしているのを見たなら，だれでもはっと驚いて深くあわれむ心が起こる。（そして思わず助けようとする。）ところで，それは，子供を救ったことによってその子の両親に交際を求めようとする野心からでもなく，村の人や友人たちからほめてもらおうとする名誉心からでもなく，子どもを見殺しにしたという悪い評判をたてられるのがいやでそうするのでもない。（これは思慮するひまもなく，自然にそうなったのである。）

出典：孟子『公孫丑上』

解答・解説

　前問は，文章の末尾に答えがあったが，この問題は逆に文章の冒頭にポイントがある。「人皆人に忍びざるの心有り」が，それである。「人に忍びざるの心」とは，他人の不幸をそのまま見すごすことのできない心（あわれみの心・同情心など）のことで，本文では，その思いやりの心が誰にも備わっていることを，井戸に落ちこもうとする幼児の場合を例にとって，その証明がなされていることを押さえたい。

（答）　①

※孺子＝幼児。怵惕＝はっと驚くこと。惻隠＝心に痛ましく思う。あわれむ。誉＝子どもを救ったというよい評判。

第4章　空欄補充

（問題，本文 208 ページ）

No.1

卒業旅行を例として，本来の儀式の意味を探求した文章である。三段落からなり，空欄は最後の段落にある。したがって，各段落の内容をその初めと終わりの部分に注意しながら，大きくつかむこと。

（第一段落）　現代人に課せられた使命。自我に新しい生命を吹き込む真の儀式の発見。

（第二段落）　大学の卒業旅行。夢のお告げが当たらなかったことを笑い合う。

（第三段落）　上の卒業旅行の意義。段落の終わりの「つまり，真の意味の『卒業式』となったのだ。」の一文を押さえる。つまり，この旅は，死と再生の体験につきものの「旅」として「一つの儀式へと高められていった」のである。

第一段落と第三段落に，「儀式」という言葉が繰り返されていることにも，十分に注意。

出典：河合隼雄『コンプレックス』岩波書店

解答・解説

①　適当である。第三段落の終わりに，「真の意味の『卒業式』となった」とある。

②　適当ではない。卒業式は「過去との決別」ではあるが，新しい出発でもある。儀式において「死」と「再生」は切り離せない。死は同時に再生である。

③　適当ではない。何も述べられていない。

④　適当ではない。何も述べられていない。

⑤　適当ではない。②と同じで，ここでは，「再生」のみが取り上げられている。

（答）　①

No.2

ゲエテの言葉をあげて，人生の深さや人間の不安の果てしなさを説いた文章である。空欄が文章の終わりにある。したがって，全文の要旨にかかわる文が正解となる。接続語は，末尾の一文「しかしこの率直な……」の「しかし」がポイント。なお，「この率直な」の「この」は，空欄に入る言葉を指している。

（第一段落）　ゲエテの言葉＝持続的な探求力にとって，成就・完成はない。

（第二段落）　迷うもの＝最高の指導者・最良の書にすがる。最高の師や書は，「安心」「解決」を与えない。

（第三段落）　すぐに教えてくれる宗教家・身上相談専門家。一人間が一人間の運命に対して何事ができるか。

（第四段落）　「最高の師・最良の書」＝人生の深さ・不安を教えてくれる。

出典：亀井勝一郎『愛の無常について』講談社

解答・解説

①　適当ではない。ふつうなら，慰めになる言葉だが，作者は信用していない。

②　適当である。これこそ，真に慰めとなる言葉。

③　適当ではない。①と同じ誤り。

④　適当ではない。文脈に合わない。

⑤　適当ではない。①・③と同じ誤り。なお，選択肢の「必ず」という表現には，注意を要する。

（答）　②

No.3

「異文化としての子供」について論じた文章。「異文化」という言葉にだけ〈　〉がついていること，および，選択肢では C が最も重要で，要旨に近そうなことなどに目をつける。

（第一段落）　宇宙の独自性と始源性をトータルにとらえたとき，子供の世界は〈異文化〉の世界として現れる。

（第二段落）　子供が他者性をあらわにするのは，子供たちが反秩序性の具現者であり，文

化の外にある存在だから。

（第三段落）　子供の「侵犯」に対して，大人は秩序を守ろうとするが，子供は本来の姿をかくし，居場所をかくす（発達）。子供をはっきり，他者あるいは異文化として見直すことが必要である。

（重要語句）

・無垢＝清らかでけがれのないこと。

・荒ぶる神＝（服従せずに）あばれる神。

・発達心理学的な子供観＝子供を大人の前段階としてのみとらえる考え方。これにこだわっていると，「近代文化とは別の文化，〈異文化〉に生きる」子供の存在が見えてこない。

・体現＝思想，観念などの抽象的な事柄を具体的なものとして形に表すこと。

・陥穽＝落とし穴。転じて，計略。

出典：中村雄二郎『術語集—気になることば』岩波書店

解答・解説

A　直前に「反秩序性」とあるから，②「秩序」が，まず考えられる。だが，第一段落のキーワード「異文化」も有力候補とわかる。②か③か，一応保留する。

B　直後の「それ」は，〔B〕を指し，〔B〕を促すもの＝教育，とある。「教育」が促すものは何か。やはり，子供の「発達」であろう。⑤「勉強」は該当しない。

C　選択肢の中で，①「秩序」，③「異文化」に注目すべきだろう。このうち，直前の「むしろ必要なものは」に続くものは，やはり③で，①は文脈に合わない。

　　以上の考察から，③が最も適切である。

（答）　③

第5章　文章整序

（問題，本文 228 ページ）

No.1

出典：矢野誠一『志ん生のいる風景』文芸春秋

解答・解説

（1）　まず，この文章では「歌舞伎」と「落語」とが対比されていることと，選択肢を見ると，書き出しがBとEの二つに限定されていることの二点を押さえる。

（2）　次に，書き出しの文の考察。Eは，文頭としては，いきなり論の核心に切り込んだ感じで，文末の「〜のだ」からは結論的なひびきさえ感じ取られる。よって，Eは失格。とすれば，①・③・⑤に絞られる。

（3）　続いて，①のB→Aか，③・⑤のB→Dかの見きわめ。Bの文末の「台詞術」とDの文頭の「あの台詞まわし」とがつながるからB→Dが適当。B→Aは文脈が通らない。

（4）　では，残った③・⑤のどちらが正しいか。文末のC→E，E→Cを，Cの「そのため」に着目して考えると，「描写以外の力も借りねば→そのため，…描写に頼り」は全く矛盾するので，E→Cは失格。

　　よって，C→Eを含む③が正解となる。

　　なお，A〜Eを歌舞伎グループと落語グループに分けると，歌舞伎グループ＝B→D，落語グループ＝A→C→Eとなる。これは，選択肢の③と合致。これを手がかりに考察するのも一方法。次の問題の解き方参照。

（答）　③

No.2

出典：五木寛之『偏見と散漫（読書と私　書下しエッセイ集より）』文春文庫

解答・解説

（1）　まず，この文章が，①「腹が張っても（パロディ）の話」と，②「筆者自身の話」の二つの部分から構成されていることと，文頭が，BとAに限定されていることに目をつける。Dの「それ」も重要。

(2) 次に，①・②のグループの内容を確認すると，①（腹が張っても）＝B・E・F，②（自分）＝A・C・D・G，とわかり，各グループ内の並べ方の順序を決めれば，解答作業はほぼ終了ということになる。

(3) 初めに①グループ。これは，B・E・Fと，すんなり結合できる。次に，②。これは，Aの文末の「注意散漫」とGの「…態度も，すこぶる散漫」とが照応しているから，まず，A→Gが決まる。次に，Dの書き出しの「それ」は，Gの文末の「系統だって本を読むということ」を指示しているとわかるから，G→Dが確定。とすれば，②グループはA→G→D→C，の順が適当と決まる。

(4) 最後は，①・②のどちらを先行させるかの考察。これは，パロディに結びつけて自分の話を語っているわけだから，当然，①→②の順序となる。

よって，①が正解となる。

（答）　①

（重要語句）

- ●事大主義＝定見がなく，ただ勢力の強いものに従うこと。（そのものの真の価値を知らないで，このような態度をとるということは無責任きわまりないと言える。）

第3編　文章理解（英文）

第1章　内容把握

（問題，本文266ページ）

No.1　解答・解説

　この英文は1行目に要旨がある。……we see and hear many advertisements.（私たちは多くの広告を見たり聞いたりする。）が，本文の主旨であるから，⑤が答えとなる。文中では広告の内容については触れられていないので，①，②は不適当である。また，③の「テレビ」に関しては，televisionのある英文2行目には，「テレビと広告の関係」はない。④の選択肢にある，「惑わされないようにする」ことについては英文中には触れられていない。

（大意）

　私たちは毎日広告を見たり聞いたりしている。新聞を読まず，テレビを見なくても，道を歩いていても常に広告に接しているのである。

（答）　⑤

No.2　解答・解説

　本文1～2行目に，you were dumb enough to believe that some tremendously fat guy was going to fit down your chimney.（あんな太った人が煙突から降りてこられると信じるなんて君は馬鹿だったよ。）とあるので，③が解答。①は，選択肢中の「意地悪だ」という表現は英文にはないので，不適当。②の「僕はとうの昔から知っていた」は，「僕」は昔は「サンタがいないこと」を知らなかったので，内容とは異なる。④は，本文最後の行に，Light a fire in the fireplace on Christmas Eve, just in case.（念のため，暖炉に火をともしておいてね。）とはあるが，選択肢中の「プレゼントが届く」とは書かれていない。⑤の選択肢のキーワード，「両親」parentsは，本文1行目にYour parents lied to you.（両親がうそついたんだよ。）に出

てくるが，「両親を喜ばせよう」とは書かれていない。

（大意）

　サンタクロースなんていないんだよ。あんな太ったサンタが煙突を通れるわけがない。でも，クリスマスには念のため，暖炉に火をともしておきなさいね。

（答）　③

No.3　解答・解説

　この英文では1行目に問題提起があり，その次の文で要旨が述べられている。本文1～2行目，……the aim of education……is……to prepare students for life in the world.（教育の目的は，世の中で生活できるように学生に準備させることだ）が主旨となるので，①が正しい。以下②から⑤は要旨ではない。③の選択肢中の「真理」truthという語，④の選択肢中の「自立させる」make someone independentという語句，⑤の選択肢中の「専門教育」professional educationという語句は問題文中にはない。

（大意）

　大学教育の目的は，世の中で生活できるように学生に準備させることである。学生は世の中について知り，仕事について知らなくてはならない。大学はそのための特別な準備を与えるのである。

（答）　①

No.4　解答・解説

　この英文の要旨は，1～2行目，One of the most common things that parents do is to ask their children questions.（両親が最も一般的にすることは，子供への質問だ。）にある。したがって，①は要旨と一致する。③は本文3～4行目，when adults talk to adults, they don't ask so many questions.（大人同士の会話では

質問はそう多くない。）を見れば，内容に一致することがわかる。④は本文1行目に，It is well known that young children learn a lot of language from their parents.（幼い子供が両親から多くの言葉を学ぶということはよく知られている。）と書かれているので，一致する。⑤は本文2〜3行目，In fact, over 40% of what parents say to their young children is questions.（両親が幼い子供に話すことの40%以上が質問である。）ので，この選択肢は内容に一致する。一致しないのは②である。

（大意）
　幼い子供は多くの言葉を両親から学ぶが，それは両親から子供への質問の形をとることが多い。実際，親から子供への会話の約半分は質問なのである。

（答）　②

No.5　解答・解説
　この英文の要旨は最後にある。つまり，定年を迎えて社会から年寄りとみなされるとき，人は年寄りになるという部分である。この要旨に合うのは②である。①の，「仕事は続ける方がよい」，③の「心の持ちようで決まる」，④の「引退を余儀なくされる」，という表現は本文にはない。また⑤の選択肢は，本文1〜2行目を訳してみると，「70歳以上なのに『若く』見える人もいれば，50歳代で『年寄り』に見える人もいる」となるので，これは本文の内容とは異なる。

（大意）
　人が「若い」か「年寄り」に見えるかは個人差がある。実際の年齢より若く見える人もいれば，職業によって若いかどうか決まる人もいる。一般的には，定年を迎えて社会から年寄りとみなされるとき，人は年寄りになる。

（答）　②

No.6　解答・解説
　この英文の要旨は最後の部分にある。そこには，「農業は歴史をとおしてずっと基本をなす

ものであり，地球上に人類がある限り，そうあり続けるだろう」と述べられている。したがって，⑤が英文の内容である。また，それに関連して，①の「必ずしも一定ではない」は誤り。②の「国民」と③の「農園主」という語は本文にはない。④の「（農業の）地位は低下している」は，本文の論旨とは逆である。

（大意）
　農業は産業の発達の中で常に基本である。私たちはこのことを忘れがちであるが，農業は過去から未来に至るまで経済全体の土台であり続ける。

（答）　⑤

No.7　解答・解説
　この英文ではまず冒頭で，若者の教育についての問題提起があり，最後に，若者の教育の力点が読み書き以外に移ったことが結論づけられている。したがって，③が正しい。①は，「今も昔も」の部分が誤り。②は，本文3行目に「理解力が劣っている」とあるので，誤り。④の「親たち」は本文中には出てこない。⑤は，本文2〜3行目に，「若者は昔に比べて，読む速度や理解力が劣っているとも思われている」とあるが，「今よりはるかに」とは書かれていない。

（大意）
　若者の教育は現在，読み書きから別の分野に力点が移っている。

（答）　③

No.8　解答・解説
　ここの選択肢はすべてが本文の内容に合っているが，どれが一番重要なのかを判断しなくてはならない。結論は最後にあるので，Isn't it time you started thinking? You can save the world！（考え始める時ではないだろうか。あなたは地球を救うことができるのだ。）を見れば，⑤が該当することがわかる。

（大意）
　世界の海は汚染物質で汚れているが，海を救

うため，地球を救うために，ひとりひとりが自分に何ができるのかを考えて努力してみるときが来たのではないだろうか。

(答)　⑤

No.9　解答・解説

本文に要旨があるわけではなく，状況の変化が記されているだけなので，各選択肢をひとつずつ検討する必要がある。①は，本文2行目に「きっかり3時だった。」とあるので，正しい。②は，本文6行目を参照。誤り。③は，7行目に「ボブは……言葉も出なかった。」とあるので，誤り。④は，英文本文の中では「初めて」かどうかはわからない。⑤は，本文3～4行目に「ジェット機の轟音は2，3分続いて，すぐに消えた」とあるので，誤り。

(大意)
飛行機は時間通り3時ぴったりに離陸した。ジェット機の轟音がやがて消え，ついに地面から離れ，飛行機は空中を飛んでいた。ボブは興奮して声も出せず，じっと座っていた。

(答)　①

No.10　解答・解説

この英文冒頭の「食べ物は……会話の主題である」が要旨である。したがって，①が主旨となる。②は，本文3～4行目，......no heat of controversy is induced by mention of the atmospheric conditions......（天気の状態について話すことで熱い議論が引き起こされることはない）から，誤り。③は，この文の要旨とは異なる。④は，3～4行目 ......the atmospheric conditions......there can be no intimacy in agreement.（……天気の状態……親しく同意することもありえない。）とあるので，不適切。⑤は本文の主旨と異なる。

(大意)
食べ物の話題は会話の主体である。食べ物の嗜好は個人個人で異なっているが，それについて熱い議論が呼び起こされたり，その結果，嗜好の異なる人の間で意見が一致すると，強い親

密なきずなになる。

(答)　①

No.11　解答・解説

ヨットの上には最初何人いたのか，そのうち何人が救助されて，無事だったのは何人か。そして見つからなかった人が1人いたのが最後にわかるが，注意深く文章の流れを読む必要がある。ここでは人数がポイントになっているので，英文中の数字に注目する。順に，two，two，one，three，fifth がどういう状況の人をさすのか考えていく。

(大意)
ヨットが遭難し，1人の男性と2人の女性が無事救助された。1人の男性は死亡し，1人の女性は行方不明となった。

(答)　④

No.12　解答・解説

雑誌社に届いた手紙の内容だが，記事の名前を忘れ，またそれをメモしたものもなくしてしまったが，記事の載った雑誌を送ってほしいと頼むものである。それでは雑誌社としては，どの雑誌を送ったらよいのかわからないので，「わからない」という内容の返事が適当である。

(大意)
去年非常に興味深い記事を読みましたが，それがどの記事だったのか忘れてしまいました。記事の名前をノートに書きましたが，それもなくしました。記事が貴社の雑誌だったら，1冊送っていただけませんか。

(答)　②

第2章　空欄補充

(問題，本文302ページ)

No.1　解答・解説

接続詞を入れる問題である。接続詞は語・句・節を結びつける働きをする。文法上対等なものを結びつける等位接続詞と，名詞節や

— 34 —

副詞節を導く従位接続詞がある。等位接続詞には, and, or, but などがあり, 従位接続詞には, that, if, whether, when, as, while, since, till, after, before, because, though, although などがある。

アでは, 前の文は「彼はよくうそをつく」で, 後ろの文は「私は彼を信用できない」で, 前の文が原因・理由で, 後ろの文がその結果となっている。接続詞は①, ⑤の As, ③の Because である。

（訳）：彼はよくうそをつくので, 私は彼を信用できない。

イでは, 原因・理由を表す接続詞には because, as, since があるが, ここでは①, ⑤の because が正解。

（訳）：貧乏だからといって人を軽蔑すべきではない。

ウでは, 文中の or not に注目し, ③, ⑤の Whether を選ぶ。whether A or B で, 「A であるか B であるか」の意味になる。

（訳）：良い計画であるかないかということが議論の種となる。

エでは, 前の文は「あなたはこの小説を読むことができないでしょう」で, 後ろの文は「辞書を使う」とあるので, 接続詞は「もし……でなければ」の unless になる。②, ④, ⑤である。

（訳）：辞書を使わなければ, あなたはこの小説を読むことはできないでしょう。

（答）　⑤

No.2　解答・解説

1. 空欄には動詞が入るので, nice は除外する。「あなたに会いに行きます」という日本語で,「行く」だから go になりそうだが,「話し手のほうへ行く」場合には come が用いられる。反対に「話し手のほうから遠ざかる」場合には go である。イの come が正解。

（訳）：仕事が終わったらすぐ, あなたに会いに行きます。

2. 「事前に, 前もって」の意を表すカの in advance を入れる。in return は「お返しに, お礼として」, in front は「前方に, 前面に」

の意味。

（訳）：席を予約したいのなら, 前払いをしなくてはなりません。

3. 単語の意味が求められている。chemist は「化学者」, dentist は「歯医者」, nurse は「看護師」。

（訳）：私の父は歯医者です。仕事は歯を充填したり, 清潔にしたり, 抜いたりすることです。　**（答）　②**

No.3　解答・解説

アは, 1行目の such に注目して, that が入る。such……that 〜の構文で「非常に……なので, 〜である」という意味になる。such の代わりに so を用いることもできるが, 文の形が少し異なる。

He was such a rich man that he could own an expensive yacht.

He was so rich that he could own an expensive yacht.

（彼は非常に金持ちだったので, 高価なヨットを所有することができた。）

イは, 2行目の or に注目して, whether が入る。whether A or B で「A なのか B なのか」の意味。

ウは, 3行目の and に注目して, both が入る。both A and B で, 「A も B も」の意味。

（訳）：テレビは今や, 非常に多くの人々の生活に重要な役割を果たしているので, それは恵みなのかそれとも呪いなのかを見極めることが是非必要だ。明らかにテレビには長所も短所もある。しかし, 前者（長所）は後者（短所）に勝っているだろうか。

（答）　④

No.4　解答・解説

(1)と(2)の前後の文をつなぐ部分は「……するとすぐに」の意味になるので, (1)は the moment, (2)は On となる。同じ意味で the moment のほかにも the instant, the minute, as soon as がある。

　選択肢の中の instance は，「場合，事実」の意味で，instant の「瞬間」とは異なる。

　on には動名詞（……ing）が次にくる。

　（訳）：学校が終わるとすぐ，多くの若者は両親の家から出て行く必要を感じる。

（答）　②

No.5　解答・解説

　この英文は二者，A と B（男性と女性，または，大人と子供）を対比させたものになっている。

　A の特徴と B の特徴を比べてみれば，どの二者なのかが判断できる。

A	大騒ぎする	常にわくわくする
B	平然としている	すぐに年を取る

　A が「子供」で，B が「大人」になる。

　（訳）：大人が平然としている多くの事柄に対して，どうして子供は大騒ぎするのだろうとじっくり考えたことがあるだろうか。何をやってもどこへ行っても，子供はいつもわくわくする経験を期待している。彼らは奇跡を期待している。どの瞬間も子供にとってはよりよい明日への約束であり，人生は楽しい驚きで満ち満ちている。我々大人はすぐに年を取る。皮肉っぽくなり，退屈するようになる。不愉快なものにしか驚かない。我々は明日を恐れている。なぜなら，明日はどうすることもできないほど我々を脅かす未知のものだからである。

（答）　②

No.6　解答・解説

　空欄補充の問題では，特に空欄の前後の文章をよく読む必要がある。ヒントは，たいていその中にある。

　　A　の前の語，for は，「なぜなら」という意味なので，　A　には理由がくる。for　A　の前後の文との関係は，

「初心者は決して２本目の矢を持ってはならない。」＋ for　A　＋「彼は１本目の矢に不注意になってしまうだろう。」

　この文の流れに沿う選択肢はウである。

　　B　に関しては，　B　の前の文章がヒントになる。「たとえ彼自身が，自分は不注意になっているということを実感していないことがあるとしても」であるので，それに続く表現はオが適切である。

　（訳）：弓術を習っているある男が，手に２本の矢を持って的に向かった。しかし，彼の師匠は，「初心者は決して２本目の矢を持ってはならない。２本目の矢に頼っている限り，１本目に不注意になってしまうからだ」と言った。２本の矢を持っているときに，彼は意図的に１本目をおろそかにすることはおそらくしないだろう。しかし，たとえ彼自身が，自分は不注意になっているということを実感していないことがあるとしても，彼の師匠はわかっているのである。この忠告は，どんな折にも心にとどめておくべきである。

（答）　⑤

No.7　解答・解説

　空欄（　A　）の前の文を読んでみると，「ニュートンは，コペルニクス・ケプラー・ガリレオの労作を鮮やかに結びつけ，力学の原理に関し，彼自身の新しい考察を打ち出した」であり，それに続いて，「ケプラーとガリレオがいなかったならば，」の次にくるものは，選択肢③の「おそらくニュートンは存在しなかっただろう」が適切である。

　また，空欄（　B　）のある文を読んでみると，「実際のところ，これら３人と同様の精神をもって研究をしてきた他の多くの人々が」と書かれているので，この流れから，次には「近代科学の幕開けとなった」という内容のものが続くのがふさわしい。それは，選択肢の③または④であるが，④の opened the door は，次に of ではなく，to がくるので，不適当。

選択肢の意味は,

① A：我々は知ることができた
　 B：悪弊となった
② A：いつもいた
　 B：終わらせようとした
③ A：おそらく存在した
　 B：輝かしい始まりを印した
④ A：彼らがその成果を味わうことができた
　 B：門戸を開いた
⑤ A：彼女がそれを生むことが可能だった
　 B：苦闘を始めた

（訳）：ガリレオの裁判から50年を待たずして，ニュートンの偉大な著作，プリンキピアが現れた。ニュートンは，コペルニクス・ケプラー・ガリレオの労作を鮮やかに結びつけ，力学の原理に関し，彼自身の新しい考察を打ち出した。ケプラーとガリレオがいなかったならば，おそらくニュートンは存在しなかっただろう。実際のところ，これら3人と同様の精神をもって研究をしてきた他の多くの人々が，近代科学の輝かしい始まりを印したのである。

（答）③

No.8 解答・解説

2つの空欄には同じ語が入るが，それぞれの場所で適切なものを選ばなくてはならない。空欄は本文の終わり近くにあるが，まず，冒頭の文章を読んで，本文の要旨を把握しておこう。冒頭の文は，「近代の科学技術の最も偉大な進歩の一つはコンピュータの発明である。」であり，英文はコンピュータに関する記述である。

次に，最初の空欄のある文を読んでみると，「コンピュータが我々のためにする仕事の過程全体は（　　　）と呼ばれている。」であるので，この空欄には①の「コンピュータの使用」では意味をなさない。②の「オートメーション」が適当である。③の「省略」はあきらかにおかしい。④の「労働時間の短縮」は，「コンピュータの仕事」が「労働時間の短縮」と呼ばれるのでは

なく，「コンピュータの仕事」の結果，「労働時間の短縮」になるのである。⑤の「便利さ」は，「コンピュータの使用」が「便利さ」と呼ばれるのは，やはり，表現として不適当である。

また，次の空欄のある文を読んでみると，「将来，（　　　）は，人間に今以上に多くの余暇を楽しむことを可能にするかもしれない。」であり，この場合，①の「コンピュータの使用」と，②の「オートメーション」と④の「労働時間の短縮」が当てはまるかもしれないが，最初の空欄との関係から，②が妥当である。

（訳）：近代の科学技術の最も偉大な進歩のひとつはコンピュータの発明である。コンピュータはすでに工場や大学で使われていて，普通の人々でさえ使うことができる時代がきている。コンピュータは学問のあらゆる分野で，極めて複雑な仕事をこなすことができる。コンピュータは最も複雑な数学の問題を解いたり，何千もの無関係な事柄を整理することもできる。

これらの機械はさまざまな用途に用いることができる。例えば，聖書の中で何回「神」が使われているかを数えることができる。コンピュータは正確で高速に動くことができるために，研究者たちは何年もの大変な仕事をしなくて済むようになった。コンピュータが我々のためにするこの仕事の過程全体はオートメーションと呼ばれている。将来，オートメーションは，人間に今以上に多くの余暇を楽しむことを可能にするかもしれない。コンピュータは重要な社会的な結果をもたらすに違いない。

（答）②